Centenary
Elite of
Peking University

北大百年讲堂精华

北大
金融课

精讲

张卉妍　编著

一本书读懂热门财经常识

结合诸多触手可及的生活现象，有趣生动地介绍了
浅显的金融知识，金融真的没那么难

FINANCE

浙江工商大学出版社
ZHEJIANG GONGSHANG UNIVERSITY PRESS

图书在版编目（CIP）数据

北大金融课 / 张卉妍编著 . — 杭州：浙江工商大学出版社，2018.6

（北大百年讲堂精华 / 耿文茹主编）

ISBN 978-7-5178-2273-8

Ⅰ．①北… Ⅱ．①张… Ⅲ．①金融学－基本知识

Ⅳ．① F830

中国版本图书馆 CIP 数据核字（2017）第 161564 号

北大金融课

张卉妍 编著

责任编辑	傅　恒　沈明珠
封面设计	思梵星尚
责任印制	包建辉
出版发行	浙江工商大学出版社
	（杭州市教工路 198 号　邮政编码 310012）
	（E-mail: zjgsupress@163.com）
	（网址：http://www.zjgsupress.com）
	电话：0571-88904980，88831806（传真）
排　　版	北京东方视点数据技术有限公司
印　　刷	北京彩虹伟业印刷有限公司
开　　本	710mm×1000mm　1/16
印　　张	20
字　　数	300 千
版 印 次	2018 年 6 月第 1 版　2018 年 6 月第 1 次印刷
书　　号	ISBN 978-7-5178-2273-8
定　　价	59.00 元

前　言

　　当今社会，除非你的生活能够远离金钱，否则，不管你是否喜欢，都需要关注金融，不仅要关注国内的，还要关注国际的。这些年来，全球经济已经一体化，大家都生活在一个地球村，任何地方发生的财经事件，都有可能直接或间接影响到你的切身利益。说白了，金融的变化将直接关系到你我钱包的大小。于是，有关普通百姓如何应对通货膨胀，货币、金融问题的根本，以及美元贬值策略、中国企业转型迫在眉睫、人民币走向国际等系列话题，都成了街头巷尾的谈资。

　　金融不仅在历史的长河中主宰着各国的兴衰变迁，同时也在现实生活中与我们如影随形。可以说，我们的生活时刻被金融学的影子所萦绕，日常生活的点点滴滴都与金融学有着或远或近的关系，每一件小事背后其实都有一定的金融学规律和法则可循，我们的生活已经离不开金融学。这是一个金融的世界，人人难以置身其外。金融与我们每个人一生的幸福息息相关，与一个国家强弱盛衰的运势息息相关。经济全球化是历史发展的必然趋势，中国无法置身于外。我们只有参与到全球产业链的竞争与合作中去，才能分享全球化带来的好处。我们既要参与国际游戏、享受全球化带来的好处，又要注意防范国际游戏的风险和陷阱。这就要求我们必须熟悉和掌握国际游戏的规则。毋庸置疑，历史上任何一个国家的兴衰变迁，都离不开金融的力量，一切国际大事件的背后都蕴含着这样一个真理——金融在改变国家的命运。

人类已经进入金融时代、金融社会，金融无处不在并已形成一个庞大体系，金融学涉及的范畴、分支和内容非常广，如货币、证券、银行、保险、资本市场、衍生证券、投资理财、各种基金（私募、公募）、国际收支、财政管理、贸易金融、地产金融、外汇管理、风险管理等。金融学尽管主宰着大国的命运和我们生活当中的方方面面，但因为其具有专业性、学术性以及需要精深的数学工具才能深悟其运行机理，所以一般读者很难剥去金融学复杂的表象。当面对众多复杂的金融变量和令人眩晕的金融数据时，很多人只好选择逃避。于是神圣的金融学往往被束之高阁，成为专家手里的玩偶。知识只有普及到大众，才能显示出其持久的生命力。如何把博大精深、抽象难懂的金融学知识转化为通俗易懂的语言，如何让它从高深的学术殿堂上走下来，步入寻常百姓家，已成为人们亟待解决的问题。

本书正是一本让读者全方位了解金融常识的著作，书中系统讲述了金融学的基本理论知识及其在现实社会生活中的应用，以浅显的语言普及金融学常识，以轻松的笔墨回答金融学问题。书中没有艰深晦涩的专业术语，而是以金融学的基本结构为骨架，以生活中的鲜活事例为血肉，将金融学内在的深刻原理与奥妙之处娓娓道来，让读者在快乐和享受中，迅速了解金融学的全貌。并学会用金融学的视角和思维观察、剖析种种金融现象，读懂国际热点事件背后蕴藏的金融学原理。书中将金融学中最生动的一面呈现在读者面前。通过回顾金融的演化历史，以通俗易懂的语言为读者解释金融专业术语和金融原理在现实生活中的应用，并通过历史上金融家的故事，让读者身临其境地去感受金融学的魅力，这是我们的编写宗旨。希望读者在阅读之后可以有所启发，在大的金融背景下，运用所学指导自己的行为，解决生活中遇见的各种难题，从而更快地走向成功。读过本书，你就会发现，金融学一点也不枯燥难懂，而是如此的贴近生活，如此的有趣，同时又是如此的实用。

目 录

1

看透"钱"的本质

——关于货币的财经常识

货币从贵金属货币变成纸币，变成法定的不可兑换货币，它是一个进步，因为交易容易了，不需要当啷地背那个钱了，但是它也蕴含着现代经济的巨大的危险，就是经济可能开始变得不稳定，而且很难察觉，一开始的时候很难察觉，等到通货膨胀一起来，又很容易找到各种理由去有意无意掩盖通货膨胀的真正的根源。都说商人太坏，太贪婪，把东西卖得这么贵。商人任何时候都想把东西卖贵，问题是什么时候他能如愿以偿呢？为什么有的时候他卖不贵呢？货币在起作用。

——周其仁

货币的起源："钱"是怎么来的

谈到金融，就不能不谈到"钱"。

魏晋时期有一个重臣王衍，字夷甫。王衍是"竹林七贤"之一王戎的胞弟，和王戎一样是闻名的风流名士，为人清高，从不说及"钱"字。他为官清廉，视钱为堕落肮脏的化身，从来不碰。一日，他的妻子想试一试他，就把铜钱串起来在他的床边绕了一圈。王衍醒来，无法下床，便大声呼叫婢女："快拿开阿堵物！""阿堵物"，是当时人的口语，意思是"这个东西"。由于王衍的这个典故，从此，"阿堵物"成了"钱"的别名，并且带有轻蔑的意味。"钱"，实际上就是货币的俗称。世人对它褒贬不一，有人把它与宝贵的时间相提并论：时间就是金钱；也有人把它视为粪土，大骂它是人类灵魂的迷药。那么，"钱"到底是个什么东西呢？

实际上，"钱"就是货币的俗称。货币是开启金融学的一把钥匙。虽然我们每天都要与货币打交道，但真正了解它的人并不多。比如说，你能想象随处可见的玉米、贝壳、石头曾经是叱咤风云的"钱"吗？

在太平洋某些岛屿和若干非洲民族中，以一种贝壳——"加马里"货币来购物，600 个"加马里"可换一整匹棉布。再如美拉尼西亚群岛的居民普遍养狗，所以就以狗牙做货币，一颗狗牙大约可买 100 个椰子，而娶一位新娘，必须给她几百颗狗牙做礼金！在太平洋加罗林群岛中的雅浦群岛，这里的居民使用石头货币。

为什么狗牙和石头也能成为货币？货币为什么能买到任何东西？要解开货币的有关疑问，就必须了解货币是怎么来的。

货币的前身就是普普通通的商品，它是在交换过程中逐渐演变成一般等价物的。货币是商品，但又不是普通商品，而是特殊商品。货币出现后，整个商品世界就分裂成为两极，一极是特殊商品——货币，另一极是所有的普通商品。普通商品以各种各样的使用价值的形式出现，而货币则以价值的体化物或尺度出现，普通商品只有通过与货币的比较，其价值才能得到体现，所有商品的价值只有通过与货币的比较之后，相互之间才可以比较。

货币是商品交换长期发展过程中分离出来的特殊商品，是商品交换发展的自然结果。原始社会后期，由于社会生产力的发展，在原始部落社会之间出现了最初的实物交换。随着生产力的进一步发展，商品交换逐渐变成经常的行为。但是，直接的物物交换中常会出现商品转让的困难，必然要求有一个一般等价物作为交换的媒介。

美国著名的金融学家米什金在其著作《货币金融学》中提到，任何履行货币功能的物品必须是被普遍接受的——每个人都愿意用它来支付商品和服务。一种对任何人而言都具有价值的物品是最有可能成为货币的。于是，经过长期的自然淘汰，商品货币发展到后期，人们自然地选择金银等贵金属作为支付货币。在绝大多数社会里，作为货币使用的物品逐渐被金属所取代。使用金属货币的好处是它的制造需要人工，无法从自然界大量获取，同时还易于储存。数量稀少的金、银和冶炼困难的铜逐渐成为主要的货币金属。

随着文明的发展，人们逐渐建立了更加复杂而先进的货币制度。人们开始铸造重量、成色统一的货币。这样，在使用货币的时候，既不需要称重量，也不需要测试成色，方便得多。货币上面通常印有国王或皇帝的头像、复杂的纹章和印玺图案，以防伪造。

中国最早的金属货币是商朝的铜贝。商代在我国历史上也称青铜器时代，当时相当发达的青铜冶炼业促进了生产的发展和交易活动的增加。于是，在当时最广泛流通的贝币由于来源的不稳定而使交易发生不便，人们便寻找更适宜的货币材料，自然而然集中到青铜上，青铜币应运而生。人们将其称为铜贝。随着冶炼技术的发达，铜不再是稀贵的金属，人们开始用更加难以获得的金和银作为铸造货币的金属材料。此后相当长的一段时间内，金银都是被普遍使用的货币。16世纪，哥伦布发现"新大陆"，大量来自美洲的黄金和白银通过西班牙流入欧洲，金银货币更加得到了在世界范围内流通的条件。

在金融学中，由贵金属或其他有价值的商品构成的货币统称为商品货币。在人类发展的很长一段时间之内，几乎在任何一个国家和社会中，商品货币都发挥了交易媒介的功能。但随着人类文明的发展，商品货币还是被淘汰了，原因在于金属货币太重了，使用不方便，并且流通困难，很难从一地运送到另一地。因此，纸币也就应运而生了。

中国北宋时期四川成都出现了一种"交子"，这就是世界上最早的纸币。北宋初年，成都一带商业十分发达，通货紧张，而当时铸造的铁钱却流通不畅。于是当地16家富户开始私下印制一种可以取代钱币、用楮树皮造的券，后来被称作"交子"。当地政府最初想取缔这种"新货币"，但是这种"新货币"在经济流通中作用却十分明显，于是决定改用官方印制。但是"交子"的诞生地却一直没人发现。后据历史考证，"交子"最早在成都万佛寺内印制。《成都金融志》中说："北宋益州的'交子铺'实为四川历史上最早的货币金融机构，而益州的'交子铺'则是最早由国家批准设立的纸币发行机构。""交子"的出现，便利了商业往来，弥补了现钱的不足，是我国货币史上的一大业绩。此外，"交子"作为我国乃至世界上发行最早的纸币，在印刷史、版画史上也占有重要的地位，对研究我国古代纸币印刷技术有着重要意义。

今天，我们已经不用金元宝或银锭、铜板买东西了，而是用一些"纸"。这些"纸"的价值几乎可以忽略不计，但是它却有神奇的力量，可以换来任何你想要的东西，甚至连黄金也可以交换，这似乎让人觉得不可思议。

在商品货币时代，金属货币使用久了，就会出现磨损，变得不足值。人们就意识到可以用其他的东西代替货币进行流通，于是就出现了纸币。纸币在货币金融学中最初的定义为发挥交易媒介功能的纸片。最初，纸币被赋予可以兑现金属货币的功能，但是最后演变为不兑现纸币。不兑现纸币是不能兑换成黄金或者白银的，但它却拥有同样的购买力，因为它的购买力源于政府的权威和信誉。只要政府宣布它为法定偿还货币，那么在支付债务时，人们都必须接受它，而不必再把它转化为金属货币后再支付。这样一来，纸币比金属货币轻得多，流通方便，加上不需要耗费昂贵的原材料，于是很快就被人们接受了。

事实上，接受纸币也是需要一些条件的。只有人们对货币发行当局有充分的信任，并且印刷技术发展到足以使伪造极为困难的高级阶段时，纸币方可被接受为交易媒介。

纸币出现的另一个深层次的原因是由此建立的法定货币体制彻底摆脱了黄金和白银对货币总量的制约，这使得当局对货币的控制更加有弹性，更加灵活。如果这样，政府可以无限制地增加货币供应来获得政府收益。当然，由此引发的通货膨胀问题逐渐被引导到经济学研究的重要课题上。凯恩斯对此曾说："用（通货膨胀）这个办法，政府可以秘密地和难以察觉地没收人民的财富，一百万人中也很难有一个人能够发现这种偷窃行为。"而这些都是建立在以不兑现纸币为基础的法定货币体制之上的。

其实严格来说，纸币并不是货币，因为货币是从商品中分离出来的、固定充当一般等价物的商品。纸币由于没有价值，不是商品，所以也就不是货币。在现代金融学中，纸币是指代替金属货币进行流通，由国家发行并强制使用的货币符号。今天我们使用的人民币或者美元等都是由国家信用作为保障强制流通的货币符号。而纸币本身没有和金属货币同样的内在价值，它本身的价值也比国家确定的货币价值小得多，它的意义在于它是一种货币价值的符号。因为它可以执行货币的部分功能：流通手段和支付手段，部分国家的纸币还可以执行世界货币职能（如美元、欧元、人民币等）。纸币的发行量由国家决定，但国家不能决定纸币的实际价值。

货币的演化：从"以物易物"到"以钱易物"

《周易·系辞传》里说道："日中为市，召天下之民，聚天下之货。交易而退，各得其所而货通。"这里说的就是以物易物的场景。它的意思是，中午的时候形成市场，把附近的很多货物都聚集起来，人们前来进行交换，各自进行交易后离开，每个人都得到了自己需要的货物。

在以物易物的年代，货币是如何产生的呢？人们在以物易物时，有一些东西却无法公平交换，比如一张弓和一张羊皮。为了达成等价的交换，人们就用一种其他的东西作为交换的媒介，比如法国人用兽皮，阿兹特克人用可可豆，印度原始居民用杏仁、玉米等等，这些东西就是原始的商品货币。从此，人类开始以货币作为商品交换的媒介，结束了单纯"以物易物"的年代。

关于货币的演化，让我们先来听听经济学家弗里德曼讲述的关于雅浦群岛的故事吧。

太平洋加罗林群岛中有个雅浦群岛，岛上不出产金属，人们使用打制成圆形的石头作为交换媒介，岛民们把这种当货币使用的圆石叫作"费"。

刚开始时由于小岛上居民们的需求量不大，大家都以各自的出产互相交换所需物品，公平买卖。随着岛屿的扩大和人口的增加，商品流通规模随之增加。现有的"费"数量明显不够，岛上居民需要更多的"费"来衡量交易物品的价值。由于采集、打磨石头是一件很费工夫的事情，于是雅浦群岛出现了类似"铸币厂"的地方。

随着岛上商品经济的发展，"费"的使用已经极大地制约了商品流通。于是人们想出了个办法，在岛上发行一种可以代表"费"的纸币。为了便于计算，纸币的面额一般为100费、50费、20费、10费、5费、2费、1费、0.5费、0.2费、0.1费等。这样一来，商品流通效率提高，各地物产、贸易量增加，岛上居民收入提高，就业率也保持稳定增长。

通过小岛的实例，形象地描述了货币的演进过程。货币自诞生以来，经历了实物货币、金属货币、信用货币等数次转变。货币的"祖先"脱胎于一般的商品。

某些一般的商品由于其特殊的性能，适合用作交易媒介，于是就摇身一变成了商品家族的新贵——货币。比如贝壳，今天的人们已经很难想象它曾经是叱咤风云的"钱"。除了贝壳，还有龟壳、布帛、可可豆、鲸鱼牙，甚至玉米等，都曾在不同地区的不同时代充当过货币。后来，取代实物货币的是金属，比如金、银、铜、铁等，它们都曾长时间扮演过货币的角色。在金属货币之后诞生了纸币，也就是所谓的信用货币。

货币的发展一共经历了如下几个阶段：

1. 物物交换

人类使用货币的历史产生于物物交换的时代。在原始社会，人们使用以物易物的方式，交换自己所需要的物资，比如以一头羊换一把石斧。但是有时候受到用于交换的物资种类的限制，不得不寻找一种能够为交换双方都能接受的物品。这种物品就是最原始的货币。牲畜、盐、稀有的贝壳、珍稀鸟类羽毛、宝石、沙金、石头等不容易大量获取的物品都曾经作为货币使用过。

在人类早期历史上，"贝壳"因为其不易获得，充当了一般等价物的功能，"贝壳"因此成为最原始的货币之一。今天的汉字如"赚""赔""财"等，都有"贝"字旁，就是当初贝壳作为货币流通的印迹。

2. 金属货币

早期的金属货币是块状的，使用时需要先用试金石测试其成色，同时还要称量重量。随着人类文明的发展，逐渐建立了更加复杂而先进的货币制度。古希腊、罗马和波斯的人们铸造重量、成色统一的硬币。这样，在使用货币的时候，既不需要称重量，也不需要测试成色，无疑方便得多。这些货币上面带有国王或皇帝的头像、复杂的纹章和印玺图案，以防伪造。

铜币产生以后，是与贝币同时流通的，铜币发展到春秋中期，又出现了新的货币形式，即包金铜币，它是在普通铜币的外表包一层薄金，既华贵又耐磨。铜币不仅是我国最早的金属货币，也是世界上最早的金属货币。

3. 金银

西方国家的主币为金币和银币，辅币以铜、铜合金制造。随着欧洲社会经济的发展，商品交易量逐渐增大，到 15 世纪时，经济发达的佛兰德斯和意大利北部各邦国出现了通货紧缩的恐慌。从 16 世纪开始，大量来自美洲的黄金和白银通过西班牙流入欧洲，挽救了欧洲的货币制度，并为其后欧洲的资本主义经济发展创造了起步的条件。

4. 纸币

随着经济的进一步发展，金属货币同样显示出使用上的不便。在大额交易中需要使用大量的金属货币，其重量和体积都令人感到烦恼。金属货币使用中还会出现磨损的问题，据不完全统计，自从人类使用黄金作为货币以来，已经有超过两万吨的黄金在铸币厂里，或者在人们的手中、钱袋中和衣物口袋中磨损掉。于是作为金属货币的象征符号的纸币出现了。世界上最早的纸币为北宋年间于中国四川地区出现的"交子"。

目前世界上共有200多种货币，流通于世界190多个独立国家和其他地区。作为各国货币主币的纸币，精美、多侧面地反映了该国历史文化的横断面，沟通了世界各国人民的经济交往。目前世界上比较重要的纸币包括美元、欧元、人民币、日元和英镑等。

5. 新货币形式

随着信用制度的发展，我们对存款货币和电子货币也已经不感到陌生了，但新的货币形式还将不断出现。

货币如同魔术师的神秘魔术，它神奇地吸引着人们的注意力，调动着人们的欲望，渗透到每一个角落，用一种看不见的强大力量牵引着人们的行为。我们要正确认识货币，更要正确使用货币。

货币的职能：钱究竟有什么用

远古时期，人类的祖先以狩猎为生。由于狩猎工具非常原始，捕获的猎物常常不够吃，所以猎物都是由部落统一分配的。后来，部落里有一个聪明的小伙子发明了弓箭，捕获的猎物就多了起来。但是这个做弓箭的人自己亲自参加捕猎所获得的食物却没有他制作一张弓与别人交换得到的食物多，于是他索性不参加狩猎了，一心制作弓箭，然后与别人交换食物。部落里由此出现了分工和交换。后来，随着分工的扩大，又出现了一些制作别的物品的人，他们也像这位聪明的小伙子一样拿自己制作出来的物品去交换自己所需要的东西。

如果我们引入货币，情况又如何呢？这个小伙子通过制作弓箭，收取货币报酬。然后这个小伙子可以用货币买到任何他想买的东西，这样就避免了不必要的以物易物的时间。这个小伙子可以节省大量的时间，用这些时间，他可以做他最擅长的事：制作弓箭。

从这个例子中可以看到，货币大大降低了花费在交换物品和劳务上的时间，提高了经济运行的效率。同时，它使人们可以专注于他们最擅长的事情，同样也可提高经济运行的效率。因此，货币就是买卖的桥梁，是商品流通的中介。在一手交钱，一手交货的买卖中，货币承担着交易媒介的功能。从远古时期的贝壳，到后来的金银铜，再到纸币，再到现在的电子货币，货币的每一次进步都使买卖变得更加便利。

想要了解货币具有哪些功能，我们需要从以下几个方面来认识货币。

1. 价值尺度

正如衡量长度的尺子本身有长度，称东西的砝码本身有重量一样，衡量商品价值的货币本身也是商品，具有价值；没有价值的东西，不能充当价值尺度。

在商品交换过程中，货币成为一般等价物，可以表现任何商品的价值，衡量一切商品的价值量。货币在执行价值尺度的职能时，并不需要有现实的货币，只需要观念上的货币。例如，1辆自行车值200元人民币，只要贴上个标签就可以了。当人们在做这种价值估量的时候，只要在他的头脑中有多少钱的观念就行了。用来衡量商品价值的货币虽然只是观念上的货币，但是这种观念上的货币仍然要以实在的货币为基础。人们不能任意给商品定价，因为，货币的价值同其他商品之间存在着客观的比例，这一比例的现实基础就是生产两者所耗费的社会必要劳动量。

商品的价值用一定数量的货币表现出来，就是商品的价格。价值是价格的基础，价格是价值的货币表现。货币作为价值尺度的职能，就是根据各种商品的价值大小，把它表现为各种各样的价格。例如，1头牛价值2两黄金，在这里2两黄金就是1头牛的价格。

2. 流通手段

在商品交换过程中，商品出卖者把商品转化为货币，然后再用货币去购买商品。在这里，货币发挥了交换媒介的作用，执行流通手段的职能。

在货币出现以前，商品交换是直接的物物交换。货币出现以后，它在商品交换关系中则起媒介作用。以货币为媒介的商品交换就是商品流通，它由商品变为货币（W—G）和由货币变为商品（G—W）两个过程组成。由于货币在商品流通中作为交换的媒介，它打破了直接物物交换和地方的限制，扩大了商品交换的品种、数量和地域范围，从而促进了商品交换和商品生产的发展。

由于货币充当流通手段的职能，使商品的买和卖打破了时间上的限制，一个商品所有者在出卖商品之后，不一定马上就买；也打破了买和卖空间上的限制，一个商品所有者在出卖商品以后，可以就地购买其他商品，也可以在别的地方购买任何其他商品。

3. 贮藏手段

贮藏手段是指货币退出流通领域充当独立的价值形式和社会财富的一般代表而储存起来的一种职能。

货币作为贮藏手段，是随着商品生产和商品流通的发展而不断发展的。在商品流通的初期，有些人就把多余的产品换成货币保存起来，贮藏金银被看成是富裕的表现，这是一种朴素的货币贮藏形式。随着商品生产的连续进行，商品生产者要不断地买进生产资料和生活资料，但他生产和出卖自己的商品要花费时间，并且能否卖掉也没有把握。这样，他为了能够不断地买进，就必须把前次出卖商品所得的货币贮藏起来，这是商品生产者的货币贮藏。随着商品流通的扩展，货币的购买力日益增大，一切东西都可以用货币来买卖，货币交换扩展到一切领域。谁占有更多的货币，谁的权力就更大，贮藏货币的欲望也就变得更加强烈，这是一种社会权力的货币贮藏。货币作为贮藏手段，可以自发地调节货币流通量，起着蓄水池的作用。

4. 支付手段

货币作为独立的价值形式进行单方面运动（如清偿债务、缴纳税款、支付工资和租金等）时所执行的职能。

因为商品交易最初是用现金支付的。但是，由于各种商品的生产时间不同，有的长些，有的短些，有的还带有季节性。同时，各种商品销售时间也是不同的，有些商品就地销售，销售时间短，有些商品需要远销外地，销售时间长。商品的让渡同价格的实现在时间上分离开来，即出现赊购的现象。赊购以后到约定的日期清偿债务时，货币便执行支付手段的职能。货币作为支付手段，开始是由商品的赊购、预付引起的，后来才慢慢扩展到商品流通领域之外，在商品交换和信用事业发达的经济社会里，就日益成为普遍的交易方式。

在货币当作支付手段的条件下，买者和卖者的关系已经不是简单的买卖关系，而是一种债权债务关系。作为支付手段的货币一方面可以减少流通中所需要的货币量，节省大量现金，促进商品流通的发展；另一方面，作为支付手段的货币进一步扩大了商品经济的矛盾。在赊买赊卖的情况下，许多商品生产者之间都发生了债权债务关系，如果其中有人到期不能支付，就会引起一系列的连锁反应，使整个信用关系遭到破坏。

5. 世界货币

货币在世界市场上执行一般等价物的职能。由于国际贸易的发生和发展，货币流通超出一国的范围，在世界市场上发挥作用，于是货币便有了世界货币的职能。作为世界货币，必须是足值的金和银，而且必须脱去铸币的地域性外衣，以金块、银块的形状出现。原来在各国国内发挥作用的铸币以及纸币等在世界市场上都失去作用。

在国内流通中，一般只能由一种货币商品充当价值尺度。在国际上，由于有的国家用金作为价值尺度，有的国家用银作为价值尺度，所以在世界市场上金和银可以同时充当价值尺度的职能。后来，在世界市场上，金取得了支配地位，主要由金执行价值尺度的职能。

国际货币充当一般购买手段，一个国家直接以金、银向另一个国家购买商品。同时作为一般支付手段，国际货币用以平衡国际贸易的差额，如偿付国际债务、支付利息和其他非生产性支付等。国际货币还充当国际财富转移的手段，货币作为社会财富的代表，可由一国转移到另一国，例如，支付战争赔款、输出货币资本或由于其他原因把金银转移到外国去。在当代，世界货币的主要职能是作为国际支付手段，用以平衡国际收支的差额。

纸币：货币的价值符号

约翰·劳是18世纪欧洲的一个金融家，以推行纸币而闻名。当时，欧洲各国货币还是采用金属本位，市场上不是金币就是银币，总之没有纸币。因为欧洲人民都觉得跟黄金白银相比，纸币太不可靠了。但是，约翰·劳说："不，纸币是一个国家繁荣的最好方法。"他的信念就是："要繁荣，发纸币。"

1715年，约翰·劳说纸币可以带来繁荣，可以轻松地还清债务。奥尔良公爵立刻听从了他的建议，授权约翰·劳这个英国人组建法国历史上第一家银行，发行纸币。在开业初期，约翰·劳坚守承诺，他经营的任何银行发行的纸币都可以立刻兑换相当于面值的金币，老百姓因此相信他的纸币是有价值的，争相持有。可是，到了后来，法国政府顶不住增发纸币的诱惑，纸币泛滥成灾，终于在1720年的某一天，人们发现纸币的面值已经超过了全国金属硬币总和的1倍，于是纸币崩溃了，不得不全数被折价收回，重新流通金属硬币。无数人遭受巨大损失，法国为此差点爆发革命。

这位约翰·劳先生可算得上是货币史上的一位大名鼎鼎的人物。他发行纸币这个观念本身并没有错，那么，约翰·劳为什么会失败呢？约翰·劳后来的错误在于，他将创造货币等同于创造财富。然而，对于国家而言，重要的不是创造货币，而是创造财富。

纸币作为货币的价值符号，现在已经通行世界，如中国的人民币、美国的美元等都是一个国家的法定货币，由国家的中央银行统一发行、强制流通，以国家信用做保障，私人不能印制、发行货币。纸币本身没有金属货币那种内在价值，纸币本身的价值也比国家确定的货币价值要小得多，它只是一种货币价值的符号。

纸币本身不具有价值，虽然也是货币的一种，但不能直接行使价值尺度职能。纸币是当今世界各国普遍使用的货币形式，而世界上最早出现的纸币，是中国北宋时期四川成都的"交子"。中国是世界上使用纸币最早的国家。

纸币诞生后，在很长的时间内只能充当金属货币（黄金或白银）的"附庸"，就像影子一样，不过是黄金的价值符号。国家以法律形式确定纸币的含金量，人们可以用纸币自由兑换黄金，这种货币制度也被称为金本位制。在很长的历史时期里，金本位制是人类社会的基本货币制度，但它存在着先天无法克服的缺陷。

困扰金本位制的就是纸币和黄金的比价和数量问题。当依据黄金发行纸币的时候，必须确定一个比价，而此后不论是黄金数量发生变化还是纸币数量发生变化，原先的比价都无法维持，金本位制也就无法稳定运行。这个问题在后来的布雷顿森林体系中仍然存在，并最终导致了布雷顿森林体系的崩溃。

金本位制最终崩溃并退出历史舞台表明，纸币再也不能直接兑换成黄金，也就是不能直接兑换回金属货币，纸币这个金属货币的"附庸"终于走上了舞台的中央，成为货币家族的主角。

在我国，人民币是中华人民共和国的法定货币，由政府授权中国人民银行发行。1948年12月1日，中国人民银行在华北解放区的石家庄成立，并在成立之日开始发行钞票，即第一套人民币。这套人民币共有12种面

13

额，最大面额为 5 万元，最小面额为 1 元。票面上的"中国人民银行"六个字由时任华北人民政府主席并主持中共中央财经工作的董必武同志亲笔题写。由于当时中国正处于解放战争时期，人民解放军打到哪里人民币就发行到哪里，所以第一套人民币曾先后在石家庄、北平、上海、天津、西安、沈阳等十几个地方印制过，版面多达 62 种。

人民币的发行为中华人民共和国成立后统一国内市场货币、建立中国的货币制度奠定了基础。但是由于第一套人民币面额大、票面种类较多、印制粗糙、说明文字多为汉字一种等缺陷，也给管理和使用带来许多困难。1955 年 3 月 1 日，中国人民银行奉命发行第二套人民币，新发行的人民币面额较小，计价结算较为简单，且说明文字增加到汉、蒙、藏、维吾尔四种，便于在少数民族地区流通。同年 4 月 1 日，第一套人民币停止流通。

1962 年和 1987 年，中国人民银行又分别发行了第三、第四套人民币，除印制更加精美外，为扩大流通范围，票面上的说明文字又增加了壮文、汉语拼音和盲文。1999 年 10 月 1 日——中华人民共和国 50 岁生日的时候，中国人民银行首次推出了完全独立设计、印制的第五套人民币，与国际进一步接轨的人民币以崭新的面貌担负起新时期的重任。

电子货币："无脚走遍天下"

6 月的某天，北京正值盛夏，一直热衷于网购的小岩在客厅里一边吃西瓜，一边在线浏览琳琅满目的商品。在澳大利亚的一个网站上，她看上了一款澳洲本地羊皮袄，通过"海外宝"的简单几步点击操作，便很快将它收入囊中。

难以置信，人们足不出户，就可以坐在家里在网上商店购买商品，鼠标一点就可以完成货币支付。走进商场享受购物的快乐，也不需要带上厚厚的现金，只要带一张薄薄的磁卡，轻轻一刷输入密码就可以完成交易。

甚至出国旅行，也只需要带上一张小小的磁卡就可以了。这就是电子金融服务。它的特点是通过电子货币在网上进行即时电子支付与结算。以至人们可随时随地完成购物消费活动，进行货币支付。

像小岩热衷的网购实际上就是网上金融服务的一种，它包括了人们的各种需求内容，网上消费、家庭银行、个人理财、网上投资交易、网上保险等。为了确保信息安全，网上支付的电子交易需要安全认证、数据加密、交易确认等控制。而这一切，都依赖于电子货币的产生和发展。

电子货币，是指用一定金额的现金或存款从发行者处兑换并获得代表相同金额的数据，通过使用某些电子化方法将该数据直接转移给支付对象，从而能够清偿债务。

电子货币的产生首先是因为电子商务的产生，因为电子商务最终还是需要支付结算，这就需要有电子支付。但电子货币本并没有改变货币的本质，只是在形式上发生了变化。电子货币的出现方便了人们外出购物和消费。现在电子货币通常在专用网络上传输，通过设在银行、商场等地的ATM机器进行处理，完成货币支付操作。电子支付手段大大减少了经济运行的成本。电子货币相对于纸币，具有以下几个方面的特点：

第一，以电子计算机技术为依托，进行储存、支付和流通；第二，可广泛应用于生产、交换、分配和消费领域；第三，融储蓄、信贷和非现金结算等多种功能为一体；第四，电子货币具有使用简便、安全、迅速、可靠的特征；第五，现阶段电子货币的使用通常以银行卡（磁卡、智能卡）为媒体。

欧洲人早在个人计算机出现之前就意识到电子支付的好处。长期以来，欧洲人采取的都是直接转账的方式，由银行直接为消费者支付账单转移资金，尤其是芬兰和瑞典等互联网用户比例引领世界的国家，三分之二的交易都是通过电子方式完成的。芬兰和瑞典等国家网络银行客户的比例也超过了世界上其他的国家。

就现阶段而言，大多数电子货币是以既有的实体货币（现金或存款）

为基础存在的，具备"价值尺度"和"流通手段"的基本职能，还有"价值保存""储藏手段""支付手段""世界货币"等职能，且电子货币与实体货币之间能以 1 ：1 的比率进行交换。

只有在高科技基础建设存在的情况下，电子货币才能以有效率和有效的方式在电子商务中被使用。有人认为，如果欲使电子货币成为未来"可流通"的货币，并且能够"使人信赖其安全性"的话，则此安全性技术自应受到政府管制，否则若无一定的监管标准，电子货币的信用何存？又如何能流通？但是，这里的问题是，政府监管的尺度应如何把握？政府的过分管制就会对技术的发展造成妨碍，这对于快速发展的电子商务是致命的，但是如果不加以管制，电子货币的信用就难以树立，因此把握政府管制的尺度是非常重要的。

电子货币无影无形，它依托金融电子化网络为基础，以商用电子化机具和各类交易卡为媒介，以电子计算机技术和通信技术为手段，以电子数据形式存储在银行的计算机系统中，并通过计算机网络系统以电子信息传递形式实现流通和支付功能的货币。银行卡就是我们常见的电子货币的载体之一。

由于电子货币使用十分方便，几乎所有的支付都可以用电子支付的方式完成，网上支付和银行卡支付已经成为目前我国电子支付的主流。在我国，全国性的商业银行目前都开通了网上银行业务，绝大多数经济发达地区的地方性商业银行也开通了网上银行服务，另外还有 100 多家非金融机构在从事网上支付业务。货币的每一次演变都让人惊奇。电子货币更是货币史上一次神奇的改变。近年来，随着网络日益商业化的发展，电子商务化的网上金融服务已经开始在世界范围内开展。

于是，人们提出一个构想：未来是否会进入一个无现金的社会？1975年，《商业周刊》曾经预言："电子支付方式不久将改变货币的定义，并将在数年后颠覆货币本身。"但电子货币由于缺乏安全性和私密性，短时间内并不能导致纸币体系的消亡。

正如马克·吐温所说:"对现金消亡的判断是夸大其词了。"作为转移支付手段,大多数电子货币不能脱离现金和存款,而只是用电子化方法传递、转移,以清偿债权债务实现结算。因此,现阶段电子货币的职能及其影响,实质是电子货币与现金和存款之间的关系。

虚拟货币:互联网时代的新奇产物

1998年,当奥斯卡最佳女配角乌比·戈德堡成为 F1ooz.com 的主要赞助人时,她希望 F1ooz.com 能成为全新的网络虚拟货币供应商。这实在是超前而大胆的想法,那时可没有多少人相信网络货币能成为一种"流行"的应用,并成为真正能与金钱兑换的、有价值的东西。然而现在,这种超前的眼光正在得到证实。当初,F1ooz.com 的梦想是取代信用卡,成为在线货币提供商,只要在 F1ooz.com 上花钱购买一定数量的网络货币,就可以在加盟的零售店中购物,这种想法有点类似于商场提供的代金券。不过,由于当时的经济环境还远未超前到能够接受那样的新生事物,因而 F1ooz.com 的命运当然摆脱不了最终在 2001 年互联网冰点时遭遇倒闭的厄运,当时钟的脚步转向了 2005 年以后,情况发生了根本的变化:虚拟货币在全世界风行,一个崭新的网络虚拟货币时代已经到来!

互联网的繁荣催生了一个全新的词汇:"网络虚拟货币"。在这个虚拟的全新的世界里,流通着腾讯 Q 币、网易泡币、新浪 U 币、魔兽币、天堂币、盛大专券、各种点卡,游戏玩家们可以用人民币换取五花八门的游戏币,再去购买虚拟世界所向披靡的武器,虚拟的货币交换着虚拟的财产。现在甚至有很多专门提供虚拟货币与人民币进行双向兑换的网站,使虚拟货币逐渐成为一种可以流通的等价交换单位。虚拟货币时代就这样到来了!

那么,这些所谓的网络虚拟货币到底指什么?都有哪些种类呢?

虚拟货币即非真实的货币。在虚拟与现实有联系的情况下，虚拟的货币有其现实价值。说到虚拟货币，大家往往觉得那是一种不够"实在"的东西，但实际上，我们都曾或多或少地与它打过交道。比如说银行电子货币其实就是一种初级阶段的虚拟货币，但是它只具有虚拟货币的形式，如数字化、符号化，并不具有虚拟货币最重要的特质——个性化。

虚拟货币种类虽然繁多，但是就其本质而言也不外乎三个种类：

第一类是我们都熟悉的游戏币。最初，不同的游戏币只能用于相应的游戏，不能跨游戏使用，且数量难以控制。游戏玩家可用游戏币购买游戏道具以及各种装备，但不与现时流通的法定货币发生直接兑换关系。也就是说，在单机游戏时代，主角只能靠打倒敌人、执行任务赢钱等方式积累货币，然后购买道具和装备，并在自己的游戏机里使用。那时，玩家之间没有"市场"。自从互联网建立起门户和社区，实现游戏联网以来，虚拟货币便有了"金融市场"，玩家之间可以交易游戏币。

第二种是门户网站或者即时通信工具服务商发行的专用货币，这种虚拟货币可用于购买本网站内的服务。其中使用最广泛的当然要数腾讯公司的Q币，Q币可用来购买会员资格、QQ秀等增值服务。

第三种网络虚拟货币我们还不是很熟悉，这种虚拟货币对金融系统的冲击更大，似乎生来就为了攻占现实货币的地盘。最典型的例子是美国贝宝公司发行一种网络货币，这种货币可用于网上购物。这跟银行卡付款并没有太大区别，而且服务费还要低得多，更重要的是，一旦发生国际交易，交易者甚至不必考虑汇率。

第二章

"金融"改变我们的生活

——关于金融的财经常识

金融要回归它的本质，它是服务，它服务于实业、服务于居民、服务于储蓄储户、服务于投资者。金融是一种中介，它是在中介的位置上为两头做服务，这是金融的本质。金融会产生很多衍生工具、产生很多投资和理财的工具等等。但是这个产品如果脱离了服务，脱离了它服务的对象，或者脱离得太远，很多问题就会出现。

——樊纲

金融如何创造财富

生活在现代社会，务必要了解一下金融学，因为金融学研究的就是关于金钱的问题，货币就是它的研究对象。更重要的是，当你推开金融学的大门，你会发现，金融无处不在。

随着社会经济的发展，大量西方发达国家的金融知识或金融产品被引入，同时普通民众接触到越来越多关于金融的实际问题。伴随着金融业的发展、老百姓日常理财和投资需要的增加，特别是网络这一全方位学习媒介的普及，越来越多的人通过学习理论知识、亲身参与金融理财实践，加深了对金融学认识的广度和深度，而这些金融学知识也往往成为他们获取更多财富的重要路径。

以前，企业经济和金融甚至都可以分开，联系还不是那么紧密；而现在，全球经济紧紧地绑在一起，企业经济和金融也无法分开，更重要的是，金融已经和每个人绑在一起了，金融和实体经济相互影响和渗透，跟人们的生活密切相关。

所以无论是生活还是经营，在现在这个社会里，都已经离不开金融了。我们说，有投入才有产出，产出就是财富。所有的产业都一样，包括农业、工业和服务业，都是以创造财富为目的的。在早期的农业社会，财富是粮食，是农作物；在工业社会，财富就是产品，生产出多少产品就是创造了多少财富；在服务业发达的今天，财富的创造逐渐从农业和制造业转移到服务业上，而服务业里面，创造财富最多的，莫过于金融业了。

不少人都有这样的疑问：金融是如何创造财富的呢？财富被产生出来的标志就是用少量成本或者不用成本创造出更多价值来。这种所谓不花成本的东西，我们称之为生产要素，主要包括自然资源、劳动力以及资本。资本呢，有些场合可以俗称为钱。那么很显然，用钱生钱似乎比用其他两种要素生钱效率更高，这就是金融业的作用。

我们都知道，同样是钱，同样是财富，在不同的时间和不同的地点，它们带来的效益是不一样的。举个例子说，同样100元钱，对于一个富人来说可能毫不在意，随手丢掉也毫不放在心上；但是对一个穷人来说，100元钱很有用，也许可以为孩子买一罐奶粉，也许正好给年迈的父母买上一盒急用药，也许是家里好几天的买菜钱。这就是资金的效用不同。另外，相同的钱用在不同的地方带来的收益也完全不同。

比如还是那100元钱，有些人可能拿来买吃的，被消费掉了；而有些人则有可能拿来投资，放到股市里从而赚来更多的钱。金融就有这么一个作用，在没有金融的时候，人们钱多了只能储藏起来，而有金融系统以后，人们钱多了则有很多选择，可以放在银行里拿利息；可以放到证券市场上去投资，等待股息分红；可以购买保险、国债等等。这些活动有一个共同的地方，就是有闲钱的人把暂时闲置的资金拿出来，同时还有一定的收益可能；而另外一些资金可能不足但是有大好商机的人就可以先利用这一笔钱去赚钱，给提供资金的人一些回报就行。当然，金融是有风险的，这个风险是每个人都需要承担的。但是与风险相对应的就是收益，金融创造出的巨大财富吸引广大资金闲置者将剩余资金放到金融市场里，以便为自己创造更多的财富。

作为老牌强国的英国，资产阶级革命以后，随着资本市场的逐渐发展，股票和债券市场也随之建立起来。英国政府借助债券市场的力量，以较低的利率筹集到大量资金，不仅满足了各项经费开支，还利用这些资金建立起了一支强大的军队。英国在股票市场上也很有作为，英国的企业在股票市场上筹集到企业运营所必需的资金，同时所有的股东都根据投资额度而享有相应的有限责任，因此许多投资者都能够积极参与到企业的发展中去，全心为企业的发展着想。

美国的金融市场更不必说，几乎可以这么说，美国的崛起与金融是密不可分的。美国的独立战争以及南北战争，也欠下很多的战争债务。在独立战争之后，面对各种债务，财长汉密尔顿很轻松地化解了这些难题，其途径其实特别简单，就是发行了三只新债，并且进行债务重组，除了化解债务危机之外，还为华尔街的兴起奠定了坚实基础。

华尔街所创造的财富自然不必在这里强调，几乎大部分资本都会跑到华尔街。这充分证实金融对财富创造的一个巨大贡献。另外，几乎人尽皆知的一个人物——股神巴菲特，他的资产几乎都是通过股市这一金融活动赚来的。再近一点，我们的上海陆家嘴金融中心，那里林立的高楼中没有工厂，也不生产任何我们能看一看、摸一摸的产品，但那些写字楼里坐着的，都是收入远远高于日夜不停劳作的工人的有钱人。这些有钱人都是金融创造出来的，金融不只创造了一个巴菲特，还创造了千千万万拥有很多资产的人。

从个人来说，重要的就是个人理财。时间往前倒推二三十年，大部分人说起理财恐怕只有一个途径：存钱。而现在，很多人都知道投资理财有多种途径，鸡蛋不能放在一个篮子里。我们除了要规避投资风险，同样要注意储蓄的收益可能被通货膨胀抵消，所以很多人会进行股票、债券、保险、国债、基金以及不同期存款搭配选择来进行资产的保值增值。这些选择很显然全是在金融系统里运作。

所以说，如今的生活中，越来越多的财富是被金融创造出来的，金融在经济生活中的作用也将越来越重要，我们每个人都应当越来越重视金融的作用，要更加深入地去了解和学习金融知识。

钱多并未让人感到幸福

钱多起来了，这句话用来形容中国确实一点也不过分。首先国家很富有，这没的说，我们的外汇储备多得都让专家们忧虑了；从人们的个人财富来说，也确实比以前多了起来，同 30 年前比，那改变更是天翻地覆。但是，如今人们的幸福感，也许还不如 30 年前呢！

为什么中国钱多了，许多人并不感到富有？北京大学经济学院的陈志武教授说过这么一段话：以前基于亲情和友情从而实现的互助互惠的经济活动，如今已经是市场化、经济化的东西了，全部都渗透了隐性的金融交易。而现实里显性金融服务，如保险、养老、信贷以及其他投资产品又无法跟上，保障不够健全，那么中国人在钱多起来的同时，可能仍旧很不安，甚至更加不安。就像我们古有养儿防老的说法，而现在老子不要养儿子已经很好了，生活压力似乎远超过我们的收入，即使今天能过着富有的生活，但人们对未来总是惴惴不安。这会导致人们的一个储蓄偏好，消费跟不上收入水平，因而会导致内需不足，无法增长，总体的经济增长仍然需要大量依靠外需来拉动，而国人的幸福感也无法提升。

所以，说起来是人们富起来了，但是金融工具没跟上。中华民族是古老勤劳的民族，勤劳一直都是美德，但是中国人历来勤劳却不够富有。因为我们缺少金融工具，没有丰富的产业资本和生产资金。改革开放之初，我们是没有资金，无法解决发展中需要资金的问题，因此要广引外资，借助外资的力量和技术来带动我们自身经济的发展。随着改革开放的深入，我们资金引来了，技术也引来了，制度也开始效仿和创新了，各方面都发展上去了，但是金融的创新还没跟上。

另外，随着经济每年稳步增长，经济增长率在世界也备受瞩目，人们财富增加的同时消费水平也逐渐提高，很平常的日常活动也需要大量金钱的支持，收入多了，支出也多了，于是总体上人们就感觉不到财富增加了多少。另外，一个很重要的因素，通货膨胀一直伴随着人们的生活，通货膨胀预期从来就没有减少，甚至日趋加深。人们的财富因通货膨胀抵消的程度很大，甚至导致了人们不敢消费又不敢储蓄的双重困境。一方面，因未来的不确定性以及防范风险和意外的需要导致不敢消费；另一方面，储蓄所得收益甚至都比不上通货膨胀率，钱放在银行里不仅没有增值，反而保值都困难，大量储蓄面临贬值的风险。

现在的保障体系还不完善，无论是城市居民还是农村居民的保险都还有很多不健全的地方。经济活动的广泛导致生活环境质量日益下降，一些百姓生活最关心最重要的问题仍然不能够很好地解决，所以说个不好听的比喻，即使人们睡觉的时候手中捏着钱，做的梦也许还是不安稳的，更谈不上幸福感。

在幸福感里面，一个很突出的问题就是房子的问题。在中国的文化里，本身就有一种置业文化，就类似于有房才有家的感觉。没有房子，即使结婚生子，却仍让人感觉浮萍无根，内心始终不觉得安定和充实，总有那么一种空虚感存在。因此，不管怎样，每个人几乎都有这么一个目标：要为房子而奋斗。即使是老年人，也许也还要为下一代操心，为儿女的房子付上首付才算完事。这反映了一个现实：除了房子这个本身不动产不可流通之外，人们的消费力度更加下降，流通性更加减弱，因此更加阻碍了经济的增长。

我们再想一想，为什么我们总感觉美国人那么有钱？为什么他们很乐意全世界去旅游？为什么他们敢于赚多少钱花多少钱，花没了再去赚？这一方面是观念上的差异，东西方消费观确实存在很大的不同；另外一个就是西方国家保障比较好，而我们则还有相当的差距。还有一个重要的原因，就是美国金融系统发达，他们的资金很自由。相对来说，中国金融则没那么发达，这是我们经济和制度需要努力发展和创新的方面之一。

金融家可以玩转世界

掌控世界需要哪些条件？肯定很多人首先想到：要有权。没权，你说话谁听？当然，还必须得有钱。美国选总统要不要钱？要，不仅要，还得用钱砸出来。因此两类人最有可能掌控世界：政治家和金融家。

金融家的重要性究竟有大，下面的两则故事足以说明问题。

对金融有所了解的人都知道有个神秘的罗斯柴尔德家族，对普通人来说，人们知道拿破仑，知道威灵顿，知道林肯，知道今天的巴菲特、乔布斯等人，但对这个名字和家族却比较陌生。

罗斯柴尔德家族的第一个成员叫梅耶，他是一个投资奇才。1770 年梅耶成为法兰克福的王室代理人，之后还获得了神圣罗马帝国"帝国皇家代理"的头衔，奠定了罗斯柴尔德家族在法兰克福的金融地位。除了他自己之外，梅耶有五个儿子，同样都是投资奇才。大儿子阿姆斯洛驻扎法兰克福，其他几个儿子则被分派到欧洲其他国家。最后形成的家族格局是以法兰克福为中心，所罗门驻扎维也纳、内森占领伦敦、卡尔分管那不勒斯、詹姆斯占据巴黎。

首先来介绍一下内森占领英国的故事。1789 年法国大革命爆发后，政治家忙着战争，投资家也没闲着。当拿破仑和威灵顿将军在前线激烈交战的时候，英国的内森也在密切关注战事，他利用自己的间谍在第一时间内打探到滑铁卢战争的胜负，迅速抄底英国国债，一天之内就狂赚了 20 倍的金钱。而其他人得到前线传来的战争结果整整比内森的情报晚了一天！威灵顿和拿破仑在几十年战争中所赚到财富的总和，都不及内森在这一天里所赚的多！

再来说说所罗门。当时的奥地利四处征战，大家都知道战争不仅仅需要人力，还需要大量经济力量的支撑。所罗门首先结交外交大臣梅特涅，在取得梅特涅的信任和重用之后，所罗门便向奥地利提供大量贷款，迅速成为王室最大的债权人，控制了奥地利的财权。

在巴黎的詹姆斯也一样。利用家族的关系，詹姆斯大量购买法国国债以哄抬国债价格，价格被哄抬以后他又大量抛出，致使国债价格急剧下跌，而詹姆斯则财富空前，成为法国名副其实、无可争议的金融寡头。卡尔在那不勒斯建立那不勒斯银行，正好意大利需要大量军用贷款，借此机会，卡尔成为意大利宫廷的财政主脉。在法兰克福的阿姆斯洛也凭借在德意志的影响成为德意志的财政部长。

自此，家族强大的金融网在欧洲铺开，缔造了世上强大的金融帝国。所以归结起来，他们的强大财富除了本身的金融眼光和投资才能之外，主要外力都是借助战争。但是他们的获利，却远远超过政治家们，甚至因为经济和财政的原因，政治家也不得不听从他们家族的安排。

另外一个故事是索罗斯狙击英镑。1990 年英国决定加入西欧国家所创立的新货币体系——欧洲汇率体系（简称 ERM），这个欧洲汇率体系会让体系内各国的货币转而相互钉住，而不是像之前各国货币钉住黄金或者美元的机制，这样会导致汇率的浮动比较大。尤其是两年后《马斯特里赫特条约》的签订，让很多欧洲货币被高估。索罗斯判断，一旦成员国国家市场发生动荡，如果核心国不牺牲自己的利益来帮助欧盟成员，成员国自己是很难渡过难关的。当时英国经济处于低迷不景气的状态，索罗斯正是看清了这一点，于是就不断加大投资规模，随着时间的推移，英国政府无力维持高利率，但核心国德国联邦银行又拒绝英国降息的要求，于是英国经济日益衰退。经济的不景气导致英镑疲软，对德国马克的汇率不断下跌，索罗斯看准时机对包括英镑在内的其他疲软货币进行攻击，大量抛售，使得英镑不断贬值。索罗斯投入的是一场巨大的赌博，仅他一人就动用了近100亿美元。加之其他投机者的力量，最终迫使英镑退出欧洲汇率体系，至今仍在体系之外。索罗斯也成为打败英国政府，击垮英格兰银行的人。

由此可见，投资家的实力甚至能比一个政府还强大。经济与政治从来都是密不可分的，经济与生活也从来都是密不可分的。"经济基础决定上层建筑"，那么从某种意义上也可以说投资家可以控制政治家。所以真正善于投资的投资家，会关注世界的每一个角落，会关注每一个政策动态，会关注任何一个小小的事故。

比如有这样一个故事：有一天一个投资家在家看电视，新闻里讲到赞比亚发生战争。于是该投资家马上就决定购买期货，囤积铜。果不其然，之后铜的价格大涨，他狠狠地赚到一笔。看上去这个新闻和这个决定是两个八竿子打不着的独立事件，但在投资家眼里就是机会。正所谓内行人看门道，外行人看热闹。原来非洲的赞比亚是盛产铜的国家，赞比亚发生战争，投资家判断必然会对世界铜的供应产生影响，一旦供不应求，铜的价格必定会上涨。因此，他果断决定囤积铜以备后续之需。事实证明他这个决策是多么正确。

实际上，不一定人人都能做金融投资家，因为自己不一定具备金融家手中的资源，但是普通人也应该训练自己的金融眼光，着眼于自己的财富升值。

"国富"与"民富"的矛盾

人们常说"国富民强",这也一直是国家和人民所追求的。可是藏富于国和藏富于民是一回事吗?会带来一样的结果吗?为什么负债累累的政府国民过得比较幸福,经济制度比较健全,而有巨额财富,拥有强大外汇储备,是别国政府大债主的政府反而发展不够健全,各种问题层出不穷?为什么不是有钱了才更能办事?

综观中国历史,国富民安的朝代多采取休养生息、轻徭薄赋的政策,这也是儒家思想治国的核心之一。但是今天,似乎才真正将此思想发扬光大并运用到实际中。"国富"和"民富"不是一回事吗?国家富起来难道不等于国民富起来?人民富裕了对国家影响到底如何?

国富,就是财富都集中于国家。比如商鞅时期,鼓励农业生产,但是必须"家不积粟",农民需要努力耕地种粮食,但是收成的大部分必须上交国家,不许自己私藏。出于商鞅的考虑,也许富有的人民不好管理,他们有自己的实力可以和政府对抗,而贫穷的百姓则好管理得多,他们能解决温饱即可。可是再想一想,多少农民起义不是因为赋税严重而引起的?苛捐严税,如硕鼠害民。

民富,则是指财富归百姓所有,藏富于民。这种结果多因为国家轻赋税重发展而致。试想,国家如果不大力发展生产,财富就无法生成。而百姓即使有大量财富,如果都被征收税赋,则依然没有财富可言。

到底藏富于国有利于发展,还是藏富于民有利于发展呢?经济学家陈志武曾举这么一个事例,如果有两组国家,分别是1600年时国库丰盛的国家,如印度、土耳其以及日本;另一组负债累累,比如英国、意大利、荷兰、西班牙、法国等。但是,从400年前直到19世纪、20世纪,当时负债累累的那组国家如今都是经济发达国家,且民主法制建设都很好;而除日本明治维新之后改变命运逐步发展并进入发达国家之外，那些"腰缠万贯"的国家反而都是发展中国家。

财富在民间和国家之间的分配与自由、民主、法制的发展有着相当微妙的关系。看似八竿子打不着的民主、自由、法制的建设与金融市场之间，其实有着依赖的关系。

拿美国来说，通过国债价格的涨跌变化能够对具体政策与制度做出相应评价，可以反映出市场对国家的未来定价。国家需要通过国债来收集资金，则当国债价格下跌时政府就必须对法律或者政策做出调整以让公众满意。也就是说，负债累累的政府对百姓的税收很依赖，只有促进民主制约专制让百姓满意，百姓才愿意缴税。当政府有求于百姓时，它就不得不为百姓做事。政府钱不够用时自然需要金融市场的运作，到市场上去融资，为了能更好地融资，势必就要建设好民主和法治。

在"国富"与"民富"的争执中有一个关键词语：税收。通过阐述，国家依赖税收这个杠杆，等同于依赖民众。那么税收应该在一个什么样的水平呢？是不是越多越好？显然不是。不收税是不行的，国家缺钱也无法发展建设，民主、自由、法治皆为空谈。但是税收超过民众的负担，劳动之后的成果全部被政府掠夺，则再也不会有人愿意劳动了，谁愿意辛辛苦苦却白白干活？所以关于税收，正如拉弗曲线所说，控制在一定的程度才能达到效益最大化，既不能不收，又不可多收。

对任何一个百姓来说，都希望国家强大繁荣。国乃家之根本，是家和个人的强大后盾。但是，对于每一个普通百姓来说，生活是具体的，要的是公众温和友爱，善待他人，告别冷漠，看到别人需要帮助时不会不敢站出来帮一把，自己需要帮助时有人愿意搭把手，这些都需要政府的帮助，因此没有人不愿意依法纳税。但是同样，开门七件事，样样都要钱。国家富有之外，百姓也需要富有，这样才能够相互支撑，也才有能力负担税赋，以让国家充实国库，更好发展。

从根本上说，国家的财富也是来源于民众的创造，是无数百姓将自己小份额的财产让渡给国家，才汇聚成国家的巨大财富。就好像一条大河，主干道充足的河水必定是由众多支流汇聚一起才得以形成的。小河里有水才能保证大河不干涸，而若大河抽干了所有小河里的水，大河离干涸的日子也不远了。

因此，可以说，藏富于民则政府有求于民，政府必定要全力建设好完善的金融市场才能够让民众心甘情愿让渡出财富。

我们的财富会蒸发

有些人能够守得住自己的财富，有些人却失败了。《福布斯》杂志从1982年公布"福布斯400富豪榜"以来，到今天，只有50位富豪依然榜上有名，也就是说，高达87.5%的富豪富不过一代，甚至像流星一样一闪而过。

就像网络泡沫的蒸发，他们的钱也是在不知不觉中被挥发掉了。想当初，他们的财产也是经过千辛万苦一点一点积累起来的，应该说他们很善于理财投资，但是为什么却最后坠落？《福布斯》杂志的调查显示，除因为投资失败带来的财产蒸发，多数失败者并没有在生活上时刻注意，他们的钱被用来购买一些昂贵的奢侈品，交付巨额物业管理费用，转移财产被爱人或情人侵蚀。

当大家在拼命攒钱的时候，你是否曾想过，自己辛辛苦苦积累下来的资产，正在被其他东西无声无息地侵蚀掉？这种你在拼命赚钱，但不断被扯后腿亏钱的感觉实在很不爽。

一提到"资产流失"这几个字眼，人们首先想到的是国有资产的流失。其实，在生活中，一不小心，你的资产便会不知不觉地流失。想让个人财务正常运转，就从找出财务漏洞开始吧！个人因为财务漏洞导致的资产流失主要集中在下面几个领域：

1. 储蓄流失增值机会

如果你每年的花销超过了资产的 7%，那么 20 年后，你花光所有钱的可能性高达 80%，原因很简单，就是"通货膨胀"。很多人经常有意无意地忽略"通货膨胀"的因素，其实"通货膨胀"是财产的强"腐蚀剂"。20 年后，由于"通货膨胀"的因素，人们手中的钱将贬值 20%，这还算是乐观的估计。

因此我们提倡"适度"储蓄，过度储蓄将可能使财产增值机遇流失。经济专家有观点认为，中国人的 40 万亿元储蓄存款，假如相对于同期的国债之间 1% 左右的利息差（考虑到存款的本钱税和国债的免税因素），那么中国人将会在每年流失掉 4000 亿元左右的资本增值的潜在获利机会。

对大多数居民来说，避免这类散失，最好的办法是将银行储蓄转为同期的各类债券。从目前来看，交易所市场和银行柜台市场都能够很便利地实现这类交易，而且流动性也很强。在国人的传统观念中认为应该尽力地辛劳工作，也理解节约节俭、储蓄和爱护财富，但咱们不应该只是"擅长"储蓄，还应当"善待"储蓄，合理的储蓄才能将财富发挥到增长的最大价值。

2. 股市缩水几千亿

中国股市二十几年的发展成绩斐然，保守估计，中国股市的实际参与者至少应在 2500 万户，涉及近亿人群，这其中不乏数量庞大的新兴的中产阶级。根据相关统计，股市中共投入资金约为 23000 亿元，这些资金换成了股票的资金，因为股价下跌、缴纳各种税费等，如今的证券市场的流通市值只剩下了 13000 亿～ 14000 亿元。也就是说，十几年来股市黑洞共吞噬了近万亿元的资金，如果排除其他背景的资金损失，那么中国普通老百姓家庭的资产在股市上至少流失了数千亿元。

3. 过度和不当消费

消费的原因多种多样，很多时候你逛完商场时看到手里拎着的大包小包，回家一看却发现，有些东西其实不买也可以。这就是所谓的"过度"

与"不当"的消费，它们也会让资产无形流失。所以，花钱买什么，一定要想清楚。

过度消费可以理解为"情绪化"消费或"冲动性"消费。例如，看到打折商品就兴奋不已，在商场里泡上半天，拎出一大包便宜的商品，看似得了便宜，实际上买了很多并不需要或者暂时不需要的东西，纯属额外开支。特别是在对大件消费品上，比如房子、汽车、高档家电，一时冲动，往往会造成"过度"消费。这样，不仅造成家庭财政的沉重负担，而且会导致家庭资产隐性流失。

不当消费是指为了"面子"而不是因为需求的消费。在消费上总喜欢跟别人较劲，人家能花的我也要花，不论有没有必要。

4. 理财观念薄弱

中国家庭的活期储蓄总是太多，这让银行或其他金融机构白吃了大把大把的息差，其实只要稍加运作就能有效地减少利息损失。对单个家庭来说，"不当"储蓄的损失可能十分细微，但由于基数的宏大，中国家庭因此而流失的资产就是个天文数字，且仅对单个家庭来说，随着时间的流逝，其累计损失也是无比大的。资产流失很多时候都不显山露水，但只要稍一放松就可能造成大量资产的流失。所以，只有不断地强化理财意识才能成功积累财富。

不注意平日里的财富漏洞，即使你是富翁也不免要沦落到穷人的下场，何况作为平凡人的我们本来就没有多少财产，就更应该提防财富漏洞，对财产的流失防患于未然。

金钱的时间价值

一个虔诚的教徒有一天遇见了上帝，就问："上帝啊，对你而言，100年意味着什么？"上帝回答说："不过一瞬间而已。"教徒又问："那100万元呢？""不过 1 元钱而已。"于是教徒很高兴地说："上帝呀，请给我 100 万元吧！"上帝给了他一个让人绝望的回答："没问题，请等我一瞬间。"会心一笑后请认真思考一下，这个小幽默告诉了我们一个什么样的道理呢？请回答这样一个问题：相同的 1 元钱在今天和将来的价值是否相同？

很多人都会说是的，但经济学家说：不同。为什么？回答是，因为人们具有时间偏好——人们在消费时总是抱着赶早不赶晚的态度，认为现期消费产生的效用要大于对同样商品的未来消费产生的效用。因此，即使相同的 1 元钱在今天和未来都能买到相同的商品，其价值却不相同——因为相同的商品在今天和未来所产生的效用是不相同的。正是人们的时间偏好使货币具有了时间价值。这也正是上面那个小幽默的寓意所在：货币是具有时间价值的。今天的 1 元钱到明年可能就不是 1 元钱了，通常今天 1 元钱的价值要多于明天的 1 元钱。

本杰明·弗兰克说：钱生钱，并且所生之钱会生出更多的钱。这就是货币时间价值的本质。货币的时间价值这个概念认为，目前拥有的货币比未来收到的同样金额的货币具有更大的价值，因为目前拥有的货币可以进行投资，在目前到未来这段时间里获得复利。即使没有通货膨胀的影响，只要存在投资机会，货币的现值就一定大于它的未来价值。专家给出的定义：货币的时间价值就是指当前所持有的一定量货币比未来获得的等量货币具有更高的价值。如果从投资者的角度分析，投资就是将目前的消费推迟到将来，把这 1 元钱用于投资而不是用于消费，投资是要求报酬的，这个报酬就是货币时间价值。当然也可以这样考虑，由于投资者消费时间向后推迟，货币的时间价值就可以理解为对投资者牺牲当前消费的一种补偿。

投资可以获得收入，银行存款可以给储户带来利息，今天收到的 1 元钱比明天收到的 1 元钱更值钱。我们用一个简单的例子来说明。

如果你将现在的 100 元存入银行，存款利率假设为 5%，那么一年后将可得到 105 元。

这 5 元就是货币的时间价值，或者说货币的时间价值是 5%。假设一年后,我们继续把所得的 105 元按同样的利率存入银行,则又过一年后,你将获得 110.25 元。第二年的利息比第一年多出 0.25 元,这是由第一年 5 元利息创造的利息。

这就是通常所说的复利计算或者利滚利。以此方式年复一年地存款,则当初的 100 元将会不断地增加,年限够长的话,到时可能是当初的几倍甚至几十倍。通过科学计算,如果将 100 元存入银行连续 50 年,假设每年利率维持在 5%,50 年后你将有 1146.74 元!

在现实生活中,货币的时间价值有两种计算方式:单利和复利。单利是指在计算利息时,每一次都按照原先融资双方确认的本金计算利息,每次计算的利息并不转入下一次本金中。比如,A 借 B 100 元,双方商定年利率为 5%,3 年归还,按单利计算,则 A 3 年后应收的利息为 $3 \times 100 \times 5\% = 15$ 元。

在单利计算利息时,隐含着这样的假设:每次计算的利息并不自动转为本金,而是借款人代为保存或由贷款人取走,因而不产生利息。

复利是指每一次计算出利息后,即将利息重新加入本金,从而使下一次的利息计算在上一次的本利和的基础上进行,说白了也就是利滚利。上例中,如 A 与 B 商定双方按复利计算利息,那么 A 3 年后应得的本利和计算如下:

第 1 年利息:$100 \times 5\% = 5$;

转为本金后,第 2 年利息($100+5$)$\times 5\% = 5.25$;

转为本金后,第 3 年利息($105+5.25$)$\times 5\% = 5.5125$;

加上本金,第 3 年的本利和为 $105+5.25+5.5125 = 115.7625$。

从上面的例子中,我们已经看到了复利带来的巨大利润。事实上,对于财富来说,复利是最大的奇迹。假设你将 1 元钱投资到股票市场,每次收到的红利都进行再投资,如果每年投资能获得 15% 的收益率,根据科学计算,1 元钱连续投资 100 年后的收益将近 120 万元!

无论是从公司还是从投资者的角度来说,财务决策的制定主要是依据不同投资选择的收益。例如，如果今天你手中有 1 万美元想投资，你必须决定怎样运用这笔钱来取得最大的收益。如果你用这笔钱投资，在 5 年后可以获得 1.5 万美元的收益，或者是在 8 年后可获得 2 万美元的回报，你将如何选择？为了回答这个问题，你必须决定这两项投资哪项给你带来的收益更大。

从另一方面来讲，早得到的 1 元就比晚得到的 1 元更有价值，这是因为 1 元钱得到的越早，它就可以更快地进行投资获得收益。这意味着 5 年期投资比 8 年期投资更有价值吗？不一定，因为 8 年期的投资收益率通常高于 5 年期的投资。为了决定哪项投资更有价值，我们需要比较同一时点上两项投资的报酬率，也就是说，我们要比较所谓的等值货币。因此，我们可以通过重新估价来求得上面两项投资的现值和在未来不同时点的预期收益（5 年后的 1.5 万美元和 8 年后的 2 万美元）。

货币的时间价值的巨大效应正在于此，货币在经历了一定时间的投资和再投资后，会增加价值。换句话说，货币用于投资并经历一定时间后会增值，增值部分即为时间价值。今天的 1 元钱和一年后的 1 元钱的潜在经济价值是不相等的，前者要大于后者，因为现在的 1 元钱在一年之后，可以超过 1 元钱。如果把这 1 元钱用于投资，从社会的角度分析，投资会有一个收益，而这个收益就是时间的价值。

时间就是金钱。货币的时间价值对个人理财很重要的启示是：理财要尽早规划，尽早行动，这样才能让你的财富不断增值。

第三章

金融学就在你身边

——关于金融指标的财经常识

现在进行宏观经济分析时，政府及其他市场主体一直使用的 GDP 增长率、货币供应量、总贷款、总存款、外汇储备、CPI 等指标均有一定的滞后性，参考意义有限。与之相比，国际上普遍使用的统计数据要丰富得多，预警性也更强。例如国际上对物价指数有详细的分类数据，通过观测某一类物价指数就能够做出前瞻性的趋势性分析；对库存的分析可以区分商业环节和生产环节，其中生产环节还可以再分为原材料和产成品环节，等等。

——巴曙松

反映物价涨跌的指标：CPI

有人曾经列举了 30 年前的 1 元钱与现在的 1 元钱之间的区别：

30 年前，1 元钱能做什么？交一个孩子 0.6 个学期的学杂费（一个学期 1.6 元），治疗一次感冒发烧（含打针），买 20 个雪糕、7 斤大米、50 斤番茄、20 斤小白菜、20 个鸡蛋，到电影院看 5 次电影，乘 20 次公交车。

现在的某个不特定时间点，1元钱能够做什么？乘公交车1次（非空调车）、买2个鸡蛋，夏天买0.5斤小白菜、0.8斤番茄，看病挂号1次（最便宜的门诊），缴纳小孩学杂费的1/800，看0.05次电影。

为什么会有如此巨大的差异？简单地说，是由于物价（CPI）上涨了，钱不值钱了，所以1元钱买的东西会越来越少。

经济危机之后，普通居民对物价的感觉是更贵了，CPI恐怕是大家谈论最多的经济词汇了。对于普通老百姓而言，大家对CPI的关注归根结底还是对日常生活所需品的价格变化，比如说猪肉的价格变化、面粉的价格变化、蔬菜的价格变化等的关注。那么CPI能如实地反映出老百姓最关心的日常生活费用的增长吗？

我们先来了解一下到底什么是CPI。CPI是居民消费物价指数（Consumer Price Index）的缩写。我国的CPI指数是按食品、烟酒及用品、衣着、家庭设备用品及服务、医疗保健及个人用品、交通和通信、娱乐教育文化用品及服务、居住这八大类来计算的。这八大类的权重总和加起来是100。其中，食品占比重最大，包括粮食、肉禽及其制品、蛋、水产品、鲜菜、鲜果。

在每一类消费品中选出一个代表品，比如，大多数人是吃米还是吃面，是穿皮鞋还是穿布鞋等。国家统计局选出一定数量的代表品，把这些代表品的物价按每一月、每一季、每一年折算成物价指数，定期向社会公布，就是我们所说的官方的CPI指数。

CPI就是反映市场物价的一个最基本的术语。在中国现实的社会中，物价是和柴米油盐息息相关的，物价成为国家高度关注的问题。CPI是反映与居民生活有关的产品及劳务价格统计出来的物价变动指标，通常作为衡量通货膨胀水平的重要指标。

物价指数计算的基本方法，是以计算期各种商品的价格乘以计算期各种商品的销售量，再除以基期各种商品的价格乘以基期各种商品的销售量。即：

CPI= 一组固定商品按当期价格计算的价值／一组固定商品按基期价格计算的价值 ×100%。

CPI 是反映城乡居民消费水平和消费品价格变动情况的重要指标，也被作为观察通货膨胀水平的重要指标。如果 CPI 在过去的 12 个月中上升了 2.3%，那么就表示当下的生活成本比 12 个月前平均要高出 2.3%，这无疑是不被欢迎的。而当生活成本提高时，你的金钱价值也随之下降。如果 CPI 在 12 个月内上升了 2.3%，那么去年的 100 元纸币，今年只可以买到价值 97.7 元的商品或服务。所以，CPI 升幅过大，就表明货币贬值幅度过大，通货膨胀就成为经济不稳定的因素。因此，CPI 指数也是反映通货膨胀程度的有力指标。

一般来说，当 CPI 增幅大于 3% 时，就已经引发了通货膨胀；而当 CPI 的增幅大于 5% 时，就已经是严重的通货膨胀了。一般在这种情况下，央行为了抑制通货膨胀，会有紧缩货币政策和财政政策的举措，但这种举措有可能造成经济前景不明朗。

编制物价指数的目的，是为国家分析物价变动对国民经济与人民生活的影响，从而制定有关物价宏观调控政策，加强物价管理提供依据。同时，也为企业做出相应的经济决策提供依据。物价上涨，有可能是由以下几种原因造成的：

1. 市场的波动

市场的格局发生了一些变化，导致某一种商品或者很多商品的价格上涨。最明显的例子是石油价格上涨，比如，由于伊拉克战争或者伊朗的形势紧张，导致市场参与者预期石油的供应可能会紧张，这会推动石油价格上涨。但是，这种上涨跟通货膨胀没有关系。

2. 价格的自由波动

这种涨跌恰恰就是市场机制在发挥作用。在计划经济条件下经常出现商品长期短缺，但在市场机制下，如果一种商品短缺，价格就会上涨。很快就会有很多企业去生产这些商品，短缺也就不存在了。因此，由于市场格局变化引起的物价上涨，实际上是市场自我校正的一个过程，这个过程就可以驱动资源的重新配置。市场进行资源的有效配置，就是通过价格信号进行的。把这种物价上涨当作通货膨胀而对它进行调控，结果就是市场重新配置资源的机制被打断，只能扰乱市场秩序。

3. 通货膨胀型物价上涨

奥地利学派认为，通货膨胀是一种货币现象，通货膨胀就是由于货币供应量持续、过快地增长，导致物价上涨。在奥地利学派看来，通货膨胀型物价上涨不一定是物价的普遍上涨。在通货膨胀期内，不同行业、不同商品、不同服务的价格，会在不同的时间上以不同的幅度上涨。这样，每一类的商品、服务上涨持续的时间也不一样，最后累计上涨的幅度也不一样。物价上涨并不是同时发生物价的普遍上涨，而是呈现为一个波浪式的上涨过程。

这就如同向水中扔进一块石头，涟漪从中心向四周扩散，而且，可以说，最早上涨的那些价格就必然会一直领先于其他价格。因为，在特定时期，新增货币源源不断地流入这些行业。相反，越往后，价格上涨的幅度会越小，相关企业及其员工所能获得的收入增加就会越少。

相对来说，价格最晚上涨的，肯定是距离权力最远的企业和行业。而所有这些价格上涨会波及较为重要的最终消费品——食品。应当说，距离权力最远者，比如农民，也可能因为猪肉、粮食价格上涨而享受到一点好处，但在他们所生产的产品价格上涨之前，其他商品与服务价格早就涨上去了，而彼时，他们的收入却并无增加。更重要的是，一旦这些商品和服务价格上涨，通货膨胀就已经成熟，政府必然要采取强有力措施干预价格，于是，他们本来要得到的好处就流失了。总起来看，他们是通货膨胀的净损失者。

国家财富的标尺：GDP

小镇上，一个消费过度的富人死了。全镇的人都为他哀悼，当他的棺材被放进坟墓时，四处都是哭泣、哀叹声，就连教士和圣人死去时，人们都没有如此悲哀。第二天，镇上的另一个富人也死了，与前一个富人相反，他节俭禁欲，只吃干面包和萝卜。他一生对宗教都很虔诚，整天在豪华的研究室内学习法典，当他死后，除了他的家人外，没有人为他哀悼，葬礼冷冷清清。

一个陌生人对此迷惑不解，就问道："请向我解释一下这个镇上的人为什么尊敬一个荒淫的人，而忽略一个圣人。"镇上的居民回答说："昨天下葬的那个富人，虽然他是个色鬼和酒鬼，却是镇上最大的施舍者。他荒淫奢侈，整天挥霍自己的金钱，但是镇上的每一个人都从他那儿获益。他向一个人买酒，向另一个人买鸡，向第三个人买奶酪，小镇的 GDP 因为他不断增长。可死去的另一个富人又做了什么呢？他成天吃干面包和萝卜，没人能从他身上赚到一文钱，当然没有人会想念他。"

在经济生活中，GDP 这个词语频频被人们提起，它在我们的日常生活中起到了哪些作用呢？GDP 即国内生产总值。通常对 GDP 的定义为：一定时期内（一个季度或一年），一个国家或地区的经济中所生产出的全部最终产品和提供劳务的市场价值的总值。

GDP 是三个英文单词首字母的组合：Gross，即毛的、总的；Domestic，即国内的；Product，即产值，翻译成汉语就是"国内生产总值"。GDP 是指一个国家在一年内，所生产的全部最终产品（包括劳务）的市场价格的总和。

在经济学中，GDP 常用来作为衡量该国或地区的经济发展综合水平通用的指标，这也是目前各个国家和地区常采用的衡量手段。GDP 是宏观经济中最受关注的经济统计数字，因为它被认为是衡量国民经济发展情况最重要的一个指标。

GDP 的计算方法通常有以下几种：

1. 生产法

生产法是从生产角度计算国内生产总值的一种方法。从国民经济各部门一定时期内生产和提供的产品和劳务的总价值中，扣除生产过程中投入的中间产品的价值，从而得到各部门的增加值，各部门增加值的总和就是国内生产总值。

计算公式为：总产出 – 中间投入＝增加值

GDP＝各行业增加值之和。

也可以表示为 GDP ＝Σ 各产业部门的总产出 –Σ 各产业部门的中间消耗。

2. 收入法

收入法是从生产过程中各生产要素创造收入的角度计算 GDP 的一种方法。即各常住单位的增加值等于劳动者报酬、固定资产折旧、生产税净额和营业盈余四项之和。这四项在投入产出中也称最初投入价值。各常住单位增加值的总和就是 GDP。计算公式为：

GDP ＝Σ 各产业部门劳动者报酬 +Σ 各产业部门固定资产折旧 +Σ 各产业部门生产税净额 +Σ 各产业部门营业利润

3. 支出法

支出法是从最终使用的角度来计算 GDP 及其使用去向的一种方法。

GDP 的最终使用包括货物和服务的最终消费、资本形成总额和净出口三部分。计算公式为：

GDP ＝最终消费 + 资本形成总额 + 净出口

从生产角度，GDP 等于各部门（包括第一、第二和第三产业）增加值之和；从收入角度，GDP 等于固定资产折旧、劳动者报酬、生产税净额和营业盈余之和；从使用角度，GDP 等于总消费、总投资和净出口之和。

现今世界上，每个国家都非常关心经济增长。因为没有经济的适当增长，就没有国家的经济繁荣和人民生活水平的提高。例如，西方国家认为中国富强，就是因为它的 GDP 增长迅速，同其他世界大国相比，在经济总量、GDP 大小上，中国已经位居世界第二。

2011 年 2 月，日本内阁公布 2010 年全年经济数据，按可比价格计算，2010 年日本名义 GDP 为 5.4742 万亿美元，比中国低 4000 多亿美元，排名世界第三。这也是 1968 年以来，日本经济首次退居世界第三。

2010 年日本实际 GDP 增长 3.9%，名义 GDP 增长 1.8%。其中第四季度日本实际国内生产总值环比下降 0.3%，这是日本经济五个季度以来首次出现负增长。日本内阁官房长官枝野幸男公开表示，对日本 GDP 被中国赶超表示欢迎。他还表示，人均 GDP 方面日本仍然是中国的 10 倍多，重要的是日本应当如何汲取其活力。为了将发展优势传给下一代，日本将继续推进经济增长战略。

GDP 是目前衡量国民财富总量无可替代的指标。中国在古代社会和农业社会一直位列全世界最发达的国家行列，自清代中后期以来才在工业革命浪潮中落后。20 世纪初，中国 GDP 总量在世界排名最后二十位，现在终于上升到世界第二，说明中国国力的增强。

"中国仍然是一个发展中国家，人均 GDP 不但只有日本的十分之一，甚至不到世界平均水平的一半。而日本的发展，比如城乡之间、经济社会之间的发展比较平衡，而我们发展不平衡问题突出，差距很大。"北京大学国民经济核算研究中心研究员蔡志洲表示。

按照 1995 年的标准，中高等发达国家的人均 GDP 在 8000 美元以上，而中国人均 GDP 尚未达到这个标准。即便中国今后一直保持 7% 的增长速度，人均 GDP 要达到发达国家的高限标准，也需要 15～20 年的时间。

GDP 对于任何一个国家来讲都是非常重要的，但是不能盲目崇拜 GDP 的增长。没有发展的增长和虚假无效的增长，短期行为的增长，不可持续的增长和结构失衡的增长都将破坏社会经济的和谐与发展。

国民财富的标尺：GNP

1929 年，爆发了一次史无前例的世界性经济危机，对世界经济的破坏程度如同是投下了一颗原子弹。可是奇怪的是，当危机爆发之时，人们却浑然不知，当时的美国总统胡佛甚至认为经济形势正在转好。

我们没有理由嘲笑当时人们的无知，因为当时除了苏联统计机构有尚不完善的国民经济平衡表之外，有关国民经济的统计几乎是空白，所以人们当然不知道经济形势已经坏到什么地步。这次危害巨大的经济危机激发了人们对国民经济状况的了解的渴望。于是，美国参议院财经委员会委托西蒙·库兹涅茨，建立一系列用来统计核算一国投入和产出的指标，由此发展出"国民收入账户"。这就是国民生产总值 GNP 的雏形。

1933 年，当 1929～1932 年的国民收入统计资料公开时，人们才发现这次经济危机竟是这么可怕。

国民生产总值（简称 GNP），是指一个国家（地区）所有常驻机构单位在一定时期内（年或季）收入初次分配的最终成果。一个国家常驻机构单位从事生产活动所创造的增加值（国内生产总值）在初次分配过程中主要分配给这个国家的常驻机构单位，但也有一部分以劳动者报酬和财产收入等形式分配给该国的非常驻机构单位。同时，国外生产单位所创造的增加值也有一部分以劳动者报酬和财产收入等形式分配给该国的常驻机构单位，从而产生了国民生产总值的概念。它等于国内生产总值加上来自国外的劳动报酬和财产收入减去支付给国外的劳动报酬和财产收入的差。

随着外商注入中国市场，我国 GDP 增长率逐年上升。但外商投资（外国国民）在中国的产出计入中国的 GDP，却不是中国的 GNP。因此，外商投资大规模进入中国的必然结果是，中国的 GNP 将明显小于 GDP，GNP 的增长率也会低于 GDP。

中国的国民生产总值〈国内生产总值，资本输出国（如日本）的国民生产总值〉国内生产总值，如果长期存在这一现象，中国经济的前途和社会福利将受到长远深刻的影响；如果中国企业的竞争力没有随着中国经济的增长和经济规模的扩大而持续提高，而只是单纯地依靠比较成本优势，甚至只是向跨国公司提供我们的比较优势资源，那么，即使中国的制造业规模有很大的扩张，也将在更大程度上只是"世界工场"，而不是真正的"世界工厂"。

在发达国家，GDP与GNP比较接近，因此常用GDP来衡量并没有什么问题。然而用GDP而不是GNP看中国国力，其中的巨大差异则会导致对中国国力与财富创造能力的严重高估。这也就是为什么世界银行用平价购买力一算，就与原来的差别那么大的原因。

国民生产总值与社会总产值、国民收入有所区别：一是核算范围不同，社会总产值和国民收入都只计算物质生产部门的劳动成果，而国民生产总值对物质生产部门和非物质生产部门的劳动成果都进行计算。二是价值构成不同，社会总产值计算社会产品的全部价值；国民生产总值计算在生产产品和提供劳务的过程中增加的价值，即增加值，不计算中间产品和中间劳务投入的价值，国民收入不计算中间产品价值，也不包括固定资产折旧价值，即只计算净产值。

国民生产总值反映了一个国家的经济水平，按可比价格计算的国民生产总值，可以计算不同时期、不同地区的经济发展速度（经济增长率）。在现代金融生活中，只有正确评估国力，才能提高经济发展、开放效益和对外谈判的主动性。不论GNP或GDP，都只是我们眼前能够看到的经济增长或变化，是近期能够切实感受的经济数值、经济水平，但要考虑到今后我们的下一代，甚至是子孙后代经济发展时，是不是应该计算"绿色GNP"了呢？"绿色GNP"即考虑经济发展的同时添加上资源的损耗和可再生资源的恢复。

经济发展的动力是我们的生活发展，生活最根本的则是我们身边的一草一木，是生命。如果有一天我们迎来了资源的全面枯竭，那将毫无疑问意味着经济发展的结束，甚至生活的衰竭、生命的完结。而"绿色GNP"是摆在我们面前刻不容缓的问题。

工业经济的"体温计"：PPI

虽然每月国家统计局都会发布PPI，不过，对于大多数人来说，PPI还是一个十分陌生的概念。PPI到底是什么？代表了什么呢？

PPI是生产者物价指数的英文缩写，它是站在生产者的角度来观察不同时期货物和服务商品价格水平变动的一种物价指数，反映了生产环节价格水平，也是制定有关经济政策和国民经济核算的重要依据。

PPI可以称得上是了解国家经济发展状况的"体温计"。通过PPI的变化，我们就能大体判断国家经济的运行状况，并可由此预判未来国家的宏观经济政策。

生产者物价指数是一个用来衡量制造商出厂价的平均变化的指数，它是统计部门收集和整理的若干个物价指数中的一个。如果生产物价指数比预期数值高，表明有通货膨胀的风险；如果生产物价指数比预期数值低，则表明有通货紧缩的风险。生产者物价指数主要的目的是衡量各种商品在不同的生产阶段的价格变化情形。

一般而言，商品的生产分为三个阶段：一是原始阶段：商品尚未做任何的加工；二是中间阶段：商品尚需做进一步的加工；三是完成阶段：商品至此不再做任何加工手续。PPI是衡量工业企业产品出厂价格变动趋势和变动程度的指数，是反映某一时期生产领域价格变动情况的重要经济指标。

在我国，PPI一般指国家统计局公布的工业品出厂价格指数。目前，我国PPI的调查产品有4000多种，包括各种生产资料和生活资料，涉及调查种类 186 个。其中，能源原材料价格在 PPI 构成中占较大比重。通常情况下，PPI 走高意味着企业出厂价格提高，因此会导致企业盈利增加；但如果下游价格传导不利或市场竞争激烈，走高的 PPI 则意味着众多竞争性领域的企业将面临越来越大的成本压力，从而影响企业盈利，整个经济运行的稳定性也将受到考验。

因此，PPI 可以用来对通货膨胀进行初期预测。理由很简单，企业成本上升时，企业通常会提高价格。一般而言，当生产者物价指数增幅很大而且持续加速上升时，该国央行相应的反应是采取加息对策阻止通货膨胀快速上涨，则该国货币升值的可能性增大；反之亦然。

美国劳工部会在 25000 多家企业做调查，得出产品价格，根据行业不同和在经济中的比重、分配比例和权重，PPI 能够反映生产者获得原材料的价格波动等情况，推算预期 CPI，从而估计通货膨胀风险。总之，PPI 上升不是好事，如果生产者转移成本，终端消费品价格上扬，通货膨胀上涨。如果不转移，企业利润下降，经济有下行风险。

在美国，生产者物价指数的资料搜集由美国劳工部负责，他们以问卷的方式向各大生产厂商收集资料，收集的基准月是每个月包含 13 日在内该星期的 2300 种商品的报价，再加权换算成百进位形态，为方便比较，基期定为 1967 年。真正的经济学家可以通过对 PPI 的关注，从而正确判断物价的真正走势——这是由于食物及能源价格一向受到季节及供需的影响，波动剧烈。

对于老百姓来说，PPI 通常作为观察通货膨胀水平的重要指标。由于食品价格因季节变化加大，而能源价格也经常出现意外波动，为了能更清晰地反映出整体商品的价格变化情况，一般将食品和能源价格的变化剔除，从而形成"核心生产者物价指数"，进一步观察通货膨胀率变化趋势。

生活水平的衡量尺度：恩格尔系数

古人云："食、色，性也。"这是古代先贤对人的天性的一种尊重。它说明，饮食和男女关系都是天生的需要，是人类生存繁衍的基础。尤其食物作为日常用品，是生存的前提条件，与生活息息相关。过去人们见面的第一句话就是"吃了没？"，其重要性可见一斑。

随着时间的推移，人们发现这句话逐渐被其他话语替代了，"吃了没？"也被大众淡忘了。难道食物对我们来说不重要了？非也，一日三餐仍旧是人们固定的习惯。其主要原因是随着经济的发展，民众用于购买食物的支出比例越来越少，而用于购买服装、汽车、娱乐上的消费比例增加了。当人们追求更多更高层次的消费时，相对较为低层次的食物需求就显得并不重要。

34 岁的章先生是一家企业的管理人员，从事经营工作，家庭年收入在 30 万元到 40 万元之间。说起记账的初衷，章先生说，记账习惯与年龄无关，他五六年前就开始记账，是因为觉得只有把家庭生活经营好了，才能把自己的经营管理工作做得更好。"做家庭账本和做公司的账本一样，我每个月都要把家里的收入、支出、存量做平，对支出记账还要进行分类。"

"以我们的家庭收入，在西安应该还算是比较富裕的家庭。"章先生说，他们一家三口，孩子上幼儿园，现在已经不喝奶粉了，比起那些小孩喝奶粉的家庭，他们减少了这项支出。孩子每月托费 1200 元，平均下来每月花在孩子身上的钱就是 2000 元左右。其余的支出，除了吃，大项支出就是养车、房贷。每天记账，可以及时了解家庭支出的合理性。

消费支出是指一个家庭日常生活的全部支出，包括食品、衣着、家庭设备用品及服务、医疗保健、交通和通信、娱乐教育文化服务、居住、杂项商品和服务八大类。消费支出反映了居民的物价消费水平，是很重要的宏观经济学变量，被作为宏观调控的依据之一。这里我们所讲的恩格尔系数就是食品支出总额占个人消费支出总额的比重。

恩格尔系数，是指居民家庭中食物支出占消费总支出的比重。德国统计学家恩格尔根据经验统计资料对消费结构的变动提出这一看法：一个家庭收入越少，家庭收入中或者家庭总支出中用来购买食物的支出所占的比例就越大，随着家庭收入的增加，家庭收入中或者家庭支出中用来购买食物的支出将会下降。恩格尔系数是用来衡量家庭富足程度的重要指标。

恩格尔系数主要表述的是食品支出占总消费支出的比例随收入变化而变化的一定趋势。恩格尔系数是国际上通用的衡量居民生活水平高低的一项重要指标，国际上常常用恩格尔系数来衡量一个国家和地区人民生活水平的状况。

吃是人类生存的第一需要，在收入水平较低时，其在消费支出中必然占有重要地位。随着收入的增加，在食物需求基本满足的情况下，消费的重心才会开始向穿、用等其他方面转移。因此，一个国家或家庭生活越贫困，恩格尔系数就越大；反之，生活越富裕，恩格尔系数就越小。

根据联合国粮农组织提出的标准，恩格尔系数在59%以上为贫困，50%～59%为温饱，40%～49%为小康，30%～39%为富裕，低于30%为最富裕。一般随居民家庭收入和生活水平的提高而下降。按此划分标准，20世纪90年代，恩格尔系数在20%以下的只有美国，达到16%；欧洲、日本、加拿大，一般在20%～30%之间，是最富裕状态。东欧国家，一般在30%～39%之间，属富裕，剩下的发展中国家，基本上分布在小康。

简单地说，一个家庭或国家的恩格尔系数越小，就说明这个家庭或国家经济越富裕。反之，如果这个家庭或国家的恩格尔系数越大，就说明这个家庭或国家的经济越困难。当然数据越精确，对家庭或国家经济情况的反映也就越精确。

人民网网友曾提问：近些年来农村恩格尔系数是一直像预期那样的直

线下降呢，还是有波动的？这些数据对我们来讲有没有意义？是否预示着我们已经进入相对富裕的行列，还是仍停留在小康水平？

随着收入水平的提高、消费水平的提高，食品消费支出的比重会下降。改革开放30多年来，我们国家的恩格尔系数，无论是农村还是城市，都是往下走的。不排除个别年份，因为物价水平的变化，恩格尔系数稍微有一些波动，但总的趋势是往下的。从农村来讲，基本上在42%左右。从城市来讲，居民的恩格尔系数已经下降到40%以下，充分说明我们国家随着收入水平的提高，人们由总体小康向全面小康变化，已经摆脱了原来以吃、喝、穿这种生存意义的消费结构，正在进入以住和行的消费为引导的消费升级的新阶段。

国家统计局的资料显示，改革开放以来，由于收入持续快速增长，我国居民家庭的恩格尔系数呈现下降趋势，与1978年的57.5%相比，2007年我国城镇居民家庭恩格尔系数为43.1%，这是居民消费结构改善的主要标志。这表明，我国人民以吃为标志的温饱型生活，正在向以享受和发展为标志的小康型生活转变。

随着经济的迅速发展，人们花在食物上的支出相对于以前已经多出不少，但是食物支出占整个家庭支出的比例已经呈现下降的趋势，花在住房、汽车、教育、娱乐等其他方面的支出占据越来越大的比重。这就是恩格尔系数在不断降低，但不排除在某一特殊时期会上升，如金融危机时期、通货膨胀时期，前面章先生的食品支出加大就是通货膨胀所造成的。

在使用恩格尔系数时应注意：一是恩格尔系数是一种长期趋势，时间越长趋势越明显，某一年份恩格尔系数波动是正常的；二是在进行国际比较时应注意可比口径，在中国城市，由于住房、医疗、交通等方面存在大量补贴，因此进行国际比较时应调整到相同口径；三是地区间消费习惯不同，恩格尔系数略有不同。

恩格尔系数是根据经验数据提出的，它是在假定其他一切变量都是常数的前提下才适用的，因此在考察食物支出在收入中所占比例的变动问题时，还应当考虑城市化程度、食品加工、饮食业和食物本身结构变化等因素都会影响家庭的食物支出增加。只有达到相当高的平均食物消费水平时，收入的进一步增加才不会对食物支出产生重要的影响。

当然，恩格尔系数也并不是对每一个人或每一个家庭都完全适合。如自诩为美食家的人，以吃尽天下美食为己任，他在食物上的消费比例肯定比其他消费多，但依此断定他贫困或富裕就有失偏颇。在使用恩格尔系数进行国际比较时，由于各国的价格体系、福利补贴等方面差异较大，所以，要注意个人消费支出的实际构成情况，注意到运用恩格尔系数反映消费水平和生活质量会产生误差。

第四章

是谁导演了金融活动

——关于金融原理的财经常识

总体而言，我们并没有"放之四海皆准"的建议。只要金融体制能够调动资源、分配资源，并处理好风险和建立信心，这样的金融体制就是好的金融体制。

——林毅夫

谁才是最大的笨蛋——博傻理论

1908～1914年间，经济学家凯恩斯拼命赚钱。他什么课都讲，经济学原理、货币理论、证券投资等。凯恩斯获得的评价是"一架按小时出售经济学的机器"。

凯恩斯之所以如此玩命，是为了日后能自由并专心地从事学术研究而免受金钱的困扰。然而，仅靠讲课又能积攒几个钱呢？

终于，凯恩斯开始醒悟了。1919年8月，凯恩斯借了几千英镑进行远期外汇投机。4个月后，净赚1万多英镑，这相当于他讲10年课的收入。

投机生意赚钱容易，赔钱也容易。投机者往往有这样的经历：开始那一跳往往有惊无险，钱就这样莫名其妙进了自己的腰包，飘飘然之际又倏忽掉进了万丈深渊。又过了3个月，凯恩斯把赚到的利和借来的本金亏了个精光。投机与赌博一样，往往有这样的心理：一定要把输掉的再赢回来。半年之后，凯恩斯又涉足棉花期货交易，狂赌一通大获成功，从此一发不可收拾，几乎把期货品种做了个遍。他还嫌不够刺激，又去炒股票。到1937年凯恩斯因病金盆洗手之际，他已经积攒起一生享用不完的巨额财富。与一般赌徒不同，他给后人留下了极富解释力的"赔经"——更大笨蛋理论。

什么是"更大笨蛋理论"呢？凯恩斯曾举例说：从100张照片中选择你认为最漂亮的脸蛋，选中有奖，当然最终是由最高票数来决定哪张脸蛋最漂亮。你应该怎样投票呢？正确的做法不是选自己真的认为最漂亮的那张脸蛋，而是猜多数人会选谁就投她一票，哪怕她丑得不堪入目。

投机行为建立在对大众心理的猜测之上。炒房地产也是这个道理。比如说，你不知道某套房的真实价值，但为什么你会以5万元每平方米的价格去买呢？因为你预期有人会花更高的价钱从你那儿把它买走。

凯恩斯的最大笨蛋理论，又叫博傻理论：你之所以完全不管某个东西的真实价值，即使它一文不值，你也愿意花高价买下，是因为你预期有一个更大的笨蛋，会花更高的价格，从你那儿把它买走。投机行为的关键是判断有无比自己更大的笨蛋，只要自己不是最大的笨蛋，就是赢多赢少的问题。如果再也找不到愿出更高价格的更大笨蛋把它从你那儿买走，那你就是最大的笨蛋。可以这样说，任何一个投机者信奉的无非就是"最大笨蛋理论"。

对中外历史上不断上演的投机狂潮最有解释力的就是最大笨蛋理论：

1593年，一位维也纳的植物学教授到荷兰的莱顿任教，他带去了在土耳其栽培的一种荷兰人此前没有见过的植物——郁金香。没想到荷兰人对它如痴如醉，于是教授认定可以大赚一笔，他的售价高到令荷兰人只有去偷。一天深夜，一个窃贼破门而入，偷走了教授带来的全部郁金香球茎，并以比教授的售价低得多的价格很快把球茎卖光了。

就这样，郁金香被种在了千家万户荷兰人的花园里。后来，郁金香受到花叶病的侵袭，病毒使花瓣生出一些反衬的彩色条或"火焰"。富有戏剧性的是，病郁金香成了珍品，以至于一个郁金香球茎越古怪价格越高。于是有人开始囤积病郁金香，又有更多的人出高价从囤积者那儿买入并以更高的价格卖出。最后，最大的笨蛋出现了，持续了几年的郁金香狂热悲惨落幕，球茎价格跌到了一只洋葱头的售价。

始于1720年的英国股票投机狂潮有这样一个插曲：一个无名氏创建了一家莫须有的公司。自始至终无人知道这是什么公司，但认购时近千名投资者争先恐后把大门挤倒。没有多少人相信它真正获利丰厚，而是预期更大的笨蛋会出现，价格会上涨，自己要赚钱。饶有意味的是，牛顿也参与了这场投机，并且不幸成了最大的笨蛋。他因此感叹："我能计算出天体运行，但人们的疯狂实在难以估计。"

投资者的目的不是犯错，而是期待一个更大的笨蛋来替代自己，并且从中得到好处。没有人想当最大的笨蛋，但是不懂如何投机的投资者，往往就成了最大笨蛋。那么，如何才能使自己在投资和投机时避免做最大的笨蛋呢？其实，只要猜对了大众的想法，也就赢得了投机。

所以，要想知道自己会不会成为最大的笨蛋，除了需要深入地认识自己外，还需要具有对别人心理的准确猜测和判断能力。

只要有钱在手，就要拿它消费，不要害怕风险。在投资时不要有任何顾虑，也许你的钱投进去了，你就赚了，但你要是总在犹豫里徘徊，把钱攥得紧紧的，那你将永远赚不到钱。只有你把钱投进去了，才可能会有更大的笨蛋出现，要是你不投钱的话，那么发财的机会就永远是别人的，你就是最大的笨蛋了。

贫者越贫，富者越富——马太效应

《新约·马太福音》里说，一个国王远行前，交给三个仆人每人一锭银子，吩咐他们："你们去做生意，等我回来时，再来见我。"国王回来时，第一个仆人说："主人，你交给我的一锭银子，我已赚了10锭。"于是国王奖励他10座城邑。第二个仆人报告说："主人，你给我的一锭银子，我已赚了5锭。"于是国王奖励了他5座城邑。第三个仆人报告说："主人，你给我的一锭银子，我一直包在手巾里存着，我怕丢失，一直没有拿出来。"于是国王命令将第三个仆人的一锭银子也赏给第一个仆人，并且说："凡是少的，就连他所有的也要夺过来；凡是多的，还要给他，叫他多多益善。"

科学社会学家R.默顿即借用这段话，类比科学界存在的上述现象，并称其为"马太效应"。用来形容正向回馈，即"富者越来越富，穷者越来越穷"。

马太效应无处不在，无时不有。任何个体群体或地区，一旦在某一个方面如金钱、名誉、地位等获得成功和进步，就会产生一种积累优势，就会有更多的机会取得更大的成功和进步。如今，马太效应在经济领域的延伸意义就是贫者越贫，富者越富。

其实这一点很容易理解，因为在金钱方面也是如此：即使投资回报率相同，一个本钱比他人多10倍的人，收益也多10倍；股市里的大庄家可以兴风作浪而小额投资者往往血本无归；资本雄厚的企业可以纵情运用各种营销手腕推广自己的产品，小企业只能在夹缝中求生存。

随着社会的发展，渐渐地，马太效应适用的领域越来越广泛。经济学规律告诉我们，财富的增减有时候以几何的形式呈现。每一个有志于扩张财富的人，都应掌握财富增长的规律，去实现自己的计划。

对于投资者来说，储蓄和投资是积累财富的两大重要途径。从表面上看似乎是最没有风险的，而且可以获得稳定的利息，殊不知，在低利率时代仅仅依靠储蓄不可能满足你积累财富的要求。因为通货膨胀一方面会使你手中的货币贬值，另一方面，投资会使以货币计量的资产增值，你持有了能够增值的资产，自然就不用担心资金购买力的侵蚀了。

不如我们先看个案例：光成和青楠是同一个公司的职工，他们每月的收入都是 2000 元，光成刚开始每个月从工资中扣除 400 元存在银行做储蓄，经过 3 年，积累了近 15000 元。然后，他将其中的 5000 元分别存在银行和买了意外保险。再将剩下的 1 万元投资了股市。起初，股票上的投资有赔有赚，但经过两年多的时间，1 万元变成了 4 万多元，再加上后面两年再投入的资本所挣得的赢利以及留存在银行里的储蓄，他的个人资产差不多达到了七八万元。

而青楠则把钱全都存在了银行，5 年下来扣除利息税，再加上通货膨胀，他的钱居然呈现了负增长。也就是说，如果他和光成一样，每月存400 元，那 5 年后，他的存款也不过是 25000 元，再扣除通货膨胀造成的损失（假定为 0.03%）7.5 元，则剩下 24992.5 元。

5 年的时间，就让两个人相差将近 5 万元！一年就是 1 万元，那么 40年后呢？就是更大的数字了。而且，光成因为积蓄的增多，还会有更多的机会和财富进行投资，也就是能挣更多的钱。青楠则可能因为通货膨胀，积蓄变得更少。

案例正应了马太效应里的那句话，让贫者更贫，让富者更富。即便是再小的钱财，只要你认真累积，精心管理，也会有令人惊讶的效果，并让你有机会、有能力更加富有。

一些工薪族认为，每个月的工资不够用，即便省吃俭用也没剩下多少。即便理财，效果也不大，还有必要理财吗？这种想法是错误的。只要理财，再少的钱都可能给你带来一份收益，而不理财则再多的钱也会有花光的时候。再者，理财中还有一种奇特的效应，叫作马太效应。只要你肯理财，时间久了，也就积累了更多的财富，有更多的机会收获成功。不要让你的财富陷入负增长的不健康循环中去，善理财者会更富有，而不懂得运作金钱赚钱的人会日益贫穷，这就好比《马太福音》中的那句经典之言：让贫者越贫，富者越富！

货币也会排斥异己的——劣币驱逐良币

"劣币驱逐良币"是经济学中的一个著名定律，在两种实际价值不同而面额价值相同的通货同时流通的情况下，实际价值较高的通货（所谓良币）必然会被人们熔化、收藏或输出而退出流通领域；而实际价值较低的通货（所谓劣币）反而会充斥市场。这就是著名的格雷欣法则。在现实生活中，我们也经常会看到类似的现象。

假定男A、男B、美女C，从客观条件和个人禀赋来看，男A较有优势，男B稍逊。若从资源配置来看，A、C结合实属大快人心，然而现实并非如此简单。男A因自身禀赋或客观条件好，选择面比较广，"吊死在一棵树上"的机会成本过大。而男B则相反，可能是"一无所有"，索性"孤注一掷，拼命一搏"。这样男B在追求美女C的努力程度上显然会大于男A，而美女C只能凭借对方的行为表现来评判其爱恋自己的程度。往往会被男B刻意粉饰的"海枯石烂，一心一意"的倾慕和忠诚而迷惑，被男B拖入婚姻的"围城"。于是，婚恋角逐画上了句号。

在铸币时代，当那些低于法定重量或者成色的铸币——"劣币"进入流通领域之后，人们就倾向于将那些足值货币——"良币"收藏起来。最后，良币将被驱逐，市场上流通的就只剩下劣币了。当事人的信息不对称是"劣币驱逐良币"现象存在的基础。因为如果交易双方对货币的成色或者真伪都十分了解，劣币持有者就很难将手中的劣币用出去，或者即使能够用出去也只能按照劣币的"实际"而非"法定"价值与对方进行交易。

18世纪20年代之后，白银终于变为非主流，黄金成为货币世界永恒的主题。对物理和数学来说，牛顿是奠基人；对牛顿来说，物理和数学只是业余爱好。牛顿的本职工作，是英国王室造币大臣。在这个职位上他一干就是 30 多年，那是相当兢兢业业。

牛顿当政之前，"造币大臣"只是一个闲职，没有任何实权。各家银行自己发行银行券，自行铸造铸币，日子过得那是相当滋润，关造币大臣何事。黄金为币，始于牛顿。

18 世纪初，金银同为英国货币，但牛顿发现黄金越来越多，白银越来越少。因为，黄金在欧洲大陆购买力低于英国，白银的情况则恰恰相反。也就是说，在英国本土金贱银贵，在海外金贵银贱。

牛顿不但掏空了国库的白银家底，而且收购英国居民银器，就是为了增加白银铸币。费了九牛二虎之力才拿出约 700 万英镑的白银，依然不能扭转金贱银贵的局面，新铸的银币也在流通中消失得无影无踪了。

牛顿很伤心，伤心之后就明白了：既然黄金在本土便宜，无论铸多少银币都会被人藏起来，即所谓"劣币驱逐良币"。

"劣币驱逐良币"现象最早是由英国的托马斯·格雷欣爵士发现并加以明确表述的。格雷欣是英国著名的金融家、慈善家，格雷欣学院的创建者，英国王室财政顾问和金融代理人。1559 年，他根据对当时英国货币流通状况的考察，上书英国女王伊丽莎白一世，建议收回成色不足的劣币，以防止成色高的良币外流，并重新铸造足值的货币，以维护英国女王的荣誉和英国商人的信誉。格雷欣在建议书中首次使用"劣币驱逐良币"的说法，指出由于劣币与良币按面额等值使用，因此人们往往把良币贮藏起来或运往外国使用。这样就出现市面上所流通的都是劣币，而良币被驱逐出流通领域的货币现象。

格雷欣法则是金属货币流通时期的一种货币现象。但随着时代变迁，金属货币被纸制货币所代替。第一代纸币是可兑换的信用货币，其主要的、完善的形式是银行发行的银行券。它是银行的债务凭证，承诺其持有人可随时向发行人兑换所规定的金属货币。所以，这一种纸币叫作可兑换纸币。

第二代纸币是由银行券蜕化而成的不可兑换纸币，它通常由中央银行发行，强制通用，本身价值微乎其微，被认为是纯粹的货币符号。

英国经济学家马歇尔在其《货币、信用与商业》一书中写道："可兑换的纸币——即肯定可以随时兑换成金币（或其他本位硬币）的纸币——对全国物价水平的影响，几乎和面值相等的本位硬币一样。当然，哪怕对这种纸币十足地兑换成本位硬币的能力稍有怀疑，人们就会对它存有戒心；如果它不再十足兑现，则其价值就将跌到表面上它所代表的黄金（或白银）的数量以下。"显然，硬币是良币，可兑换纸币是劣币。在正常情况下，两者完全一样，但当纸币兑换成硬币发生困难时，其名义价值就会贬值，严重时就会发生挤兑。

这时纸币就会被卖方拒收，流通困难，从而迫使其持有人不得不涌向发行银行要求兑换硬币。这种情况，实际上宣告格雷欣法则的失效，即已经不是作为劣币的纸币代替硬币，而是相反，人们将持有硬币以代替纸币。

在现实生活中，格雷欣法则实现要具备如下条件：劣币和良币同时都为法定货币；两种货币有一定法定比率；两种货币的总和必须超过社会所需的货币量。"劣币驱逐良币"的现象不仅在铸币流通时代存在，在纸币流通中也有。大家都会把肮脏、破损的纸币或者不方便存放的镍币尽快花出去，而留下整齐、干净的货币。这种现象在现实生活中也比比皆是。譬如说，平日乘公共汽车或地铁上下班，规矩排队者总是被挤得东倒西歪，几趟车也上不去，而不遵守秩序的人倒常常能够捷足先登，争得座位或抢得时间。

最后遵守秩序排队上车的人越来越少，车辆一来，众人都争先恐后，搞得每次乘车如同打仗，苦不堪言。再譬如，在有些大锅饭盛行的单位，无论水平高低、努力与否、业绩如何，所获得的待遇和奖励没什么差别，于是，年纪轻、能力强、水平高的人就都另谋高就去了，剩下的则是老弱残兵、平庸之辈，敷衍了事。这也是"劣币驱逐良币"。再有，官场上的腐败现象如同瘟疫一样蔓延，不贪污受贿损公肥私只能吃苦受穷。而且，在众人皆贪的时候，独善其身者常常被视为异己分子，无处容身，被迫同流合污，否则就会被排挤出局。最后廉吏越来越少，越来越无法生存。这还是"劣币驱逐良币"原则在起作用。

让你暴富或破产的工具——财务杠杆率

曾经的次贷危机使整个发达国家的金融体系受到波及，除新世纪金融公司，美国的 Countrywide、英国的诺森罗克银行、北岩银行因其业务主要集中在抵押贷款领域而遭受重创外，美林证券、花旗集团、瑞士银行等大型综合银行和投资银行也都未能幸免。

美林有稳定的经纪业务，花旗有大量的零售银行业务和全球化的分散投资，瑞士银行有低风险的财富管理业务，一贯享受着最高的信用评级，房地产抵押贷款只是他们利润来源的一小部分。但正是因为这个抵押贷款业务让这些金融寡头们遭受了沉重的打击。在 20 倍的高杠杆放大作用下，各大金融集团在次贷危机中的投资损失率竟然达到 18%～66%，平均损失约 30%。

很多投资银行在追求暴利的驱使下，采用 20～30 倍的杠杆操作。假设一个银行 A 自身资产为 30 亿美元，30 倍杠杆就是 900 亿美元。也就是说，这个银行 A 以 30 亿美元资产为抵押去借 900 亿美元的资金用于投资，假如投资盈利 5%，那么银行 A 就获得 45 亿美元的盈利，相对于银行 A 自身资产而言，这是 150% 的暴利。反过来，假如投资亏损 5%，那么银行 A 赔光了自己的全部资产还欠 15 亿美元。

通过以上的案例可以看出，高杠杆率对投行的影响是双向的，它既能放大投行的盈利，也能放大投行的风险损失；其资产的小幅减值或业务的微小损失都有可能对孱弱的资本金造成严重冲击，令其陷入绝境。

所谓的杠杆率即一个公司资产负债表上的风险与资产之比率。杠杆率是一个衡量公司负债风险的指标，从侧面反映出公司的还款能力。一般来说，投行的杠杆率比较高，美林证券的杠杆率在 2007 年是 28 倍，摩根士丹利的杠杆率在 2007 年为 33 倍。

财务杠杆之所以叫杠杆，有它省力的因素。物理杠杆通过增加动力臂长度，提高动力的作用，来节省所付出的力量；而财务杠杆则通过增加贷款数量来节约自有资金的支出，增加资金的流动性，进一步提高收益水平。这里需要符合一个基本的条件，就是贷款利率低于资金利润率，也就是说，用借来的钱赚得的钱要比借钱的利息高，否则贷得越多，赔偿的就会越多。

财务杠杆率等于营业利润与税前利润之比，反映的是由于存在负债，所产生的财务费用（利息）对企业利润的影响，在一定程度上反映企业负债的程度和企业偿债能力，财务杠杆率越高反映利息费用越高，导致 ROE 指标越低。

简单地讲就是把你的资金放大，这样的话你的资金成本就很小，同时你的风险和收益就放大了，因为盈亏的百分比不是依据原来的资金，而是根据放大后的资金来衡量的。也可以把财务杠杆简单看作是公司利用债务资产的程度，即公司负债与公司净资产的比值。可以确定的是，该比值越高，公司的杠杆比率就越大，说明公司的经营风险越高；比值越低，公司的杠杆比率就越低，公司的经营风险也就越低。

财务杠杆是用公司的资本金去启动更多的资金，在金融学中，经常用杠杆比例这一指标来表示。杠杆比例是总资产与净资产之比，这一比例越高，风险就越大。我们从一个简单的例子来看看高杠杆所带来的高收益与高风险。

以投资股票为例，假如某投资者有 1 万元可用于投资，欲购买 A 股票，当前价格 10 元，他可买 1000 股，在不计手续费的情况下，股价上涨至 15 元，他可获利 5000 元，股价下跌至 5 元，他将损失 5000 元。

又假如他可以按 1 ：1 的比例融资（其杠杆是 2 倍），那么，他可购买 2000 股 A 股票。股价上涨至 15 元，他可获利 1 万元，股价下跌至 5 元，他将损失 1 万元。如此，收益和风险都扩大了 1 倍。

再假如他使用 4 倍的杠杆融到 4 万元，加上自己的 1 万元，共计 5 万元，则其可以买 5000 股股票，如果股价同样从 10 元上涨至 15 元，他每股盈利 5 元，可以赚 2.5 万元，股票下跌至 5 元，他将损失 2.5 万元。其投资的收益与风险与初始投资相比，也放大了 4 倍。

在现实生活中很多人为了更多更快地获得资产性收益，利用财务杠杆开始压缩生活杠杆，通过炒股炒房获得资本，尝到甜头之后，往往抵押房地产炒股，甚至继续利用房地产抵押买来的股票做抵押再炒股炒房，杠杆比例持续上升。当资产价格上涨，这些杠杆带来正面效应，获得大量收益的时候，个人往往因为钱来得太容易而昏头，冲动买入大量奢侈品，刺激了生活杠杆。但是，如果资产价格下跌，这些杠杆作用的威力也是巨大的，你所有的资产均可能会化为泡影，成为负债累累的负翁。

因此，控制杠杆是分散业务风险的前提，在金融创新中要秉持"可以承受高风险，绝不承受高杠杆"的原则，当风险不可测时，控制杠杆比控制风险更重要。

投资具有风险性——风险收益率

我们进行投资的目的是获得收益，但是在有些情况下最后实际获得的收益可能低于预期收益，有些投资者甚至没有收益，这就是投资中会出现的风险。但是风险也并不仅仅是实现收益低于预期的收益。当实际收益高于预期收益时也是风险。比如卖出股票后，股票价格走势高于预期的价格，即使卖出股票的实现收益高于预期收益，表面上没有损失，但是卖出股票就等于失去了获利更多的机会。因此，对于卖方来说，实现的收益高于预期的收益也是一种风险。

正是在这个意义上，所谓的投资风险是指对未来投资收益的不确定性，在投资中可能会遭受收益损失甚至本金损失的风险。比如，股票可能会被套牢；债券可能不能按期还本付息，本金也可能收不回；投资房地产并不符合预期，可能会下跌等都是投资风险。投资者需要根据自己的投资目标与风险偏好选择金融工具。

美国经济学家詹姆斯·托宾说过："不要把你所有的鸡蛋都放在一个篮子里，但也不要放在太多的篮子里。"如果将财富投资到同一个地方，必然会引起相应的风险增加，一旦失误，一定会损失惨重；但要是投资太分散了，必然会减少利润空间，增加管理成本。因此，分散投资是有效地科学控制风险的方法，也是最普遍的投资方式。将投资在债券、股票、现金等各类投资工具之间进行适当的比例分配，一方面可以降低风险，同时还可以提高回报。

投资风险也预示着投资最终的实际收益与预期收益的偏离，或者说是证券收益的不确定性，包括预期收益变动的可能性和变动幅度的大小。这里的偏离既可能是高于预期收益，也可能是低于预期收益。

在证券投资中，收益和风险的基本关系是：收益与风险是相对应的，就是说风险大，证券收益率也高，而收益率低的投资往往风险也比较小，正所谓"高风险，高收益；低风险，低收益"。在股票市场上，如果预期一只股票的价格会涨得很高，通常股票的价格已经不低了，此时做出买入的决定，那么在股票价格下跌的情况下就会损失惨重。同样，在股票市场允许做空的时候，如果预期一只股票的价格会有很大的下跌空间，而股票的价格已经不高了，此时做出卖空的决定，那么在股票价格上涨的时候也会损失惨重。这时股票就具有高风险高收益的特征。

在理论上，风险与收益的关系可以用"预期收益率＝无风险利率＋风险补偿"来表示。无风险利率是指把资金投资于某一没有任何风险的投资对象而能得到的利息率，实际上并不存在无风险的利率。一段时间来我们把银行存款当作无风险的利率，现在银行经过商业化改造已成为一个企业或公司，已经不是以国家信用来担保，因此银行存款也是有风险的。相对而言，国家发行的债券尤其是短期的国库券，有国家信用和税收的担保，而且流动性好，风险很低，因此通常把它的利率作为无风险利率。

而相对应的风险收益率是指投资者因冒风险进行投资而要求的、超过资金时间价值的那部分额外的收益率。它的大小主要取决于两个因素：风险大小和风险价格。在风险市场上，风险价格的高低取决于投资者对风险的偏好程度。

既然要投资就要承担风险，要取得比较高的预期收益就要面临比较大的风险。就如股票投资和债券投资一样，股票投资的风险大于债券投资，股票价格上涨50%的情况并不少见，而债券价格却很难涨50%。所以债券投资的风险比较低，其投资收益也比较低。

在不同的环境和条件下，不同的投资行为的风险也不同，投资者会根据风险和收益的情况调整投资的方向。比如股票市场的风险比较大，投资者就会减少股票投资转向债券、基金等投资。如果把债券持有到期，那么此种情况下就没有价格风险，剩下的主要是信用风险。

我们可以看下比尔·盖茨怎样用分散投资来规避风险。比尔·盖茨仅用13年时间就积累了富可敌国的庞大资产。他是如何打理这份巨额资产的呢？

如同一般美国人一样，盖茨也在进行分散风险的投资。盖茨拥有股票和债券，并进行房地产的投资。同时还有对货币、期货商品和对公司的直接投资。据悉，盖茨把两个基金的绝大部分资金都投在了政府债券上。在他除股票以外的个人资产中，美国政府和各大公司的债券所占比例高达70%，而其余部分的50%直接贷给了私人公司、10%投到了其他股票上、5%则投在了商品和房地产上。他认为，"鸡蛋"放在一个"篮子"里，一旦"篮子"出现意外，所有的"鸡蛋"就都很难幸免于难。

为了使理财事务不致过多地牵制自己的精力，盖茨聘请了"金管家"。1994年，盖茨在微软股票之外的财产已超过4亿美元时，聘请了年仅33岁的劳森作为他的投资经理，并答应劳森说，如果微软股价一直上升的话，劳森就可以用更多的钱来进行其他投资。除了 50 亿美元的私人投资组合外，劳森还是盖茨捐资成立的两个基金的投资管理人，盖茨对这两个基金的捐赠是以将自己名下的微软股份过户给这两个基金的方式来进行的。

随着现代金融投资品种趋向丰富化和多元化，其中的技巧性和难度也就越大。因此，投资者在进行投资时，要根据风险承受能力和风险承受态度即风险偏好等来评估自身可能承受的风险水平，再选择相应的投资工具。绝不能盲从随大流，应睁大眼睛看好每一个产品的利弊得失，权衡不同投资的风险收益。

牵一发而动全身——乘数效应

一日，小张坐在桌前看书。妻子在擦窗户。小儿子非常顽皮，在街上玩的时候，用石头扔妈妈，没想到一不小心，将刚擦好的玻璃打碎了。妻子非常生气，抓起孩子就要打。小张突然喝道："为什么要打孩子？他打碎一块玻璃，却能让装玻璃的工人有活干，能让玻璃厂多生产一块玻璃，能增加一个工人的工资，增加了国家多少的 GDP 啊。"妻子听了非常生气："那我呢，我辛辛苦苦擦的玻璃就这样被打碎了，我岂不是白忙了？"小张答道："本来你擦玻璃对 GDP 就没什么贡献，也没什么好难过的。"

孩子打碎玻璃，带来经济增长，妻子擦玻璃却对经济没有任何贡献，这道理从何说起？按照经济学家的解释，家里的门窗玻璃被打破了，的确是一种财产损失，但因过后要修理，安上新的玻璃，于是家里就会增加开支，对社会经济构成需求，从而创造了新的 GDP，刺激了经济，这未尝不是一件好事情。而妻子的家务活动，因为没有挣到薪水，因此对 GDP 的增长没有贡献。

怪诞的解释方法让人觉得有些不解。难不成以后应当鼓励孩子多砸几块玻璃？但经济学中确实有这样的道理。在经济学中，有一个词语叫"乘数效应"，就是指通过某项投资或消费带动相关产业的发展，从而带动经济的发展。具体来说，乘数效应是指在公共工程项目之后带来的消费水平和私人投资水平的上升。政府通过扩大国债发行规模，扩张财政支出，投资于公共工程，可以发挥财政支出所产生的乘数效应，解决经济发展的资金短缺，增加就业，提高社会消费需求。

我国古代有很多乘数效应的例子，比如古代忠孝从某种意义上来说就是一种乘数效应，对于忠孝者而言，君或者长辈对他们的教育或者激励也仅仅限于几次偶尔的说教或者奖赏，但是这种思想却一直延续下去。达到了很好的乘数效应。

乘数效应是宏观经济学的一个概念，也是一种宏观经济控制手段，是指支出的变化导致经济总需求与其不成比例的变化。当政府投资或公共支出扩大、税收减少时，对国民收入有加倍扩大的作用，从而产生宏观经济的扩张效应；当政府投资或公共支出削减、税收增加时，对国民收入有加倍收缩的作用，从而产生宏观经济的紧缩效应。

在宏观经济学中，支出的变化会导致经济总需求与其不成比例的变化，最初投资的增加所引起的一系列连锁反应会带来国民收入的数倍增加。假设投资增加了100亿元，若这个增加导致国民收入增加300亿元，那么乘数就是3，如果所引起的国民收入增加量是400亿元，那么乘数就是4。

为什么乘数效应所带来的乘数会大于1呢？比如某政府增加100亿元用来购买投资品，那么此100亿元就会以工资、利润、利息等形式流入此投资品的生产者手中，从而国民收入增加了100亿元，这100亿元就是投资增加所引起的国民收入的第一轮增加。这100亿元转化为工资、利息、利润、租金的形式流入了为制造此投资品的所有生产要素所有者的口袋，因此，投资增加100亿元，第一轮就会使国民收入增加100亿元。随着得到这些资本的人将开始第二轮投资、第三轮投资，经济的增长就会以大于1的乘数增长。

乘数效应也叫"凯恩斯乘数"，事实上，在凯恩斯之前，就有人提出过乘数原理的思想和概念，但是凯恩斯进一步完善了这个理论。凯恩斯的乘数理论为西方国家从"大萧条"中走出来起到了重大的作用，甚至有人将其与爱因斯坦的相对论相提并论，认为 20 世纪两个最伟大的公式就是爱因斯坦的相对论基本公式和凯恩斯乘数理论的基本公式。

凯恩斯乘数理论对于宏观经济的重要作用在 1929～1933 年的世界经济危机后得到重视，一度成为美国大萧条后"经济拉动"的原动力。

在我国，公共项目的"乘数效应"对经济发展的贡献功不可没。

2008 年美国金融风暴带给我国经济的影响巨大，中国经济增长放缓、出口减少、就业压力增大。金融危机的背景下，普通老百姓自然要"节衣缩食"，但人们的眼光都集中到了政府的身上。2008 年 11 月 5 日，国务院常务会议上确定了总额度为 4 万亿元的两年经济振兴计划，来应对中国经济运行过程中的下滑风险，这样的大手笔是史无前例的。这项经济振兴计划包括加快民生工程、基础设施、生态环境建设和灾后重建等多项扩大内需的措施，促进经济平稳较快增长。正是因为庞大的公共项目的支持，中国率先走出了金融危机的阴影。

再以北京奥运会为例，奥运对北京经济发展的"乘数效应"是不可忽视的。与奥运会直接或间接相关的产业有 50 多项，包括建筑、建材、信息产业、现代制造、服务业等。奥运因素的注入直接拉动这些产业的快速发展，对经济产生第一轮拉动；而这些行业的增长又需要其他与之密切相关的行业的支持，因而产生新一轮的经济拉动作用。如此循环传导，奥运投资的乘数效应拉动了国民经济的整体增长。奥运投资所引发的"拉动效应"所带动的投资和消费市场就是通常所说的"奥运蛋糕"。如果按照"大投资"额来计算，以 1.9 为乘数，据此算下来的"奥运蛋糕"将近 6000 亿元。

如今，乘数效应已经广泛应用于各国的经济政策中。

定的废奴主义者、外交理论家。

对于汉密尔顿在美国历史上的贡献，切尔诺夫的评价可谓恰如其分，他说："如果华盛顿是建国之父，麦迪逊是宪法之父，那么汉密尔顿便毫无疑问是美国政府之父。"

虽然亚历山大·汉密尔顿也身为美国建国之父之一，却始终没能像别的人那样做上美国总统，而且在与其主要政治对手托马斯·杰斐逊的竞争中更似乎是输得惨不忍睹。

可孰能料到历史的戏剧性就在于此，在亚历山大·汉密尔顿过世之后，他的政治遗产，包括"工业建国之路"和建立一个强有力的中央政府等，却在此后的美国历史中起着越来越显著的作用，甚至一些影响了美国历史进程的总统，如林肯和西奥多·罗斯福，他们所施行的政策就是建立在汉密尔顿的遗产基础上的。

一位学者这样描述汉密尔顿一生的经历：亚历山大·汉密尔顿是美国历史上罗曼蒂克式的人物。在我们诸多的政治人物当中，也许唯有他可以适合充当戏剧、悲情歌剧或者芭蕾舞剧的英雄角色。亚历山大·汉密尔顿从一个来自英属西印度群岛的私生子和无家可归的孤儿一跃成为乔治·华盛顿最信任的左膀右臂，但他后来卷入一桩性丑闻，在与副总统阿伦·伯尔的决斗中命丧黄泉。伴随着屈辱、忏悔和各种自我导致的剧变，亚历山大·汉密尔顿的一生富于多种戏剧化的因素。他的死也是其个性张扬的尤为特别的一幕。

历史上最早的融资者——吉拉德

1750 年 5 月 20 日，史蒂芬·吉拉德出生于法国港口城市波尔多。他的早年充满了苦涩和艰辛。父亲皮埃尔·吉拉德是个水手，一大家子人都靠他的微薄收入为生。身为长子，吉拉德从小就承担着照顾弟弟妹妹的责

第五章

那些影响历史的金融大师

——关于金融名人的财经常识

亚当·斯密研究的是200多年前，工业革命发生之前，没错。但是，科学并不总是在进步的，我不认为今天的思想一定比20世纪的一定先进。无论自然科学、社会科学，都有这个问题。为什么呢？因为人类本身在认知世界的过程中是免不了犯错误的。比如日心说，其实古希腊人就提出来了，一直到哥白尼才得到认同。经济学更是这样。所以，我不认为凯恩斯的理论就比凯恩斯之前的理论更好。我相信，未来人类的时间越长，我们会越认识到这一点。这也是为什么今天出现了很多伟大的思想家，无论是哲学的、宗教的。所以，我认为不能说亚当·斯密那时候不具有现代的技术，他的理论就比现在的更差。但理论技术方面没有现在这么精致。

——张维迎

经济学鼻祖——亚当·斯密

早在200多年前，1776年，英国人亚当·斯密（1723～1790）出版了

《国民财富的性质和原因的研究》，简称《国富论》，这本书是公认的第一本真正意义上的经济学著作。而斯密本人也被认为开创了近代政治经济学，被誉为"现代经济学之父"。

在西方历史上，亚当·斯密是为数不多的得到广泛赞誉的经济学家。亚当·斯密于1723年出生于苏格兰小城可可卡迪。亚当·斯密的父亲是一名律师，同时也是苏格兰的军法官和可可卡迪的海关监督。亚当·斯密出生的前几个月，父亲便去世了，亚当·斯密一生与母亲相依为命，终身未娶。

亚当·斯密14岁考入苏格兰格拉斯哥大学，由于成绩优秀，被送入牛津大学求学。毕业后，亚当·斯密先在爱丁堡大学教修辞学与文学。1751年，亚当·斯密转入格拉斯哥大学担任逻辑学和道德哲学教授，还兼负责学校行政事务，一直到1764年。在这十几年间，亚当·斯密一直从事修辞学和文学研究，获得了极高的成就，发表了获得极高赞誉的《道德情操论》。

但亚当·斯密并非完美，他在陌生环境下发表演说时，刚开始会因害羞频频口吃，一旦熟悉后，便恢复辩才，侃侃而谈。在研究起自己喜爱的学问时，亚当·斯密相当专注，他常因想事情想得出神，发生笑话。

亚当·斯密曾担任过国家的海关专员，他需要在不同的公文上签下自己的名字。有一次，他专注于一个经济学问题，思考得入了神。当别人将一个公文递给他时，他下意识地将公文上前一个签名者的名字抄了下来。同一个人的签名在一个公文上出现两次，这让亚当·斯密挨了上司一顿批评。

1768年，亚当·斯密受朋友之邀，着手著述《国民财富的性质和原因的研究》，他并未预料到自己即将研究的著作对自己乃至整个西方世界的影响。1773年该书基本完成，亚当·斯密又花了3年时间修改此书。1776年此书正式出版，引起世人的广泛讨论，这就是著名的《国富论》。它的影响极为广泛，除英国本土外，连欧洲和美洲也为之疯狂，亚当·斯密也因此获得"现代经济学之父"和"自由企业的守护神"的称号。

1790 年 7 月 17 日，亚当·斯密在爱丁堡与世长辞，享年 67 岁。去世前，他烧毁了自己的全部手稿，以免误导后人。他的墓志铭是:《国富论》作者亚当·斯密长眠于此。

亚当·斯密生前享有极大的荣誉：一次，英国首相皮特与几位重臣正在交谈，亚当·斯密被邀参加，当斯密步入室内，每个人都站起来，他说："诸位先生，请坐。"首相却说："我们要等您先坐下来才就座，我们都是您的门徒啊。"

《国富论》被誉为经济学的"圣经"。亚当·斯密并不是经济学说的最早开拓者，他的许多著名思想也并非新颖独特，但他首次提出了全面系统的经济学说，为经济学的发展打下了良好的基础。因此，可以说《国富论》是现代政治经济学研究的起点。

亚当·斯密的经济思想体系结构严密、论证有力，他将经济思想学派的优点吸收进自己的体系，同时又系统地披露了它们的缺点。亚当·斯密的接班人，包括托马斯·马尔萨斯和大卫·李嘉图，这些经济学家又对他的体系进行了精心的充实和修正，成为古典经济学体系。

自亚当·斯密后，经济学有了突飞猛进的发展，他是使经济学说成为一门系统科学的主要创立人。他的经济学观点对后世的经济学理论家们影响深远。

"我们每天所需要的食物和饮料，不是出自屠户、酿酒师和面包师的恩惠，而是出于他们自利的打算。"这是"现代经济学之父"亚当·斯密的代表著作《国富论》中的一句话。他认为，经济学中人和人之间是一种交换关系，人们能获得食物和饮料，是因为商家要获得自己最大的利益。这也便是经济学对于人性的假设。

经济学家认为，经济人假设是经济学最根本的假设，整个经济学大厦都是建立在这一假设基础上的，如果否认这个假设，就等于取消了经济学本身。亚当·斯密还有另一句非常重要的话语，那就是："自由经济社会的资源，是由一只看不见的手所支配。"对于这只"看不见的手"，相信很多人都已耳熟能详。

亚当·斯密在其《国富论》中，系统地探讨了劳动价值论，并在劳动价值理论的基础上发展了相当完备的价格理论。在《国富论》中，亚当·斯密从分工引出交换，再从交换引出价值，第一次明确使用了使用价值和交换价值这两个概念。

斯密在经济学上的主要贡献是：把政治经济学发展成了一个完整的体系；提出了分工促进经济增长的原理；批判了重农主义和重商主义，重农主义认为农业是唯一创造财富的产业，重商主义则认为商业流通是财富的唯一源泉，斯密在理论上批判了它们的偏见，认为只要是包含人类劳动的产品都具有价值；提出了政府的职能，即建立国防、建立严正的司法机构、建立并维持必要的公共工程，这被后人称为小政府的标准；提出了赋税的四项原则，即公平、确定、便利、节省，直到今天这仍然是指导各国税收的指导原则。

自亚当·斯密之后，经济学登堂入室，成为一门独立的科学，历久不衰，甚至被称为所有社会科学的"皇后"。

美国金融教父——汉密尔顿

亚历山大·汉密尔顿（1757～1804）是美国的开国元勋之一，宪法的起草人之一，财经专家，美国的第一任财政部长，因政党恶斗而丧失生命的知名政治人物。

汉密尔顿出生于英属西印度群岛，由于母亲的不合法婚姻，他成了一个私生子，被剥夺了继承私人遗产的权利。在他13岁的时候母亲去世，在亲戚朋友的帮助下，汉密尔顿在圣克罗伊岛做会计助手，很快显露出他的精明能干，也同时练就了商人的机警和野心。他从小就才智出众，阅读了很多不同语言的书籍，积累了商业和经济知识并可以清晰地阐述自己的观点，为以后的新生活奠定了基础。他的才华最终被一个牧师发现，资助其到北美深造，从此改变了他的命运。汉密尔顿敏捷的才智、清晰的思维和高超的表达能力在学院得到了充分的施展。

1776 年，美国独立战争爆发，汉密尔顿作为乔治·华盛顿的副官，利用他的政治思想和沟通技巧为战争的胜利立下了战功。革命结束后，他推动了费城制宪会议的召开，并为宪法的批准做出了很大贡献。他与麦迪逊、杰伊三人为争取新宪法批准在纽约报刊上共同以"普布利乌斯"为笔名发表的一系列论文，留下了一部政治学的经典——《联邦党人文集》。联邦政府成立后，汉密尔顿担任了美国政府的第一任财政部长，创建了美联储的前身——美国第一银行；为推动美国经济的发展，他制定了一系列影响深远的政策，塑造了美国财政经济体制的框架，将美国引入一条新的经济发展道路，为美国日后成为世界一流强国奠定了坚实的基础。

切尔诺夫的结论极具说服力："如果说杰斐逊提供了美国政治论文的必要华丽诗篇，那么汉密尔顿就撰写了美国的治国散文。没有哪位开国元勋像汉密尔顿那样对美国未来的政治、军事和经济实力有如此的先见之明，也没有哪个人像他那样制定了如此恰如其分的体制使全国上下团结一心。"

汉密尔顿于 1789 年 9 月 11 日出任美国第一任财政部长，任职至 1795 年，当时美国在经济上也处于十分艰难的境地，贸易逆差巨大，政府债台高筑，财政极为困难。在其任财政部长期间，汉密尔顿分别向国会呈交了《关于公共信用的报告》《关于国家银行报告》《关于制造业的报告》，他通过向国会提交报告的形式，阐述了他的财政经济纲领。在报告中，他不仅提出了整顿财政的措施，还提出了加快工业化以推动美国由农业国向工业国转变的措施。因此，他的财政纲领实际上是一个旨在美国确立资本主义制度的纲领。汉密尔顿虽然没有受过财政金融方面的专门训练和实际的经历，但是凭借他之前读过相关的经济学著作，以及研究过亚当·斯密的经济学理论，并虚心向专业人士请教，上任财政部长后显示出他过人的胆量和才智。他不负华盛顿的重托，做出了一流的业绩，不但解决了联邦政府的财政困难，奠定了联邦政府的财政基础，也奠定了后来多届美国联邦政府经济发展的模式与基础。

首先，通过国债制度的建立，沉重的战争债务得到解决，濒危的公共信用又重新建立起来。到1794年底，旧国债已经全部还清，同时发行了新的国债。美国在欧洲的信用也很快恢复，1791年2月，财政部驻阿姆斯特丹代办威廉·肖特报告，荷兰银行家表示愿意向美国提供上百万弗罗林的贷款，使美国信用出现了新的转机。

其次，建立起全国统一的关税制度和税收制度。美国第一银行的建立进一步完善了信用制度。1790年12月，汉密尔顿提交增加消费税的报告，为联邦政府建立了一套完整的关税和税收制度，结束了过去各州不同的税收制度和以关税为武器的商业竞争局面，为商业发展创造了有利条件，更重要的是为联邦政府提供有保障的财政收入。美国第一银行的建立使政府有了稳定的资金来源，政府财政得到了好转。

再次，汉密尔顿财政政策的实施不仅使政府建立了一套完善的财政制度，而且以发行国债、股票为契机进行美国金融业的变革，揭开了美国金融史的新篇章。随着财政金融状况的改善，流通货币的增加，股份公司大量出现，进一步促进了证券市场的形成，纽约和费城逐渐成为证券交易中心。汉密尔顿吸取英国的经验，用短短几十年的时间，使西欧和英国经过上百年才形成的财政金融制度在美国初步建立起来，不能不说是金融业的创举。这对美国的经济起了很大的促进作用，尤其是推动了商业和航海业的发展。

汉密尔顿所推行的政策和采取的手段，是建立在维护金融资产阶级、大商人和国家利益基础上的。他有意扶持商业和金融资产阶级，使他们从政策中获取利益。

汉密尔顿不仅是美国的第一任财政部长，他还是一位战场英雄、国会议员、纽约银行的创立者、制宪会议的成员、演说家、辩论家、律师、坚任。8 岁时，因为一次偶然事故，吉拉德的右眼失明了。

1774 年 7 月，吉拉德第一次来到纽约。纽约商人托马斯·兰德尔看上了精力充沛的吉拉德，两人开始了一段收益丰厚的合作——纽约与新奥尔良之间的航运。这使他很快积累了一定的资本并获得一艘船的一半所有权。事业刚刚有所起色，他的梦想就被突如其来的战争打破，被迫前往人生地不熟的费城。

无论从哪个方面来看，这个法国小商贩的成功概率都是微乎其微。他的资金少，经营业务琐碎，几乎不会说英语；他矮胖、表情麻木、眉毛浓密，仅剩的一只左眼目光迟钝。而且他个性冷漠，举止矜持，邻居们都不喜欢他，甚至有点害怕他。没有人想到，多年后，这个陌生的小商贩竟然逐渐成为这片大陆上最富有的人。

从 1780 年到 1800 年的 20 年，是吉拉德海上贸易的黄金期。拿破仑战争损害了欧洲的商业，给吉拉德提供了良机。尽管禁运、阻塞、海盗和扣押商船之类的事件仍时有发生，但是情况已大有改观。因为吉拉德的商船上挂着美利坚的国旗，处于国家的保护之下。

1795 年，吉拉德公司的商船"伏尔泰"号满载谷子从宾夕法尼亚出发，前往波尔多补充一些酒和水果，然后前往圣彼得堡换得亚麻和铁，再航行至阿姆斯特丹出售，得到铸币。接着又前往中国和印度，购买整整一船的瓷器、丝绸和茶，最后返回宾夕法尼亚，销售一空。

这是当时吉拉德的全球贸易的一个缩影。"伏尔泰""卢梭""孟德斯鸠""爱尔维修"等 18 艘以法国启蒙思想家命名的商船在大洋上航行。在远东、南美、加勒比海、波罗的海、地中海，到处可见它们的身影。

在 19 世纪早期，吉拉德就已经拥有了一个百万资产的航运帝国，用数百万开立了自己的私人银行。随着他的国际声誉的鹊起，吉拉德和伦敦的巴林兄弟投资费城房地产、保险和美国第一银行时，获取了 100 万美元的利润。

1791 年，美国第一银行成立，公众被允许购买部分股份。吉拉德乘机进入金融领域，购买了大量股份。到 1811 年第一银行的 20 年营业有效期截止时，吉拉德已经成为该银行的最大股东。国会经过激烈辩论，最终没有与第一银行续约。吉拉德投入 120 万美元，购买了第一银行的所有股份和资产，成立吉拉德银行。至此，吉拉德毫无争议地成为这个国家最富有的人。

吉拉德没有银行业和金融业前辈的指示可遵照，他是一个开拓者。他具有早期美国的利己主义者的本质，不仅能同海盗和政治家（两者有很多相似之处）平等地做生意，也能同银行家和商人平等地做生意。

当吉拉德的巨额资本可以不受限制地投资时，他选择组建了一家私人银行来补充海运公司的信用。"我的商业资本使我能够进行赊销，能够用手头的现金无须折扣开展海运生意。"他曾经这样告诉一位巴林兄弟。然而，不像其他通常与大商业机构往来的私人银行，吉拉德——以他的诚信闻名——将他的银行和生意小心翼翼地分开。

除了他独立而保守的银行操作以外，吉拉德被认为是他那个时代独特的象征。他与大口喝酒、偷盗货物的海盗进行斗争，在商业经济中变得富有；然后，在逐渐合作化、文明化的世界中担任着积极进取的商业银行家的角色。随着商业银行新时代的到来，老化的吉拉德不断抵制它的合作化本质，他预示即将产生的事物——全能的私人投资银行家。如果再活 75 年，富有而又有影响的吉拉德可能就会与强大的 J.P. 摩根相抗衡！

吉拉德是早期美国的公民品质和资本精神的代表。他征服了财富，也抵抗住了财富的进攻。在征服与抵抗之际，他当之无愧跻身"美国经济领域里的建国之父"行列，因为他不仅影响了美国的经济发展史，而且影响了美国人对财富的观念。

吉拉德只是一个商人，一个公民。他富可敌国，却勤俭节约，过着清苦的生活；他吝啬、苛刻，从不施舍，却在死后把巨额财富捐给慈善事业；他自称"启蒙时代的儿子"，笃信理性，认为"宗教在我心中没有任何位置"。他以工作为灵魂，相信"劳动就是生活、幸福及一切"；他谨慎、自私，却在瘟疫突发，城市混乱之际挺身而出，冒着生命危险救治伤员，维持秩序。吉拉德正是靠这种资本主义精神建立了庞大的财富帝国，也凭着它抵抗住了财富的进攻，以节俭和捐赠诠释出一种真正健康的财富观。

按照《福布斯》杂志在 2006 年给出的数据，他去世时留下的财富大约 600 万美元。当然，这不像人们认为的那么多。一生中在某个地方，他一定失去了一部分财富，而损失在任何地方都没有记录。

1831 年的 600 万美元，在消费品价格调整后，不可思议地相当于现在的 8000 万美金。因此，在他最富有的时候，也不及现在"福布斯 400 富豪榜"中的任何一个人。在某种意义上，他的财富反映了早期的美国金融界贫穷的状况。

吉拉德以一张遗嘱完整地阐释了资本主义精神：它不仅仅是对财富的理性追求，也是对财富的理性应用。让人幸福和快乐的是对财富的追求，而不是无节制地享受财富。这种财富观是"吉拉德留给美国人的最宝贵的遗产，在美国人心中播下了一颗免疫堕落的种子"。

被誉为"华尔街船长"的人——范德比尔特

在 19 世纪末 20 世纪初的"镀金年代"，范德比尔特无疑是亿万富翁的代表之一。他是著名的航运、铁路、金融巨头，美国史上第三大富豪，身家远超过比尔·盖茨。他还是电脑游戏《铁路大亨》的原型人物。从 100 美元起家到成为亿万富豪，范德比尔特被誉为"华尔街船长"。

1794 年，范德比尔特出生于纽约斯坦顿岛上，他的父亲拥有一块农场，站在那儿可以俯视整个纽约湾。范德比尔特的父亲供养着一大家子人，但不是一个很有雄心的人。相比较而言，母亲对范德比尔特的影响更大。

在他只有 16 岁的时候，他就渴望开始自己的事业。一次，在里士满港口出售帆驳船的时候，他看到了机会。在蒸汽机出现以前，由荷兰人引进的这种帆驳船是纽约港主要的运输工具，平底双桅杆的帆驳船最长可达18米、宽7米，有足够的空间来装载货物。由于吃水浅，它们几乎可以在纽约水域上自由航行。范德比尔特向他的母亲借了100美元来购买帆驳船，这在1810年可不是一个小数目。母亲和他进行了一个很苛刻的交易，母亲告诉他，如果能够在他生日以前把那块未经开垦的3.2公顷土地清理干净，并且犁好种上作物，她就会给他钱。当时离他的生日只有4个星期了，但范德比尔特组织起一些邻居小孩及时地完成了这个任务，成功购买了帆驳船。

1812年的战争确保了范德比尔特事业的成功。军队需要他们能够完全信任和依赖的供货商向保卫纽约港的要塞运送物资，虽然范德比尔特的报价与其他报价相比并不是最低的，但军队还是和他签了合同。但在大部分时间里，纽约的运输业务并不是靠合同来获得的，更准确地说，是看谁先抢到生意，然后设法保住它。

到1817年底，范德比尔特已经有了9000美元，同时还拥有数目可观的帆船运输队，但是他还是时刻关注着任何出现的变化和机会。他很快就在轮船中看到了他的未来。他卖了帆船，开始为托马斯·吉本斯工作，成为吉本斯一艘名为"斯托廷格"（Stoudinger）蒸汽船的船长。这艘蒸汽船由于船体很小，绰号"老鼠船"，航行于纽约、新不伦瑞克和新泽西三个港口之间。

在快到70岁的时候，范德比尔特已经成为美国当时最富有的6个人之一，就在这时，他决定放弃所钟爱的蒸汽船并开始涉足铁路事业。1863年，当这位船长最初开始购买铁路股票时，他简直是被嘲笑着离开了华尔街。人们看到对铁路一无所知的年老的航运富豪完成了这件事——他正在把萧条的哈莱姆河与哈得孙河航线全部买下来！"让他们笑吧。"范德比尔特吼道——他从来不会斥责公众舆论。

当路面电车特许权被取消的时候，股票下跌了。随着股价的下跌，范德比尔特不停地买进，直到他认购了比实际存在的还多27000股的股份，他再次囤积了哈莱姆的股票。

老船长最终获得胜利的要诀是："绝不要买任何你不想买的东西，也不要卖你没有的！"这次，股票涨到了 285 美元，卖空的人心惊胆战，但是船长不满意。他冷酷地喊道："涨到 1000 美元吧，这种智力游戏会经常发生的。"但是，由于整个股票市场的恐慌，以及受船长囤积股票的明显惊吓，这个"老傻瓜"在 285 美元的时候出手了。

范德比尔特两次围歼熊市投机商，给他和他的同伴带来了 300 万美元的巨额财富。这次金融战也被公认为是金融操纵史上的杰作。《纽约先驱报》曾宣称："华尔街市场上从未看到过这么成功的股票坐庄。"

范德比尔特在他那个时代，是世界上最富有的白手起家的人，这位美国资本家通过从事船运业和铁路建筑等，去世时积累了 1.05 亿美元的财富，据测算占当时 GDP 的比例为 1 ：87。他住在华盛顿区很舒服的繁华市中心里的相对一般的房子里，并将第五街留给他的子孙们。但是，他还是不能完全拒绝使自己名垂千古的诱惑。

1896 年时，他为他的纽约和哈得孙河铁路公司在下曼哈顿建了一个新的货仓，他还为自己准备了巨大的纪念碑作为这个建筑物的组成部分。这只是他的一个自传而已，用 10 万磅铜来镂刻。这个建筑物的山墙，有 30 英尺高、150 英尺长，上面满是对自己的描述，用了高级的浮雕，说明了范德比尔特在船舶公司和铁路公司的工作经历。这些都位于他的船队队长的中央雕像的两侧，雕像整整高 12 英尺，重 4 吨。

这在 19 世纪的富豪中是一个特例。除了为自己竖一个塑像之外，有钱人大部分将他们的名字与某个巨大的有用的事物联系在一起，这些事物为公众服务，也表现了它们的创造者们的虚荣心。单单纽约城就到处充斥着这样的东西：卡内基音乐厅、库珀联合学院、洛克菲勒大学、佩利公园和惠特尼博物馆、古根海姆博物馆等等，比比皆是。

他的名字说明一切——查尔斯·道

查尔斯·道出生于康涅狄格州斯特林，是道·琼斯指数的发明者和道氏理论的奠基者，纽约道·琼斯金融新闻服务的创始人，《华尔街日报》的创始人和首位编辑。

由于两个非常重要的原因，查尔斯·道成为华尔街最重要的传奇人物之一——他创造了金融圣经《华尔街日报》，以及第一个市场气压计——道·琼斯指数。他也是技术分析之父。具有讽刺意味的是，在他的有生之年，他的成就却是不引人注意的。

1851年11月6日，查尔斯·道出生在一个农场里。在他6岁时，父亲去世了。此后的很多年里，他一直在自家的农场里帮助母亲从事艰苦的劳动。大概十三四岁时，他离开了农场，后来还从事过20种不同的工作以赡养母亲。长期的艰苦生活磨炼了查尔斯·道的意志，使他变得成熟坚忍、谦虚谨慎，更难能可贵的是，他始终怀有自己的理想，从未放弃过努力。在接受了不太充足的教育后，他在很有影响的马萨诸塞州报纸——《春田共和报》做了6年学徒。接着，他迁移到了一家罗德岛普罗维登斯报纸，在这里，他找到了金融写作方面的小窍门。

查尔斯·道在31岁时，为自己取了一个合适的名字，然后冒险到了纽约；1882年，和他的伙伴、记者埃迪·琼斯创立了道·琼斯公司。华尔街认识到查尔斯·道这个安静的总是记下看到的所有事情的人，在用毫不夸张的语言发布着极为精确的信息。通过对股票收盘价的研究，查尔斯·道发现可以发明一个反映市场总体走势的晴雨表，即股票平均指数。

1884年7月3日，他在《顾客晚报》上首次刊登了一项包含11种股票的指数，其中包括9家铁路公司和2家汽轮公司股票的平均价格，又被称作"铁路平均指数"。道·琼斯指数一经推出，就迅速被华尔街所接受。它使股票市场改变了以往的面貌，缓解了华尔街股票交易面对的迷茫困境，给人们带来一盏指路的明灯。

查尔斯·道活着的时候并没有展示"道氏理论"。1884 年，当他最初开始编写股票平均指数时——甚至在《华尔街日报》存在前——除了一个用来度量股市的、包括了一切"指数"的指标之外，并没有建立很多其他的理论。后来，他加入了自己的直觉判断。事实上，我们现在知道的"道氏理论"是在他去世 20 年后，由威廉·P. 汉密尔顿这样的市场技术分析师从他的《华尔街日报》中总结和提炼出来的。

查尔斯·道在 1895 年创立了股票市场平均指数——"道·琼斯工业指数"。该指数诞生时只包含 11 种股票，其中有 9 家是铁路公司。直到 1897 年，原始的股票指数才衍生为二：一个是工业股票价格指数，由 12 种股票组成；另一个是铁路股票价格指数。到 1928 年工业股指的股票覆盖面扩大到 30 种，1929 年又添加了公用事业股票价格指数。查尔斯·道本人并未利用它们预测股票价格的走势。

1902 年过世以前，他虽然仅有 5 年的资料可供研究，但他的观点在范围与精确性上都有相当的成就。

道氏理论断言，股票会随市场的趋势同向变化以反映市场趋势和状况。股票的变化表现为三种趋势：主要趋势、中期趋势及短期趋势。主要趋势：持续一年或以上，大部分股票将随大市上升或下跌，幅度一般超过 20%。中期趋势：与基本趋势完全相反的方向，持续期超过 3 星期，幅度为基本趋势的三分之一至三分之二。短期趋势：只反映股票价格的短期变化，持续时间不超过 6 天。牛市的特征表现为，主要趋势由三次主要的上升动力所组成，其中被两次下跌所打断，如疲软期。在整个活动周期中，可能比预期下跌得低，每次都比上次更低。在整个活动周期中，通常由几次中期趋势的下跌和恢复所构成。

查尔斯·道的全部作品都发表在《华尔街日报》上，只有在华尔街圣经的珍贵档案中仔细查找才能重新建立起他关于股市价格运动的理论。但是已故的 S.A. 纳尔逊在 1902 年末完成并出版了一本毫不伪装的书——《股票投机的基础知识》。这本书早已绝版，却可以在旧书商那里偶尔得以一见。他曾试图说服查尔斯·道来写这本书却没有成功，于是他把自己可以在《华尔街日报》中找到的查尔斯·道关于股票投机活动的所有论述都写了进去。

1902 年 12 月查尔斯·道逝世，华尔街日报记者将其见解编成《投机初步》一书，从而使道氏理论正式定名。值得一提的是，这一理论的创始者——查尔斯·道，声称其理论并不是用于预测股市，甚至不是用于指导投资者，而是一种反映市场总体趋势的晴雨表。大多数人将道氏理论当作一种技术分析手段——这是非常遗憾的一种观点。其实，"道氏理论"的最伟大之处在于其宝贵的哲学思想，这是它全部的精髓。雷亚在所有相关著述中都强调，"道氏理论"在设计上是一种提升投机者或投资者知识的配备或工具，并不是可以脱离经济基本条件与市场现况的一种全方位的严格技术理论。根据定义，"道氏理论"是一种技术理论；换言之，它是根据价格模式的研究，推测未来价格行为的一种方法。

第六章

走进财富的游乐场

——关于金融市场的财经常识

加大改革力度、加快中国金融市场开放的步伐，从一个角度来讲，这是我们自己的需要，我们需要我们的金融体系更有效果，我们需要我们的金融市场，包括银行、证券、间接融资、直接融资，各种金融投资形式更加丰富多彩，使我们资金配置的效率更加提高，使我们的金融机构更有效。

——樊纲

以资金融通为目标

在"钱生钱"的过程中，金融市场是必不可少的，它正逐渐成为我们生活中重要的组成部分。对金融市场这个名词或许大家已经非常熟悉，可是这并不代表你真正了解金融市场。

金融市场是指资金供应者和资金需求者双方通过信用工具进行交易而融通资金的市场，广而言之，是实现货币借贷和资金融通、办理各种票据和有价证券交易活动的市场。金融市场是交易金融资产并确定金融资产价格的一种机制。金融市场又称为资金市场，包括货币市场和资本市场，是资金融通市场。所谓资金融通，是指在经济运行过程中，资金供求双方运用各种金融工具调节资金盈余的活动，是所有金融交易活动的总称。在金融市场上交易的是各种金融工具，如股票、债券、储蓄存单等。

金融市场上资金的运动具有一定规律性，由于资金余缺调剂的需要，资金总是从多余的地区和部门流向短缺的地区和部门。金融市场的资金运动起因于社会资金的供求关系，最基本的金融工具和货币资金是由银行取得（购入）企业借据而向企业发放贷款而形成的。银行及其他金融机构作为中间人，既代表了贷者的集中，又代表了借者的集中，对存款者是债务人，对借款者是债权人。因而，它所进行的融资是间接融资。当银行创造出大量派生存款之后，为其他信用工具的创造和流通建立了前提。当各种金融工具涌现，多种投融资形式的形成，金融工具的流通轨迹就变得错综复杂，它可以像货币一样多次媒介货币资金运动，资金的交易不只是一次就完成，金融市场已形成了一个相对独立的市场。

在市场经济条件下，各种市场在资源配置中发挥着基础性作用，这些市场共同组成一个完整、统一且相互联系的有机体系。金融市场是统一市场体系的一个重要部分，属于要素市场。它与消费品市场、生产资料市场、劳动力市场、技术市场、信息市场、房地产市场、旅游服务市场等各类市场相互联系、相互依存，共同形成统一市场的有机整体。在整个市场体系中，金融市场是最基本的组成部分之一，是联系其他市场的纽带，对一国经济的发展具有多方面功能。主要体现在以下几个方面：

1. 资金"蓄水池"

金融市场在把分散资金汇聚起来重新投入社会再生产、调剂国民经济各部门及各部门内部资金、提高利用率方面功不可没。

2. 经济发展的"润滑剂"

金融市场有利于促进地区间的资金协作，有利于开展资金融通方面的竞争，提高资金使用效益。目前，我国银行对个人信用的判断标准还比较粗放，尚未达到精细化要求。

3. 资源优化配置和分散风险

金融市场优化资源配置、分散金融风险，主要是通过调整利率、调整各种证券组合方式以及市场竞争来实现的。

企业经济效益好、有发展前途，才能贷到款、按时归还贷款；善于利用各种证券组合方式以及对冲交易、套期保值交易等手段，才能更好地提高资金安全性和盈利性，规避和分散风险。

4. 调节宏观经济

金融市场对宏观经济具有直接调节作用。通过银行放贷前的仔细审查，最终只有符合市场需要、效益高的投资对象才能获得资金支持。大家都这样做，整个宏观经济面就会得到改善。

金融市场也会为政府对宏观经济的管理起到间接调节作用，这主要反映在政府相关部门通过收集、分析金融市场信息作为决策依据上。

5. 国民经济的"晴雨表"

金融市场是公认的国民经济信号系统，主要表现在：股票、债券、基金市场的每天交易行情变化，能够为投资者判断投资机会提供信息；金融交易会直接、间接地反映货币供应量的变动情况；金融市场上每天有大量专业人员从事信息情报研究分析，及时了解上市公司发展动态；金融市场发达的通信网络和信息传播渠道，能够把全球金融市场融为一体，及时了解世界经济发展变化行情。

货币市场促进资金合理流动

一个商业公司有暂时过剩的现金，这家公司可以把这些钱安全地投入货币市场1~30天，或者如果需要可以投入更长的时间，赚取市场利率，而不是让资金闲置在一个低息活期存款账户里。另一种情况是，如果一家银行在联邦账户上暂时缺少储量，它可以到货币市场上购买另一机构的联邦基金，来增加联邦储备账户隔夜数额，满足其临时储备需要。这里的关键想法是，参与者在这些市场调节其流动性——他们借出闲置资金或借用短期贷款。

货币市场是一个市场的汇集，每个交易都使用明显不同的金融工具。货币市场没有正式的组织，如纽约证券交易所针对产权投资市场。货币市场的活动中心是经销商和经纪人，他们擅长一种或多种货币市场工具。经销商根据自己的情况购买证券，当一笔交易发生时，出售他们的库存证券，交易都是通过电话完成的，尤其是在二级市场上。由于那里金融公司集中，市场集中在纽约市曼哈顿区，主要参与者使用电子方式联系遍及美国、欧洲和亚洲的主要金融中心。

货币市场也有别于其他金融市场，因为它们是批发市场，参与大型的交易。尽管一些较小的交易也可能发生，但多数是 100 万美元或更多。由于非个人的、竞争的性质，货币市场交易是所谓的公开市场交易，没有确定的客户关系。比如说，一家银行从一些经纪人那里寻找投标来交易联邦基金，以最高价出售并以最低价买进。但是，不是所有的货币市场交易都像联邦基金市场一样开放。例如，即使银行没有以当前的利率积极地寻找资金，货币市场的银行通常给经销商"融资"，这些经销商是银行的好顾客，因为他们出售他们的可转让存单。因此，在货币市场上，我们找到了一些"赠送"，不是这么多形式的价格优惠，而是以通融资金的形式。

1. 货币市场活动的目的

主要是保持资金流动性，以便能随时随地获得现实的货币用于正常周转。换句话说，它一方面要能满足对资金使用的短期需求，另一方面也要为短期闲置资金寻找出路。

2. 货币市场的几个基本特征

（1）期限较短。货币市场期限最长为 1 年，最短为 1 天、半天，以 3～6 个月者居多。

（2）流动性强。货币市场的流动性主要是指金融工具的变现能力。

（3）短期融资。货币市场交易的目的是短期资金周转的供求需要，一般的去向是弥补流动资金临时不足。

3. 货币市场的功能

主要包括：媒介短期资金融通，促进资金流动，对社会资源进行再分配；联络银行和其他金融机构，协调资金的供需；显示资金形式，有助于进行宏观调控。让我们详细地研究，为什么货币市场工具具有这些特点。

首先，如果你有资金可以暂时投资，你只想购买最高信用等级企业的金融债券，并且尽量减少任何违约对本金的损失。因此，货币市场工具由最高等级的经济机构发行（即最低的违约风险）。

其次，你不想持有长期证券，因为如果发生利率变化，它们与短期证券相比有更大的价格波动（利率风险）。此外，如果利率变化不显著，到期期限与短期证券相差的时间不是很远，这时可以按票面价值兑换。

再次，如果到期之前出现意外，急需资金，短期投资一定很适合市场销售。因此，许多货币市场工具有很活跃的二级市场。为了具有高度的市场可售性，货币市场工具必须有标准化的特点（没有惊喜）。此外，发行人必须是市场众所周知的而且有良好的信誉。

最后，交易费用必须要低。因此，货币市场工具一般都以大面值批发出售——通常以 100 万美元到 1000 万美元为单位。比如说，交易 100 万美元至 1000 万美元的费用是 50 美分至 1 美元。

4. 个别货币市场工具和这些市场的特点

关于货币市场，可以从市场结构出发来重点关注以下几个方面：

（1）同业拆借市场。同业拆借市场也叫同业拆放市场，主要是为金融机构之间相互进行短期资金融通提供方便。参与同业拆借市场的除了商业银行、非银行金融机构外，还有经纪人。

同业拆借主要是为了弥补短期资金不足、票据清算差额以及解决其他临时性资金短缺的需要。所以，其拆借期限很短，短则一两天，长则一两个星期，一般不会超过一个月。正是由于这个特点，所以同业拆借资金的利率是按照日利率来计算的，利息占本金的比率称为"拆息率"，而且每天甚至每时每刻都会发生调整。

（2）货币回购市场。货币回购主要通过回购协议来融通短期资金。这种回购协议，是指出售方在出售证券时与购买方签订的协议，约定在一定期限后按照原定价格或约定价格购回出售的证券，从而取得临时周转资金。这种货币回购业务实际上是把证券作为抵押品取得抵押贷款。

（3）商业票据市场。商业票据分为本票和汇票两种。所谓本票，是指债务人向债权人发出的支付承诺书，债务人承诺在约定期限内支付款项给债权人；所谓汇票，是指债权人向债务人发出的支付命令，要求债务人在约定期限内支付款项给持票人或其他人。而商业票据市场上的主要业务，则是对上述还没有到期的商业票据，如商业本票、商业承兑汇票、银行承兑汇票等进行承兑和贴现。

货币市场的存在使得工商企业、银行和政府可以从中借取短缺资金，也可将它们暂时多余的、闲置的资金投放在市场中作为短期投资，生息获利，从而促进资金合理流动，解决短期性资金融通问题。各家银行和金融机构的资金，通过货币市场交易，从分散到集中，从集中到分散，从而使整个金融体系的融资活动有机地联系起来。

货币市场在一定时期的资金供求及其流动情况，是反映该时期金融市场银根松紧的指示器，它在很大程度上是金融当局进一步贯彻其货币政策、宏观调控货币供应量的帮手。

借助资本市场的力量

假设某企业购买一个预期经济寿命为 15 年的厂房。因为短期利率往往低于长期利率，乍看起来，短期融资似乎更划算。但是，如果利率像 20 世纪 80 年代初期那样急剧上升，该企业不得不为短期债务再融资，从而发现其借款成本不断飙升。在最糟糕的情况下，企业会发现它已经没有足够的现金流来支撑债务而被迫破产。同样，如果市场状况像 2001 年衰退时那样动荡，债务发行方会发觉自己无力为短期债务再融资；如果找不到其他贷款人，破产的厄运会再次降临。

在为资本支出而发行债务的时候，企业经常会把资产的预期寿命和债务的期限结合起来就不足为奇了。资本市场可以把长期资金的借款方和供应方汇集在一起，还允许那些持有以前发行的证券的人在二级资本市场上交易这些证券以获得现金。

1. 资本市场概念

资本市场，亦称"长期金融市场""长期资金市场"，是指期限在 1 年以上的各种资金借贷和证券交易的场所。资本市场上的交易对象是 1 年以上的长期证券。因为在长期金融活动中，涉及资金期限长、风险大，具有长期较稳定收入，类似于资本投入，故称之为资本市场。狭义的资本市场就是指股票和债券市场；广义的资本市场，在此基础上还包括银行里的长期存贷款市场（如中长期存款、设备贷款、长期抵押贷款、房产按揭贷款等）。如果没有特别说明，一般情况下我们总是从狭义概念出发来理解资本市场。

2. 资本市场功能

资本市场就是指股票和债券市场。资本市场有哪些功能呢？在高度发达的市场经济条件下，资本市场的功能可以按照其发展逻辑而界定为资金融通、资源配置和产权中介三个方面。

（1）融资功能。本来意义上的资本市场即是纯粹资金融通意义上的市场，它与货币市场相对称，是长期资金融通关系的总和。因此，资金融通是资本市场的本源职能。

（2）配置功能。资本市场的配置功能是指资本市场通过对资金流向的引导而对资源配置发挥导向性作用。资本市场由于存在强大的评价、选择和监督机制，而投资主体作为理性经纪人，始终具有明确的逐利动机，从而促使资金流向高效益部门，表现出资源优化配置的功能。

（3）产权功能。资本市场的产权功能是指其对市场主体的产权约束和充当产权交易中介方面所发挥的功能。产权功能是资本市场的派生功能，它通过对企业经营机制的改造、为企业提供资金融通、传递产权交易信息和提供产权中介服务而在企业产权重组的过程中发挥着重要的作用。

上述三个方面共同构成资本市场完整的功能体系。如果缺少一个环节，资本市场就是不完整的，甚至是扭曲的。资本市场的功能不是人为赋予的，而是资本市场本身的属性之一。从理论上认清资本市场的功能，对于我们正确对待资本市场发展中的问题、有效利用资本市场具有重要的理论与实践意义。

全国证券交易自动报价系统于1990年12月5日开始运行，系统中心设在北京，连接国内证券交易比较活跃的大中城市，为会员公司提供有价证券买卖价格信息和结算。1992年7月1日开始法人股流通转让试点。

1993年4月28日开始运行的全国电子交易系统，是中国证券交易系统有限公司开发设计的，系统中心也设在北京，主要为证券市场提供证券集中交易及报价、清算、交割、登记、托管、咨询等服务。

3. 资本市场需要关注的几个问题

对于资本市场，还可以主要关注以下几个方面：

（1）证券和有价证券。证券是一种法律凭证，用来证明持有人有权按照上面所记载的内容获得相应权益。有价证券，是指这种证券代表的是某种特定财产，并且对这部分特定财产拥有所有权或债权。有价证券包括商品证券、货币证券、资本证券。最常见的商品证券是提货单、运货单证；货币证券主要是指商业证券和银行证券，如商业汇票、商业本票、银行汇票、银行本票；资本证券主要指与金融投资有关的证券，如股票、债券、基金、期货、期权、互换协议等。

（2）证券发行市场。证券发行市场就是大家通常所说的一级市场、初级市场。许多股票投资者喜欢在新股发行时打新股,这种"打新股"就是在一级证券市场上购买第一手股票。

①发行证券时,按照证券发行对象的不同,可以分为私募发行和公募发行两大类。

私募发行也叫不公开发行,它的发行对象是特定投资者。正因如此,私募发行的手续比较简单,筹备时间也比较短。

公募发行也叫公开发行,它的发行对象是不特定的投资者,社会影响大,所以发行手续比较烦琐,筹备时间较长,条条框框非常严格。例如,发行者必须向证券管理机关递交申请书和相关材料,并获得批准;某些财务指标和信用等级必须达到要求;必须如实向投资者提供相关资料等等。

②发行证券时,按照证券发行方式的不同,可以分为直接发行和间接发行两种。

直接发行就是指通过承销机构,由发行人自己向投资者发行。它的优点是可以节约成本;缺点是必须由发行者自己承担发行风险,其前提条件是发行者要熟悉发行手续,精通发行技术,否则很多工作将无法开展下去。

间接发行也叫委托发行,是指通过承销机构,如投资银行、证券公司等中介金融机构代理发行证券。它的优点是可以节省发行者大量的时间和精力,减少发行风险,并且可以借助于中介机构的力量提高自身知名度;缺点是需要投入费用,提高发行成本。

间接发行更受证券发行人青睐,因而这也是目前最普遍的证券发行方式。确定发行价格是证券发行中的一个重要环节。发行价格过高,发行数量就会减少甚至发不出去,无法筹集到所需资金,证券承销商也会蒙受损失;发行价格过低,虽然证券发行工作比较顺利甚至会火暴起来,可是发行公司却会遭受损失。

4. 资本市场特点

资本市场主要有以下几个特点:

(1)融资期限长。资本市场的融资期限至少在1年以上,也可以长达几十年，甚至无到期日。

（2）流动性相对较差。在资本市场上筹集到的资金多用于解决中长期融资需求，所以流动性和变现性相对较弱。

（3）风险大而收益较高。由于融资期限较长，发生重大变故的可能性也大，市场价格容易波动，投资者需承受较大风险。同时，作为对风险的报酬，其收益也较高。

股票交易通过股票市场实现

股票的交易都是通过股票市场来实现的。股票市场是股票发行和流通的场所，也可以说是指对已发行的股票进行买卖和转让的场所。一般地，股票市场可以分为一、二级。一级市场也称为股票发行市场，二级市场也称为股票交易市场。股票是一种有价证券。有价证券除股票外，还包括国家债券、公司债券、不动产抵押债券等等。国家债券出现较早，是最先投入交易的有价债券。随着商品经济的发展，后来才逐渐出现股票等有价债券。因此，股票交易只是有价债券交易的一个组成部分，股票市场也只是多种有价债券市场中的一种。目前，很少有单一的股票市场，股票市场不过是证券市场中专营股票的地方。

股票是社会化大生产的产物，至今已有将近 400 年的历史。很少有人知道，中国最早的股票市场是由精明的日商于 1919 年在上海日本领事馆注册的，而蒋介石竟然是中国最早的股民之一。

1919 年，日商在上海租界三马路开办了"取引所"（即交易所）。蒋介石、虞洽卿便以抵制取引所为借口，电请北京政府迅速批准成立上海证券物品交易所。

这时的北京政权由直系军阀所控制，曹锟、吴佩孚等人不愿日本人以任何方式介入中国事务。于是，中国以股票为龙头的第一家综合交易所被批准成立了。

1920 年 2 月 1 日，上海证券物品交易所宣告成立，理事长为虞洽卿，常务理事为郭外峰、闻兰亭、赵林士、盛丕华、沈润挹、周佩箴等 6 人，理事 17 人，监察人为周骏彦等。交易物品有 7 种，为有价证券、棉花、棉纱、布匹、金银、粮食油类、皮毛。

1929 年 10 月 3 日《交易所法》颁布以后，它便依法将物品中的棉纱交易并入纱布交易所；证券部分于 1933 年夏秋间并入证券交易所，黄金及物品交易并入金业交易所。

一般交易所的买卖是由经纪人经手代办的。经纪人在交易所中缴足相当的保证金，在市场代理客商买卖货物，以取得相应的佣金。拥有资金实力的"四大家族"便成了上海证券物品交易所的首批经纪人。但因为财力有限，他们不是上海证券物品交易所的股东，而只是他们所服务的"恒泰号"的股东。而恒泰号只是上海证券物品交易所的经纪机构之一。

恒泰号的营业范围是代客买卖各种证券及棉纱，资本总额银币 35000 元，每股 1000 元，分为 35 股。股东包括蒋介石在内，共有 17 人，但为避嫌，在合同中却多不用真名，当时上证所的主要业务还是棉花等大宗期货商品。当时还未真正形成股票市场。

而股票市场是已经发行的股票按时价进行转让、买卖和流通的市场，包括交易市场和流通市场两部分。股票流通市场包含了股票流通的一切活动。股票流通市场的存在和发展为股票发行者创造了有利的筹资环境，投资者可以根据自己的投资计划和市场变动情况，随时买卖股票。由于解除了投资者的后顾之忧，他们可以放心地参加股票发行市场的认购活动，有利于公司筹措长期资金，股票流通的顺畅也为股票发行起了积极的推动作用。对于投资者来说，通过股票流通市场的活动，可以使长期投资短期化，在股票和现金之间随时转换，增强了股票的流动性和安全性。股票流通市场上的价格是反映经济动向的晴雨表，它能灵敏地反映出资金供求状况、市场供求、行业前景和政治形势的变化，是进行经济预测和分析的重要指标。对于企业来说，股权的转移和股票行市的涨落是其经营状况的指示器，还能为企业及时提供大量信息，有助于它们的经营决策和改善经营管理。可见，股票流通市场具有重要的作用。

转让股票进行买卖的方法和形式称为交易方式，它是股票流通交易的基本环节。现代股票流通市场的买卖交易方式种类繁多，从不同的角度可以分为以下三类：

其一，议价买卖和竞价买卖。从买卖双方决定价格的不同，分为议价买卖和竞价买卖。议价买卖就是买方和卖方一对一地面谈，通过讨价还价达成买卖交易。它是场外交易中常用的方式。一般在股票上不了市，交易量少，需要保密或为了节省佣金等情况下采用；竞价买卖是指买卖双方都是由若干人组成的群体，双方公开进行双向竞争的交易，即交易不仅在买卖双方之间有出价和要价的竞争，而且在买者群体和卖者群体内部也存在着激烈的竞争，最后在买方出价最高者和卖方要价最低者之间成交。在这种双方竞争中，买方可以自由地选择卖方，卖方也可以自由地选择买方，使交易比较公平，产生的价格也比较合理。竞价买卖是证券交易所中买卖股票的主要方式。

其二，直接交易和间接交易。按达成交易的方式不同，分为直接交易和间接交易。直接交易是买卖双方直接洽谈，股票也由买卖双方自行清算交割，在整个交易过程中不涉及任何中介的交易方式。场外交易绝大部分是直接交易；间接交易是买卖双方不直接见面和联系，而是委托中介人进行股票买卖的交易方式。证券交易所中的经纪人制度，就是典型的间接交易。

其三，现货交易和期货交易。按交割期限不同，分为现货交易和期货交易。现货交易是指股票买卖成交以后，马上办理交割清算手续，当场钱货两清；期货交易则是股票成交后按合同中规定的价格、数量，过若干时期再进行交割清算的交易方式。

真实的股市在每一个股民的眼中都是不一样的。表面上看，股市永远像庙会那样人山人海，热闹非凡；而实际上，置身其中，就会发现股市就如一个百鸟园一般充满不同的声音，而你却不知谁说的才是真的。真假难辨，是股民心中对股市一致的印象。

风云变幻的证券市场

在普通老百姓的眼里，证券市场似乎总是那么虚幻、不可捉摸。一谈到证券市场，人们就会立刻想到那些一夜间变成百万富翁，又一夜间沦为乞丐的传奇故事。在中国，人们首先想到的是股票市场，因为股票市场和老百姓接触最多。像大多数国家的股票市场一样，中国的股票市场也凝聚了"股民"们太多的情感，它有时让人激动兴奋、为之着魔，有时又让人绝望沮丧、失魂落魄。证券市场是现代金融市场体系的重要组成部分，主要包括股票市场、债券市场以及金融衍生品市场等。在现代市场经济中，证券市场发挥的作用越来越大。

证券市场是证券发行和交易的场所。从广义上讲，证券市场是指一切以证券为对象的交易关系的总和。从经济学的角度，可以将证券市场定义为：通过自由竞争的方式，根据供需关系来决定有价证券价格的一种交易机制。在发达的市场经济中，证券市场是完整的市场体系的重要组成部分，它不仅反映和调节货币资金的运动，而且对整个经济的运行具有重要影响。

从经济学的角度来看，证券市场具有以下三个显著特征：

第一，证券市场是价值直接交换的场所。有价证券是价值的直接代表，其本质上只是价值的一种直接表现形式。虽然证券交易的对象是各种各样的有价证券，但由于它们是价值的直接表现形式，所以证券市场本质上是价值直接交换的场所。

第二，证券市场是财产权利直接交换的场所。证券市场上的交易对象是作为经济权益凭证的股票、债券、投资基金券等有价证券，它们本身仅是一定量财产权利的代表，所以，代表着对一定数额财产的所有权或债权以及相关的收益权。证券市场实际上是财产权利直接交换的场所。

第三，证券市场是风险直接交换的场所。有价证券既是一定收益权利的代表，同时也是一定风险的代表。有价证券的交换在转让出一定收益权的同时，也把该有价证券所特有的风险转让出去。所以，从风险的角度分析，证券市场也是风险直接交换的场所。

证券的产生已有很久的历史，但证券的出现并不标志着证券市场同时产生，只有当证券的发行与转让公开通过市场的时候，证券市场才随之出现。因此，证券市场的形成必须具备一定的社会条件和经济基础。股份公司的产生和信用制度的深化，是证券市场形成的基础。

证券市场是商品经济和社会化大生产发展的必然产物。随着生产力的进一步发展和商品经济的日益社会化，资本主义从自由竞争阶段过渡到垄断阶段，依靠原有的银行借贷资本已不能满足巨额资金增长的需要。为满足社会化大生产对资本扩张的需求，客观上需要有一种新的筹集资金的手段，以适应经济进一步发展的需要。在这种情况下，证券与证券市场就应运而生了。

证券市场是市场经济发展到一定阶段的产物，是为解决资本供求矛盾和流动而产生的市场。因此，证券市场有几个最基本的功能：

其一，融通资金。融通资金是证券市场的首要功能，这一功能的另一作用是为资金的供给者提供投资对象。一般来说，企业融资有两种渠道：一是间接融资，即通过银行贷款而获得资金；二是直接融资，即发行各种有价证券使社会闲散资金汇集成为长期资本。前者提供的贷款期限较短，适合解决企业流动资金不足的问题，而长期贷款数量有限，条件苛刻，对企业不利。后者却弥补了前者的不足，使社会化大生产和企业大规模经营成为可能。

其二，资本定价。证券市场的第二个基本功能就是为资本决定价格。证券是资本的存在形式，所以，证券的价格实际上是证券所代表的资本的价格。证券的价格是证券市场上证券供求双方共同作用的结果。证券市场的运行形成了证券需求者竞争和证券供给者竞争的关系，这种竞争的结果是：能产生高投资回报的资本，市场的需求就大，其相应的证券价格就高；反之，证券的价格就低。因此，证券市场是资本的合理定价机制。

其三，资本配置。证券投资者对证券的收益十分敏感，而证券收益率在很大程度上取决于企业的经济效益。从长期来看，经济效益高的企业的证券拥有较多的投资者，这种证券在市场上买卖也很活跃。相反，经济效益差的企业的证券投资者越来越少，市场上的交易也不旺盛。所以，社会上部分资金会自动地流向经济效益好的企业，远离经济效益差的企业。这样，证券市场就引导资本流向能产生高报酬的企业或行业，从而使资本产生尽可能高的效率，进而实现资源的合理配置。

其四，分散风险。证券市场不仅为投资者和融资者提供了丰富的投融资渠道，而且还具有分散风险的功能。对于上市公司来说，通过证券市场融资可以将经营风险部分地转移和分散给投资者，公司的股东越多，单个股东承担的风险就越小。另外，企业还可以通过购买一定的证券，保持资产的流动性和提高盈利水平，减少对银行信贷资金的依赖，提高企业对宏观经济波动的抗风险能力。对于投资者来说，可以通过买卖证券和建立证券投资组合来转移和分散资产风险。投资者往往把资产分散投资于不同的对象，证券作为流动性、收益性都相对较好的资产形式，可以有效地满足投资者的需要，而且投资者还可以选择不同性质、不同期限、不同风险和收益的证券构建证券组合，分散证券投资的风险。

投资专家坐镇的基金市场

通俗地说，基金就是通过汇集众多投资者的资金，交给银行托管，由专业的基金管理公司负责投资于股票和债券等证券，以实现保值、增值目的的一种投资工具。基金增值部分，也就是基金投资的收益，归持有基金的投资者所有，专业的托管、管理机构收取一定比例的管理费用。基金以"基金单位"作为单位，在基金初次发行时，将其基金总额划分为若干等额的整数份，每一份就是一个基金单位。

为了进一步理解基金的概念，我们可以做一个比喻：假设你有一笔钱想投资债券、股票等进行增值，但自己既没有那么多精力，也没有足够的专业知识，钱也不是很多，于是想到与其他几个人合伙出资，雇一个投资高手，操作大家合出的资产进行投资增值。但在这里面，如果每个投资人都与投资高手随时交涉，那将十分麻烦，于是就推举其中一个最懂行的人牵头办理这件事，并定期从大伙合出的资产中抽取提成作为付给投资高手的劳务费报酬。当然，牵头人出力张罗大大小小的事，包括挨家跑腿，随时与投资高手沟通，定期向大伙公布投资盈亏情况等，不可白忙，提成中也包括他的劳务费。

上面这种运作方式就叫作合伙投资。如果这种合伙投资的活动经过国家证券行业管理部门（中国证券监督管理委员会）的审批，允许这项活动的牵头操作人向社会公开募集吸收投资者加入合伙出资，这就是发行公募基金，也就是大家现在常见的基金。

基金有广义和狭义之分。从广义上说，基金是机构投资者的统称，包括信托投资基金、单位信托基金、公积金、保险基金、退休基金、各种基金会的基金。在现有的证券市场上的基金，包括封闭式基金和开放式基金，具有收益性功能和增值潜能的特点；从会计角度透析，基金是一个狭义的概念，意指具有特定目的和用途的资金。因为政府和事业单位的出资者不要求投资回报和投资收回，但要求按法律规定或出资者的意愿把资金用在指定的用途上，从而形成了基金。

基金将众多投资者的资金集中起来，委托基金管理人进行共同投资，表现出一种集合理财的特点。通过汇集众多投资者的资金，积少成多，有利于发挥资金的规模优势，降低投资成本。基金与股票、债券、定期存款、外汇等投资工具一样也为投资者提供了一种投资渠道。它具有以下特点：

其一，集合理财，专业管理。基金将众多投资者的资金集中起来，由基金管理人进行投资管理和运作。基金管理人一般拥有大量的专业投资研究人员和强大的信息网络，能够更好地对证券市场进行全方位的动态跟踪与分析。将资金交给基金管理人管理，使中小投资者也能享受到专业化的投资管理服务。

其二，组合投资，分散风险。为降低投资风险，中国《证券投资基金法》规定，基金必须以组合投资的方式进行基金的投资运作，从而使"组合投资、分散风险"成为基金的一大特色。"组合投资、分散风险"的科学性已为现代投资学所证明，中小投资者由于资金量小，一般无法通过购买不同的股票分散投资风险。基金通常会购买几十种甚至上百种股票，投资者购买基金就相当于用很少的资金购买了一篮子股票，某些股票下跌造成的损失可以用其他股票上涨的盈利来弥补。因此可以充分享受到"组合投资、分散风险"的好处。

其三，利益共享，风险共担。基金投资者是基金的所有者。基金投资人共担风险，共享收益。基金投资收益在扣除由基金承担的费用后的盈余全部归基金投资者所有，并根据各投资者所持有的基金份额比例进行分配。为基金提供服务的基金托管人、基金管理人只能按规定收取一定的托管费、管理费，并不参与基金收益的分配。

其四，严格监管，信息透明。为切实保护投资者的利益，增强投资者对基金投资的信心，中国证监会对基金业实行比较严格的监管，对各种有损投资者利益的行为进行严厉的打击，并强制基金进行较为充分的信息披露。在这种情况下，严格监管与信息透明也就成为基金的一个显著特点。

其五，独立托管，保障安全。基金管理人负责基金的投资操作，本身并不经手基金财产的保管。基金财产的保管由独立于基金管理人的基金托管人负责。这种相互制约、相互监督的制衡机制对投资者的利益提供了重要的保护。

基金管理公司就是这种合伙投资的牵头操作人,为公司法人,其资格必须经过中国证监会审批。一方面,基金公司与其他基金投资者一样也是合伙出资人之一;另一方面,基金公司负责牵头操作,每年要从大家合伙出的资产中按一定的比例提取劳务费,并定期公布基金的资产和收益情况。当然,基金公司的这些活动必须经过证监会批准。

为了保证投资者的资产安全,不被基金公司擅自挪用,中国证监会规定,基金的资产不能放在基金公司手里,基金公司和基金经理只负责交易操作,不能碰钱,记账管钱的事要找一个擅长此事信用又高的角色负责,这个角色当然非银行莫属。于是这些出资就放在银行中,建立一个专门账户,由银行管账记账,称为基金托管。当然,银行的劳务费也得从这些资产中按比例抽取按年支付。所以,基金资产的风险主要来自于投资高手的操作失误,而因基金资产被擅自挪用造成投资者资金损失的可能性很小。从法律角度说,即使基金管理公司倒闭甚至托管银行出事了,向它们追债的人也无权挪走基金专户的资产,因此基金资产的安全是很有保障的。

上市公司是股市大厦的基石

2007年下半年,石油行业个股出现大幅下跌,其他权重股票也普遍表现疲软。中国石油天然气股份有限公司2007年11月5日正式在上交所上市交易,中国石油A股以48.62元开盘,比发行价上涨了191%,这个价格也超出了大部分机构的预测。随后,中石油股价展开震荡,最终以43.96元报收,涨幅163.23%,总成交699.9亿元,成为A股第一大市值股票,在上证指数中所占权重接近四分之一。加上H股市值,其总市值接近10075亿美元,超过了埃克森美孚公司的4877亿美元,成为全球市值最大的上市公司。据说,有700亿美元巨资爆炒中石油,使之成为全球最大上市公司。

中石油公司A股之所以开盘走势就好,很大程度上是因为中石油公司拥有雄厚的发展实力和稳定的政策支持。在每一只股票背后，都有一家上市公司作为基石。上市公司也因为发行股票得到长期的融资。但好景不长，不久中石油就开始一路狂跌到 16 元，让人叹为观止。在全球市值最大的上市公司的宝座上还没坐热，就下来了。相比之下，美国通用电气公司（GE）就是股票市场上成功的典范。借助股票市场，美国通用电气公司实现了长久的繁荣，经久不衰。通用电气公司是自 1896 年道·琼斯指数创立以来唯一至今仍保留在指数样本中的公司，经过了 100 多年的发展，通用电气的辉煌仍在继续。截至 2004 年，通用电气仍是全球市值最大的上市公司。2005 年末，通用电气的销售收入居全球 500 强企业的第 9 位。

上市公司是股市的基石。股票产生于上市公司。如果没有上市公司，也就没有股市，如果上市公司倒塌，股市也将不复存在。

上市公司是指所发行的股票经过国务院或者国务院授权的证券管理部门批准在证券交易所上市交易的股份有限公司。上市公司是股份有限公司的一种，这种公司到证券交易所上市交易，除了必须经过批准外，还必须符合一定的条件。

（1）上市公司是股份有限公司。股份有限公司可为非上市公司，但上市公司必须是股份有限公司。

（2）上市公司要经过政府主管部门的批准。按照《公司法》的规定，股份有限公司要上市必须经过国务院或者国务院授权的证券管理部门批准，未经批准，不得上市。

（3）上市公司发行的股票在证券交易所交易。发行的股票不在证券交易所交易的不是上市股票。

上市公司同时具有股份有限公司的一般特点，如股东承担有限责任、所有权和经营权。股东通过选举董事会和投票参与公司决策等。

与一般公司相比，上市公司最大的特点在于可利用证券市场进行筹资，广泛地吸收社会上的闲散资金，从而迅速扩大企业规模，增强产品的竞争力和市场占有率。因此，股份有限公司发展到一定规模后，往往将公司股票在证券交易所公开上市作为企业发展的重要战略步骤。从国际经验来看，世界知名的大企业几乎全是上市公司。例如，美国500家大公司中有95%是上市公司。

实际上，上市公司是把公司的资产分成了若干分，在股票交易市场进行交易，大家都可以买这种公司的股票从而成为该公司的股东，上市是公司融资的一种重要渠道；非上市公司的股份则不能在股票交易市场交易。上市公司需要定期向公众披露公司的资产、交易、年报等相关信息。但在获利能力方面，并不能绝对地说谁好谁差，上市并不代表获利能力多强，不上市也不代表没有获利能力。当然，获利能力强的公司上市的话，会更容易受到追捧。

股票市场的目标在于优化资本配置，把有限的资金提供给效率高、潜力大的优秀公司，帮助它们增加投入，实现更好的发展。上市公司的优良又会促进股票市场的繁荣和稳定。上市公司是股票市场的基石。如果基石不稳，人们很难看到一个繁荣稳定的股市。如果有，那也是一时呈现出的假象。如果上市公司管理不善，业绩滑坡，投资它的股票就得不到好的回报，即使暂时维持高的价位，最终也会因为缺失支撑造成"泡沫"破灭，给投资者带来惨重的损失。如果整个经济并不景气，上市企业的业绩并不好，而股市却持续繁荣的话，那往往预示着一场股灾可能即将到来。

第七章

钱究竟存到了哪里

——关于金融机构的财经常识

新世纪来临之际，我国必须明确以中小银行为主，以大银行和股票市场为辅的发展思想。对于中小银行的发展，应该是：第一，提高门槛；第二，放开进入；第三，加强监管。

——林毅夫

银行：金融界的"带头大哥"

中世纪的欧洲，只有两种人有钱，一种是贵族，另一种是主教。所以，银行是不必要的，因为根本没有商业活动。

到了 17 世纪，一些平民通过经商致富，成了有钱的商人。他们为了安全，都把钱存放在国王的铸币厂里。那个时候还没有纸币，所谓存钱就是指存放黄金。因为那时实行"自由铸币"制度，任何人都可以把金块拿到铸币厂里，铸造成金币，所以铸币厂允许顾客存放黄金。

但是这些商人没意识到，铸币厂是属于国王的，如果国王想动用铸币厂里的黄金，那是无法阻止的。

1638 年，英国国王查理一世同苏格兰贵族爆发了战争，为了筹措军费，他就征用了铸币厂里平民的黄金，美其名曰贷款给国王。虽然，黄金后来还给了原来的主人，但是商人们感到，铸币厂不安全。于是，他们把钱存到了金匠那里。金匠为存钱的人开立了凭证，以后拿着这张凭证，就可以取出黄金。

后来商人们就发现，需要用钱的时候，其实不需要取出黄金，只要把黄金凭证交给对方就可以了。再后来，金匠突然发现，原来自己开立的凭证，具有流通的功能！于是，他们开始开立"假凭证"。他们惊奇地发现，只要所有客户不是同一天来取黄金，"假凭证"就等同于"真凭证"，同样是可以作为货币使用的！

这就是现代银行中"准备金"的起源，也是"货币创造"的起源。这时正是 17 世纪 60 年代末，现代银行就是从那个时候起诞生的。所以，世界上最早的银行都是私人银行，最早的银行券都是由金匠们发行的，他们和政府没有直接的关系。

现代银行中的纸币竟然是这样发展而来的，恐怕人们都想象不到。从上面这段资料，大家就可以看出，银行起源于古代的货币经营业。而货币经营业主要从事与货币有关的业务，包括金属货币的鉴定和兑换、货币的保管和汇兑业务。当货币经营者手中大量货币聚集时就为发展贷款业务提供了前提。随着贷款业务的发展，保管业务也逐步改变成存款业务。当货币活动与信用活动结合时，货币经营业便开始向现代银行转变。

1694 年，英国英格兰银行的建立，标志着西方现代银行制度的建立。银行一词，源于意大利语 Banca，其原意是长凳、椅子，是最早的市场上货币兑换商的营业用具。英语转化为 Bank，意为存钱的柜子。在我国有"银行"之称，则与我国经济发展的历史相关。在我国历史上，白银一直是主要的货币材料之一。"银"往往代表的就是货币，而"行"则是对大商业机构的称谓，所以把办理与银钱有关的大金融机构称为银行。

在我国，明朝中叶就形成了具有银行性质的钱庄，到清代又出现了票号。第一次使用银行名称的国内银行是"中国通商银行"，成立于 1897 年 5 月 27 日；最早的国家银行是 1905 年创办的"户部银行"，后称"大清银行"；1911 年辛亥革命后，大清银行改组为"中国银行"，一直沿用至今。

在我国，银行有多种分类方法，一般大而化之的分类方法是把银行按如下方法分类：

一类是中国人民银行，它是中央银行，在所有银行当中起管理作用。

一类是政策性银行，如中国农业发展银行、国家开发银行、中国进出口银行，一般办理政策性业务，不以营利为目的。

第三类是商业银行，又可分为全国性国有商业银行，如工行、农行、中行、建行；全国性股份制商业银行，如招商银行、华夏银行、民生银行；区域性商业银行，如广东发展银行；地方性商业银行，如武汉市商业银行、才上市的南京银行。不过，随着银行业务范围的扩大，这三种银行的区别正在缩小。

最后一类是外资银行。外资银行有很多，比较著名的有花旗银行、汇丰银行等等。在现在，外资银行一般都设在一线城市，它的业务与国内银行有很大不同，现在已逐步放开它的业务范围。

值得注意的是，银行是经营货币的企业，它的存在方便了社会资金的筹措与融通，它是金融机构里面非常重要的一员。商业银行的职能是由它的性质所决定的，主要有五个基本职能：

其一，信用中介职能。信用中介是商业银行最基本、最能反映其经营活动特征的职能。这一职能的实质，是通过银行的负债业务，把社会上的各种闲散货币集中到银行里来，再通过资产业务，把它投向经济各部门；商业银行是作为货币资本的贷出者与借入者的中介人或代表，来实现资本的融通，并从吸收资金的成本与发放贷款利息收入、投资收益的差额中，获取利益收入，形成银行利润。商业银行通过信用中介的职能实现资本盈余和短缺之间的融通，并不改变货币资本的所有权，改变的只是货币资本的使用权。

其二，支付中介职能。银行除了作为信用中介，融通货币资本以外，还执行着货币经营业的职能。通过存款在账户上的转移，代理客户支付，在存款的基础上，为客户兑付现款等，成为工商企业、团体和个人的货币保管者、出纳者和支付代理人。

其三，信用创造职能。商业银行在信用中介职能和支付中介职能的基础上，产生了信用创造职能。以通过自己的信贷活动创造和收缩活期存款，而活期存款是构成贷款供给量的主要部分。因此，商业银行就可以把自己的负债作为货币来流通，具有了信用创造职能。

其四，金融服务职能。随着经济的发展，工商企业的业务经营环境日益复杂化，许多原来属于企业自身的货币业务转交给银行代为办理，如发放工资、代理支付其他费用等。个人消费也由原来的单纯钱物交易，发展为转账结算。现代化的社会生活，从多方面给商业银行提出了金融服务的要求。

其五，调节经济职能。调节经济是指银行通过其信用中介活动，调剂社会各部门的资金短缺，同时在央行货币政策和其他国家宏观政策的指引下，实现经济结构、消费比例投资、产业结构等方面的调整。此外，商业银行通过其在国际市场上的融资活动还可以调节本国的国际收支状况。

政策性银行：不以营利为目的

第二次世界大战后的德国民生凋敝、百废待兴，人民亟待重建家园。为了筹集巨额重建资金，1948 年，德国政府出资 10 亿马克组建德国复兴开发银行（KFW）。德国复兴开发银行成立以后，立即通过发行中长期债券筹措巨额款项，为德国人民在废墟上重建家园提供了大量资金。德国复兴开发银行为战后德国的复兴立下了汗马功劳，它也因此与美丽的莱茵河一样闻名遐迩。

那么，政策性银行与商业银行有何不同呢？政策性银行的职能是什么呢？政策性银行又将走向何方呢？

说起政策性银行，可能很多人都会感到陌生。政策性银行就是指那些由政府创立、参股或保证的，不以营利为目的，专门为贯彻、配合政府社会经济政策或意图，在特定的业务领域内，直接或间接地从事政策性融资活动，充当政府发展经济、促进社会进步、进行宏观经济管理工具的金融机构。我国的三大政策性银行分别是中国进出口银行、国家开发银行、中国农业发展银行。

在经济发展过程中，常常存在一些商业银行从盈利角度考虑不愿意融资的领域或者其资金实力难以达到的领域。这些领域通常包括那些对国民经济发展、社会稳定具有重要意义，且投资规模大、周期长、经济效益见效慢、资金回收时间长的项目，如农业开发项目、重要基础设施建设项目等。为了扶持这些项目，政府往往实行各种鼓励措施，各国通常采用的办法是设立政策性银行，专门对这些项目融资。这样做，不仅是从财务角度考虑，而且有利于集中资金，支持重大项目的建设。

政策性银行的产生和发展是国家干预、协调经济的产物。政策性银行与商业银行和其他非银行金融机构相比，有共性的一面，如要对贷款进行严格审查，贷款要还本付息、周转使用等。但作为政策性金融机构，也有其特征：一是政策性银行的资本金多由政府财政拨付；二是政策性银行经营时主要考虑国家的整体利益、社会效益，不以营利为目标，但政策性银行的资金并不是财政资金，政策性银行也必须考虑盈亏，坚持银行管理的基本原则，力争保本；三是政策性银行有其特定的资金来源，主要依靠发行金融债券或向中央银行举债，一般不面向公众吸收存款；四是政策性银行有特定的业务领域，不与商业银行竞争。

政策性银行的职能，主要表现在它的特殊职能上。它的特殊职能包括：

1.补充性职能（亦称弥补性职能）

通过前述政策性银行存在根据和运行机制的分析可以看到，政策性银行的融资对象，一般限制在那些社会需要发展，而商业性金融机构又不愿意提供融资的事业上。对于那些能够获得商业性资金支持的事业，政策性银行就没有必要把有限的资金投入进去。因此，政策性银行具有在融资对象上为商业性融资拾遗补阙的功能。需要注意的是，需要政策性银行提供资金支持的具体事业范围不是不变的，而是随着社会、经济、技术等的发展在不断变化的。同时，其具体范围和内容还与具体国情等有关。

2.倡导性职能

所谓倡导性职能，即提倡引导的职能。政策性银行的倡导性职能主要是通过以下途径发挥的：

（1）政策性银行通过自身的融资行为，给商业性金融机构指示了国家经济政策的导向和支持重心，从而消除商业性金融机构对前景模糊的疑虑，带动商业性资金参与。

（2）政策性银行通过提供利息补贴，弥补投资利润低而无法保证市场利息收入的不足，从而使商业性资金参与。

（3）政策性银行通过向商业性融资提供利息和本金的偿还担保，促成商业性资金参与。

（4）政策性银行通过为商业性金融机构提供再融资的方式，促使商业性资金的参与等等，通过这些方式，诱使和引导商业性资金参与特殊事业融资。

3.经济调控职能（亦称选择性职能）

政策性银行的经济调控职能，是倡导性职能的必然结果。正是因为前两项职能，国家通过政策性银行业务可以实现区域经济、产业、行业、产品结构、生产力布局、固定资产投资规模和结构等合理化，实现经济的协调发展。

4.特殊领域的金融服务职能

政策性银行以其服务对象的特殊性，决定了其所熟悉和擅长的领域的特别性。它在其服务的领域积累了丰富的实践经验和专业技能，聚集了一大批精通业务的业务技术人员，从而在这些特殊的领域方面，从投资论证到投资步骤、投资管理、投资风险防范等方面，政策性银行可以为经济发展在这些领域提供专业化的有效服务。

而这些方面恰恰是商业银行所不熟悉或不擅长的业务领域，有效弥补商业性金融机构在这些领域所提供服务的不足。

资产管理公司自身在实际运营中必须积极地把握如何将业务创新与制度创新相结合，将企业的发展模式与持续经营能力联系在一起考虑。金融资产管理公司只有在实际工作中探索，形成符合自身发展的运营模式与经营风格，才能真正在市场化的竞争中取得一席之地。

当今世界上许多国家都建立有政策性银行，其种类较为全面，并构成较为完整的政策性银行体系，如日本著名的"二行九库"体系，包括日本输出入银行、日本开发银行、日本国民金融公库、住宅金融公库、农林渔业金融公库、中小企业金融公库、北海道东北开发公库、公营企业金融公库、环境卫生金融公库、冲绳振兴开发金融公库、中小企业信用保险公库；韩国设有韩国开发银行、韩国进出口银行、韩国中小企业银行、韩国住宅银行等政策性银行；法国设有法国农业信贷银行、法国对外贸易银行、法国土地信贷银行、法国国家信贷银行、中小企业设备信贷银行等政策性银行；美国设有美国进出口银行、联邦住房信贷银行体系等政策性银行。这些政策性银行在各国社会经济生活中发挥着独特而重要的作用，构成各国金融体系两翼中的一部分。

保险公司：实现损失分摊

保险公司是指经营保险业的经济组织，包括直接保险公司和再保险公司。保险关系中的保险人，享有收取保险费、建立保险费基金的权利。同时，当保险事故发生时，有义务赔偿被保险人的经济损失。在解读保险公司之前，先明确一下保险公司的定义。什么是保险公司呢？就是销售保险合约、提供风险保障的公司。保险公司分为两大类型——人寿保险公司、财产保险公司。平常人们最常接触的三种保险是人寿保险、财产保险、意外伤害保险。

保险公司属于资金融通的渠道，所以也是金融的一种。它是以契约的形式确立双方的经济关系。从本质上讲，保险体现的是一种经济关系，这主要表现在保险人和被保险人的商品交换关系以及两者之间的收入再分配关系。从经济角度来看，保险是一种损失分摊方法，以多数单位和个人缴纳保费建立保险基金，使少数成员的损失由全体被保险人分担。

保险是最古老的风险管理方法之一。保险和约中，被保险人支付一个固定金额（保费）给保险人，前者获得保证；在指定时期内，后者对特定事件或事件所造成的任何损失给予一定补偿。

大家日常所接触的保险公司就是经营保险业务的经济组织。具体说来，它是指经中国保险监督管理机构批准设立，并依法登记注册的商业保险公司。保险公司是采用公司组织形式的保险人，经营保险业务。

保险必须遵循一定的原则，具体来说，主要包括如下几个方面：

1.最大诚信原则

1996年，45岁的老龚患胃癌并住院治疗，为了不让老龚情绪波动太大，老龚的家属没告诉他真相。老龚手术出院后，继续正常工作。8月，老龚在某保险业务员的劝说下投了一份人身保险，但填写保单时并没有申报自己患有癌症的事实。1997年5月，老龚旧病复发，医治无效身亡。老龚家属要求保险公司赔付，而保险公司审查事实后却拒绝给付，这是为什么呢？

原来，保险这桩买卖最讲究的就是"最大诚信原则"。怎么算是最大诚信呢？最大诚信是要求当事人必须向对方充分而准确地告知有关保险的所有重要事实，不允许存在任何的虚伪、欺骗和隐瞒行为。如果一方隐瞒了重要事实，另一方有理由宣布合同无效或者不履行合同约定的义务或责任。

之所以要规定"最大诚信原则"，是因为如果投保人不履行最大诚信原则，对保险公司来说将会产生很大的道德风险！人们买保险的时候都故意隐瞒一些重要事实，而这些事实可能增大保险标的发生损失的可能性，长此以往，保险公司就无法经营下去。

最大诚信原则不光保护保险公司的利益，对于投保人或被保险人义务来说也有好处。因为保险合同很复杂，专业性很强，而且所有的条款都是保险人制定的，老百姓对保险合同中的有些问题不容易理解和掌握。比如，保险费率是不是过高，承保条件是不是过于苛刻等，如果保险公司不遵守最大诚信原则，你恐怕很容易上当受骗！

所以说，保险当事人都要遵守最大诚信的原则，保险这桩买卖才能公平合理。

2. 保险利益原则

小张（男）和小王（女）大学时就是一对恋人，毕业后虽然在不同城市工作，但仍不改初衷，鸿雁传情。小王生日快到了，约好到小张那里相聚。小张想给她个惊喜，就悄悄买了份保单，准备生日那天送给小王。谁知在小王赶往小张所在城市的路上，遭遇车祸身亡。小张悲痛之余想起手里的保单，不料保险公司核查后却拒绝支付保险金。

这就涉及保险利益原则。简单地说，就是你不能给予你"毫不相干"的财产或者他人买保险。"毫不相干"在这里当然不是说丝毫没有关系，而是说没有法律上承认的利益关系。这里的保险利益要满足三个条件：首先，保险利益必须是合法的利益，为法律认可，受法律保护；其次，保险利益必须是客观存在的、确定的利益，不能是预期的利益；最后，保险利益必须是经济利益，这种利益可以用货币来计量。

为什么要讲究保险利益原则呢？试想，假如我们抛弃这个原则，任何人都可以随随便便给你上人身保险，同时指明受益人是他自己，那么你会不会觉得害怕？所以说，如果抛弃保险利益原则，就会产生极大的道德风险。

我国法律对人身保险的保险利益人范围做出了规定："投保人对下列人员具有保险利益：本人；配偶、子女、父母；前项以外与投保人有抚养、赡养或者扶养关系的家庭成员、近亲属。除前款规定外，被保险人同意投保人为其订立合同的，视为投保人对被保险人具有保险利益。"

在上面的案例中，小张和小王虽然是恋爱关系，但并不是法律认可的保险利益，而且小张在小王不知情的情况下为其买保险，所以，不能认定小张对小王有保险利益，保险公司是可以宣布合同无效的。假如小张在买保险之前征得了小王的同意，情况就完全不同了，根据上述第三款规定，保险公司就应按照约定支付保险金。

3. 近因原则

老李开了个杂货铺，还为自己的杂货铺和杂货铺里的货物买了财产保险。店铺保险金额 15 万元，店内货物保险全额 5 万元。一天杂货铺因电线老化失火，老李在无法将大火扑灭的情况下，奋力把店里的杂货搬了出来。孰料街上的人一哄而起。把货物抢了个精光。事故发生后，老李向保险公司提出索赔。保险公司经审查后确认，老李店铺完全烧毁，店内烧毁货物约 1 万元。抢救出来被哄抢的货物 2 万元：于是保险公司只答应赔付店铺损失和店内被烧毁的货物损失，共计 16 万元。而对于被哄抢的货物则拒绝赔付。理由是货物不是被火烧毁的。双方争执不下，诉至法院，结果法院判决保险公司败诉。应向老李赔偿全部损失 18 万元。

造成保险事故的原因通常很多，有主要的也有次要的，有直接的也有间接的。近因就是引起保险事故或者保险标的损失的具有决定性作用的因素。近因原则的意思是说造成保险事故和保险标的损失的近因如果属于保险责任，保险公司就得赔偿；如果近因不属于保险责任之内，保险公司就可以不赔。

在上面的案例中，老李的店铺和在店铺内没有抢救出来的货物均被大火焚毁，火灾是近因，在保险责任之内，因而保险公司理应赔偿。但对于从店铺里抢救出来放在大街上、又被过路人哄抢而光的货物，保险公司却说损失不是由火灾引起的，这显然是违背近因原则的。因为搬出来的货物虽然不是烧毁的，但却是因为店铺发生火灾而搬出来的，也就是说，是火灾导致了最终的哄抢。因此，火灾是这些货物损失的近因，不论第二原因、第三原因是否在保险责任范围内，保险公司都应该照价赔偿。

4. 损失补偿原则

老刘刚买了一辆小轿车，他非常爱惜自己的汽车，就给自己的车上了"双保险"。他先在一家保险公司买了一份 15 万元的保险，后又在另一家保险公司买了一份同样的保险，两份保险合计保险金 30 万元。一天，老刘行驶中合法停靠路边，下车办事。不料刚走没多会儿，一辆飞驰而过的载重大卡车竟把老刘的爱车碾成"铁饼"，汽车彻底报废。老刘于是分别向两个保险公司索赔，要求两保险公司各赔付 15 万元。但两保险公司查明事实后，各自只赔付了 7.5 万。老刘不服，告上法院，法院却支持保险公司的做法。

这涉及保险中的"损失补偿原则"。意思是说，发生了保险事故，保险公司只补偿损失的部分，使被保险人的经济状态恢复到保险事故发生以前的状态。这里就有两层含义：一是只有当保险责任范围内的损失发生了，才补偿损失，没有损失就不补偿；二是损失补偿以被保险人的实际损失为限，不能因为保险公司的赔偿，使被保险人获得比以前更多的经济利益。

保险的本意就是要通过集中保险资金补偿个别损失。坚持损失补偿的原则也是为了减少道德风险，如果人们可以通过保险获得额外利益，就会有很多人故意制造损失，以获取更多的赔偿。

而老刘为自己的爱车买了"双保险",也就是为同一保险标的重复保险,这种情况下一旦发生保险事故,保险公司的总赔付也是按照损失补偿的原则,所以两家保险公司总赔偿额为15万元,而不是30万元。两家保险公司则按照一定方式,比如根据各自收取的保费比例,分摊赔偿的保险金。

投资银行:"为他人作嫁衣裳"

贝尔斯登,这个古老的著名的投资银行犹如纽约世贸大厦般,以不可思议的速度轰然倒塌。2008年3月16日,摩根大通银行曾宣布将以每股2美元,总计2.362亿美元的超低价收购贝尔斯登公司。这个收购价格,只相当于贝尔斯登曾经200亿美元市值的1%。由于此超低报价遭到了贝尔斯登股东的强烈抵制,在该月24日达成的新协议中,摩根大通同意提高换股比例,相当于把收购报价由每股2美元提高到10美元,成交金额为11.81亿美元。同时,摩根大通还将购入9500万股贝尔斯登增发股,此举将使摩根大通在贝尔斯登的持股比例提高到39.5%。在美国次贷危机中,贝尔斯登这个曾是全美最大的债券承销商,却最终通过"卖身"的方式避免了破产的厄运。

投资银行虽然名为"银行",但它并不是真正的银行。投资银行是非银行金融机构,它不做吸收存款、发放贷款的买卖,而是专为别人提供金融服务,"为他人作嫁衣裳"。我们有必要了解一下投资银行是怎么发展而来的。在美国,投资银行往往有两个来源:一是由综合性银行分拆而来,典型的例子如摩根士丹利;二是由证券经纪人发展而来,典型的例子如美林证券。

现代意义上的投资银行产生于欧美,主要是由18、19世纪众多销售政府债券和贴现企业票据的金融机构演变而来的。伴随着贸易范围和金额的扩大，客观上要求融资信用，于是一些信誉卓越的大商人便利用其积累的大量财富成为商人银行家，专门从事融资和票据承兑贴现业务，这是投资银行产生的根本原因。证券业与证券交易的飞速发展是投资银行业迅速发展的催化剂，为其提供了广阔的发展天地。投资银行则作为证券承销商和证券经纪人逐步奠定了其在证券市场中的核心地位。资本主义经济的飞速发展给交通、能源等基础设施造成了巨大的压力，为了缓解这一矛盾，19世纪欧美掀起了基础设施建设的高潮，这一过程中巨大的资金需求使得投资银行在筹资和融资过程中得到了迅猛的发展。而股份制的出现和发展，不仅带来了西方经济体制中一场深刻的革命，也使投资银行作为企业和社会公众之间资金中介的作用得以确立。

20世纪前期，西方经济的持续繁荣带来了证券业的高涨，把证券市场的繁华交易变成了一种狂热的货币投机活动。商业银行凭借其雄厚的资金实力频频涉足于证券市场，甚至参与证券投机；同时，各国政府对证券业缺少有效的法律和管理机构来规范其发展，这些都为1929～1933年的经济危机埋下了祸根。

经济危机直接导致了大批银行的倒闭，证券业极度萎靡。这使得各国政府清醒地认识到：银行信用的盲目扩张和商业银行直接或间接地卷入风险很大的股票市场对经济安全是重大的隐患。1933年后，美英等国将投资银行和商业银行业务分开，并进行分业管理，从此，一个崭新的独立的投资银行业在经济危机的萧条中崛起。

经过经济危机后近30年的调整，投资银行业再次迎来了飞速的发展。20世纪70年代以来，抵押债券、一揽子金融管理服务、杠杆收购（LBO）、期货、期权、互换、资产证券化等金融衍生工具的不断创新，使得金融行业，尤其是证券行业成为变化最快、最富革命性和挑战性的行业之一。这种创新在另一方面也反映了投资银行、商业银行、保险公司、信托投资公司等正在绕过分业管理体制的约束，互相侵蚀对方的业务，投资银行和商业银行混业及其全球化发展的趋势已经变得十分强大。

随着证券市场的日益繁荣，投资银行已经成为资本市场上重要的金融中介。它们不仅经营传统的证券发行承销、经纪业务，企业并购、基金管理、理财顾问、创业投资、项目融资、金融工程等业务也已经成为投资银行的核心业务。总之，投资银行已成为证券市场不可或缺的组成部分。

我国的投资银行业务是从满足证券发行与交易的需要不断发展起来的。从我国的实践看，投资银行业务最初是由商业银行来完成的，商业银行不仅是金融工具的主要发行者，也是掌管金融资产量最大的金融机构。20世纪80年代中后期，随着我国开放证券流通市场，原有商业银行的证券业务逐渐被分离出来，各地区先后成立了一大批证券公司，形成了以证券公司为主的证券市场中介机构体系。在随后的十余年里，券商逐渐成为我国投资银行业务的主体。但是，除了专业的证券公司以外，还有一大批业务范围较为宽泛的信托投资公司、金融投资公司、产权交易与经纪机构、资产管理公司、财务咨询公司等在从事投资银行的其他业务。

我国现代投资银行的业务从发展到现在只有短短数十年的时间，还存在着诸如规模过小、业务范围狭窄、缺少高素质专业人才、过度竞争等这样那样的问题。但是，我国的投资银行业正面临着有史以来最大的市场需求，随着我国经济体制改革的迅速发展和不断深化，社会经济生活中对投融资的需求会日益旺盛，这些都将为我国投资银行业的长远发展奠定坚实的基础。

金融中介：资金供需方的媒介

2008年3月，美国第五大投资银行贝尔斯登因濒临破产而被摩根大通收购近半年之后，华尔街再次爆出令人吃惊的消息：美国第三大投资银行美林证券被美国银行以近440亿美元收购，美国第四大投资银行雷曼兄弟因为收购谈判"流产"而破产。华尔街五大投行仅剩高盛集团和摩根士丹利公司。美国联邦储备局星期日深夜宣布，批准美国金融危机发生后至今幸存的最后两大投资银行高盛和摩根士丹利"变身"，转为银行控股公司。这个消息也意味着，独立投资银行在华尔街叱咤风云超过 20 年的黄金时代已宣告结束，美国金融机构正面临 20 世纪 30 年代经济大萧条以来最大规模和最彻底的重组。

金融中介机构指一个对资金供给者吸收资金，再将资金对资金需求者融通的媒介机构。通常我们所知道的商业银行、信用社和保险公司等都可以归为金融中介机构。

金融中介机构的功能主要有信用创造、清算支付、资源配置、信息提供和风险管理等几个方面。

金融中介机构可以分为三类：存款机构（银行）、契约性储蓄机构与投资中介机构。

1. 存款机构

存款机构是从个人和机构手中吸收存款和发放贷款的金融中介机构。货币银行学的研究往往特别关注这类金融机构，因为它们是货币供给的一个重要环节——货币创造过程的参与者。这些机构包括商业银行以及被称为储蓄机构的储蓄和贷款协会、互助储蓄银行和信用社。

2. 契约性储蓄机构

例如保险公司和养老基金，是在契约的基础上定期取得资金的金融中介机构。由于它们能够相当准确地预测未来年度里向受益人支付的金额，因此它们不必像存款机构那样担心资金减少。于是，相对于存款机构而言，资产的流动性对于它们并不那么重要，它们一般将资金主要投资于公司债券、股票和抵押贷款等长期证券方面。

3. 投资中介机构

这类金融中介机构包括财务公司、共同基金与货币市场共同基金。财务公司通过销售商业票据（一种短期债务工具）、发行股票或债券的形式筹集资金。它们将资金贷放给那些需要购买家具、汽车或是修缮住房的消费者以及小型企业。一些财务公司是母公司为了销售其商品而建立的。例如，福特汽车信贷公司就是向购买福特汽车的消费者提供贷款的。

金融中介实现了资金流、资源、信息三者之间的高效整合。金融中介扩大了资本的流通范围，拓展了信息沟通，减少了投资的盲目性，实现了调节供需失衡的作用。金融中介使资源配置效率化。金融中介在构造和活化金融市场的同时，进而活化整个社会经济，使整个社会的资源配置真正进入了效率化时代。金融中介的发展推动了企业组织的合理发展。金融中介的活动，把对企业经营者的监督机制从单一银行体系扩展到了社会的方方面面，使企业的经营机制获得了极大改善，提高了企业应对市场变化的能力。

在进行投资和融资的过程当中，难免会存在风险，限制性契约就是人们用来缓解道德风险的一种方式。但是，尽管限制性契约有助于缓解道德风险问题，但并不意味着能完全杜绝它的发生。制定一份能排除所有有风险的活动的契约几乎是不可能的。另外，借款者可能会十分聪明，他们能发现使得限制性契约无法生效的漏洞。

从 20 世纪 50 年代，尤其是 70 年代以来，金融机构的发展出现了大规模全方位的金融创新，同时，随着跨国公司国际投资的发展，金融中介机构也逐步向海外扩张。在这些条件的促进下，金融中介机构的发展也出现了许多新的变化。这主要表现在：金融机构在业务上不断创新，而且发展方向也趋于综合化。兼并重组成为现代金融机构整合的有效手段，这促使了大规模跨国界的金融中介机构的不断涌现，从而加速了金融机构在组织形式上的不断创新。与此同时，金融机构的经营管理也在频繁创新，但是，金融机构的风险性变得更大、技术含量要求也越来越高。

为了达成中介的功能，金融中介机构通常发行各种次级证券，例如定期存单、保险单等，以换取资金，而因为各种金融中介机构所发行的次级证券会存在很大差异，因此，经济学家便将这些差异作为对金融中介机构分类的依据。一般而言，发行货币性次级证券如存折、存单等的金融中介机构称为存款货币机构，而这些由存款货币机构发行的次级证券不但占存款货币机构负债的大部分，一般而言，也是属于货币供给的一部分；至于非存款货币机构所发行的次级证券如保险单等，则占非存款货币机构负债的一大部分，而且这些次级证券也不属于货币供给的一部分。

根据定义来看，我们可以了解到金融中介机构其实就是金融产品的设计者和交易者。如我们所知，金融中介机构，特别是银行，只要它们主要提供私人贷款，就有能力避免搭便车问题。私人贷款是不交易的，所以没有人能搭中介机构监督和执行限制性契约的便车。于是，提供私人贷款的中介机构获得了监督和执行契约的收益，它们的工作减少了潜藏于债务合约中的道德风险问题。道德风险概念为我们提供了进一步的解释，说明金融中介机构在沟通资金从储蓄者向借款者流动的过程中发挥的作用比可流通的证券更大。

导致逆向选择和道德风险问题现象的出现，主要是由金融市场当中信息的不对称引发的，这极大地影响了市场的有效运作。解决这些问题的办法主要包括：由私人生产并销售信息，政府加强管理以增加金融市场的信息，在债务合约中规定抵押品和增加借款者的净值以及进行监管和运用限制性契约，等等。经过分析，我们不难发现：在股票、债券等可流通的证券上存在着搭便车问题，表明了金融中介机构，尤其是银行在企业融资活动中应发挥比证券市场更大的作用。

信托投资公司：受人之托，代人理财

1979 年 10 月，以中国国际信托投资公司的成立为标志，揭开了新中国金融信托业发展的序幕。而在经历了推倒重来、整改和起死回生的洗礼后，信托投资公司已经成为我国金融体系中不可或缺的重要力量。但是在我国，信托投资公司的业务范围主要限于信托、投资和其他代理业务，少数确属需要的经中国人民银行批准可以兼营租赁、证券业务和发行一年以上的专项信托受益债券，用于进行有特定对象的贷款和投资，但不准办理银行存款业务。此外，信托投资公司市场准入条件还非常严格，比如信托投资公司的注册资本不得低于人民币 3 亿元，并且其设立、变更、终止的审批程序都必须按照金融主管部门的规定执行。

信托投资公司都有哪些种类？它们的发展现状又如何呢？

信托投资公司是这样一种金融机构：它以受托人的身份代人理财；它的主要业务包括经营资金和财产委托、代理资产保管、金融租赁、经济咨询、证券发行以及投资等。信托投资公司与银行信贷、保险并称为现代金融业的三大支柱。

我国信托投资公司主要是根据国务院关于进一步清理整顿金融性公司的要求建立的。信托业务一律采取委托人和受托人签订信托契约的方式进行，信托投资公司受委托管理和运用信托资金、财产，只能收取手续费，费率由中国人民银行会同有关部门制定。

信托投资公司与其他金融机构无论是在其营业范围、经营手段、功能作用等各个方面都有着诸多的联系，同时也存在明显的差异。从我国信托业产生和发展的历程来看，信托投资公司与商业银行有着密切的联系和渊源。在很多西方国家由于实行混业经营的金融体制，其信托业务大都涵盖在银行业之中，同时又严格区分。在此以商业银行为例，与信托投资公司加以比较，其主要区别体现在以下方面：

其一，经济关系不同。信托体现的是委托人、受托人、受益人之间多边的信用关系；银行业务则多属于与存款人或贷款人之间发生的双边信用关系。

其二，基本职能不同。信托的基本职能是财产事务管理职能，侧重于理财；银行业务的基本职能是融通资金。

其三，业务范围不同。信托业务是集"融资"与"融物"于一体，除信托存贷款外，还有许多其他业务，范围较广；银行业务则是以吸收存款和发放贷款为主，主要是融通资金，范围较小。

其四，融资方式不同。信托机构作为受托人代替委托人充当直接筹资和融资的主体，起直接融资作用；银行则是信用中介，把社会闲置资金或暂时不用的资金集中起来，转交给贷款人，起间接融资的作用。

其五，承担风险不同。信托一般按委托人的意图经营管理信托财产，在受托人无过失的情况下，一般由委托人承担；银行则是根据国家金融政策、制度办理业务，自主经营，因而银行承担整个存贷资金运营风险。

其六，收益获取方式不同。信托收益是按实绩原则获得，即信托财产的损益根据受托人经营的实际结果来计算；银行的收益则是按银行规定的利率计算利息，按提供的服务手续费来确定的。

其七，收益对象不同。信托的经营收益归信托受益人所有；银行的经营收益归银行本身所有。

其八，意旨的主体不同。信托业务意旨的主体是委托人，在整个信托业务中，委托人占主动地位，受托人受委托人意旨的制约；银行业务的意旨主体是银行自身，银行自主发放贷款，不受存款人和借款人制约。

当我们说起信托投资公司的时候，就不得不提到它的四个类型，或者说四个阶段：

第一种是起步期信托投资公司。顾名思义，起步期信托投资公司就是指信托业务刚刚起步，业务经验积累不足，资产规模较小，信托产品品种不多的信托投资公司。这类信托投资公司刚刚起家，业务上还是以模仿为主。它们的信托产品多为集合资金信托，投资领域也多集中在股东和原来固定客户方向。这类公司需要在模仿中逐渐积累业务经验，挖掘自身优势，培养核心竞争力，形成在某一行业、某一领域的业务优势。

第二种是成长期信托投资公司。从这里开始就算是转入正轨了，这个时期的信托投资公司经过一段时间的发展，积累了一定的经营经验，有一定客户基础。拥有中等的资产规模，业务模式不断成熟，逐渐形成具有竞争力的优势业务领域。成长期的信托投资公司一般积极探索信托业务创新，能够根据自身优势寻找优质项目资源，设计盈利能力显著的信托产品，而且这类信托投资公司一般注重市场形象，在市场中频频亮相，具有很强的发展前景。信托业务品种不仅限于集合资金信托，还尝试涉足其他相关熟悉领域的投资等业务。

第三种是成熟期信托投资公司。成熟期信托投资公司业务经验丰富，资产规模雄厚，经营效益好，并在某一行业或领域形成自己的优势产品，有自己的核心盈利模式，具有很强的竞争实力。成熟期信托投资公司能为客户提供富有特色的金融产品和服务，具有稳定而忠诚的客户群。这是一种非常理想的状态，但还是要在业务领域继续创新探索，或者支援筹备公司上市，或者寻求与国际著名金融机构的战略合作，谋求更大发展。

第四种是高峰期信托公司。高峰期信托投资公司是指在信托市场中占据主导地位，被公认为市场领袖，占有极大的市场份额，业务领域全面，资金实力和业务能力均很突出。它们在市场上从多个方面表现出资产规模最大、经营品种最多、信托产品创新迅速以及业务范围广泛等特点。

信托投资公司的终极目标就是让信托产品覆盖面广，业务门类齐全，把信托投资公司办成一个大型的金融超市。同时整合自身资源，扩大自身实力，使信托投资公司真正成为全能银行。目前我国的信托投资公司还需要扩大自身影响力，要有全球化的国际营销视野，这样才能发展得又快又好！

证券交易所：证券买卖的场所

我国很早就出现过证券交易所。上海最初的证券交易，经纪人大都另营他业，证券买卖只是副业，还没有达到专业化的程度。当时并没有巍峨的大厦和完善的设备，人们就在熙熙攘攘的茶馆里喝茶议价，进行交易。

辛亥革命后，证券市场发展很快。1934 年，上海证券交易所建成八层大楼，内部布置富丽堂皇。开幕那天，政府要员、社会名流与实业界巨子纷纷前来捧场道贺，盛况空前。在证券大楼底层，中间排列着九只交易柜。两旁的走廊里，装有许多部电话，直通各家证券号，证券行情就靠它传播出去。每只交易柜，兼做三四种不同的股票。当你打算买进或卖出股票的时候，自己不能直接进场，必须委托经纪人代为买卖，经纪人即在该种股票指定的交易柜上伸手叫价，买进手掌向内，卖出手掌向外。如另一经纪人觉得合意亦伸手表示，双方合意就拍板成交。每一笔买卖，无论成交数额大小，场务员都立即将成交价格照录于行市板上。同时，各证券号的电话员，立即利用对讲电话，通知各自的证券号，股票的行情就是这样形成的。

对于证券交易所大家都不陌生，但是说起证券交易所的业务、种类、功能，你又能说出来多少呢？

证券公司是从事证券经营业务的有限责任公司或者股份有限公司。它是非银行金融机构的一种，是从事证券经营业务的法定组织形式，是专门从事有价证券买卖的法人企业。

证券公司可分为证券经营公司和证券登记公司两大类。具体从证券经营公司的功能分，又可分为证券经纪商、证券自营商和证券承销商。证券经纪商，即证券经纪公司，是代理买卖证券的证券机构，接受投资人委托、代为买卖证券，并收取一定手续费，即佣金，如江海证券经纪公司；证券自营商，即综合型证券公司，除了证券经纪公司的权限外，还可以自行买卖证券的证券机构，它们资金雄厚，可直接进入交易所为自己买卖股票。如国泰君安证券；证券承销商，以包销或代销形式帮助发行人发售证券的机构。实际上，许多证券公司是兼营这三种业务的。按照各国现行的做法，证券交易所的会员公司均可在交易市场进行自营买卖，但专门以自营买卖为主的证券公司为数极少。

证券公司的业务有：一是证券承销业务。证券承销是证券公司代理证券发行人发行证券的行为。证券承销的方式分代销和包销两种。证券代销是指证券公司代发行人发售证券，在承销期结束时，将未售出的证券全部退还给发行人的承销方式。证券包销是指证券公司将发行人的证券按照协议全部购入或者在承销期结束时，将售后剩余证券全部自行购入的承销方式；二是证券经纪业务。证券经纪是证券公司接受投资者委托，代理其买卖证券的行为。

公司制证券交易所是以营利为目的，提供交易场所和服务人员，以便利证券商的交易与交割的证券交易所。从股票交易实践中可以看出，这种证券交易需要收取发行公司的上市费与证券成交的佣金，其主要收入来自买卖成交额的一定比例。而且，经营这种交易所的人员不能参与证券买卖，从而在一定程度上可以保证交易的公平。

证券交易所的竞争非常激烈，事实上，它的合并与整合在20世纪始终没有停止过。证券市场发展历史悠久的国家大都有许多家证券交易所：英国成立了20多家证券交易所、美国超过100家、意大利10多家、法国7家、澳大利亚6家，后来有些交易所在竞争中退出或被合并。证券交易所合并的原因很多，有的是由于新技术的应用，打破了证券交易的地域限制，使证券交易所过剩而合并；有的是由于证券交易所在同行业的激烈竞争处于劣势而被兼并；有的是因为股市泡沫破灭，交易所业务规模缩减而合并。例如，19世纪末20世纪初电报技术的广泛应用，打破了交易所的地域限制，使美国证券交易所大量过剩而被合并；日本交易所一度因为战争而被迫关闭；香港20世纪70年代为了加强监管、防范金融风险，将原有4家证券交易所合并为1家。在20世纪70年代前各国的证券交易所都减少到一个相对合理的水平。

证券交易所到底对证券交易起到了什么样的作用呢？

证券交易所是规则的监察者。公平的交易规则才能达成公平的交易结果。交易规则主要包括上市退市规则、报价竞价规则、信息披露规则以及交割结算规则等，而证券交易所就要负起规范市场的责任。

证券交易所还要维护交易秩序。任何交易规则都不可能十分完善，并且交易规则也不一定能得到有效执行。因此，交易所的一大功能便是监管各种违反公平原则及交易规则的行为，使交易公平有序地进行。

此外，证券交易所还必须提供交易信息。证券交易依靠的是信息，包括上市公司的信息和证券交易信息。交易所对上市公司信息的提供负有督促和适当审查的责任，对交易行情负有即时公布的义务。

值得一提的是，证券交易所往往存在这样或那样的问题、弊端，也会给金融秩序带来负面影响。

比如扰乱金融价格。由于证券交易所中很大一部分交易仅是转卖和买回，因此，在证券交易所中，证券买卖周转量很大，但是，实际交割并不大。而且，由于这类交易其实并非代表真实金融资产的买卖，其供求形式在很大程度上不能反映实际情况，有可能在一定程度上扰乱金融价格，从事不正当交易。从事不正当交易主要包括从事相配交易、虚抛交易和搭伙交易，操纵价格。一旦目的达成后，搭伙者即告解散。

还有内幕人士操纵股市的情况发生。由于各公司的管理大权均掌握在大股东手中，所以这些人有可能通过散布公司的盈利、发放红利及扩展计划、收购、合并等消息操纵公司股票的价格或者直接利用内幕消息牟利，如在公司宣布有利于公司股票价格上升的消息之前先暗中买入，等宣布时高价抛出；若公司将宣布不利消息，则在宣布之前暗中抛出，宣布之后再以低价买入。

更甚者还有股票经纪商和交易所工作人员作弊。侵占交易佣金、虚报市价、擅自进行买卖从而以客户的资金为自己牟利或者虚报客户违约情况从而赚取交易赔偿金。交易所工作人员的作弊方式可能有：自身在暗中非法进行股票买卖、同时与股票经纪商串通作弊或同股票经纪商秘密地共同从事股票交易。

以上情况都是客观存在的，但是随着股市发展，市场规范的逐步完善，这种情况相信也会越来越少。

第八章

被称为"银行的银行"

——关于中央银行的财经常识

货币政策在一个国家和另一个国家,在一个时期和另一个时期,它传导的有效性是不一样的,中央银行制定的是一些大的政策,但是它要通过商业银行,通过金融机构,通过企业,反映到整体经济中去,这种传导是否顺畅,是影响货币政策效果的重要因素。

——周小川

中央银行与货币发行

中央银行的产生是有其深厚的历史经济背景的。18世纪初,西方国家开始了工业革命,社会生产力的快速发展和商品经济的迅速扩大,促使货币经营业越来越普遍,而且日益有利可图,由此产生了对货币财富进行控制的欲望。

而资本主义经济自身的固有矛盾必然导致连续不断的经济危机。面对当时状况,资产阶级政府开始从货币制度上寻找原因,企图通过发行银行券来控制、避免和挽救频繁的经济危机。另一方面。资本主义产业革命促使生产力空前提高,生产力的提高又促使资本主义银行信用业蓬勃发展。主要表现在:一是银行经营机构不断增加;二是银行业逐步走向联合、集中和垄断。

清代有没有中央银行呢?1897年5月27日成立的中国通商银行,清政府授予其发行纸币特权。1904年3月14日清政府开始计议设立大清户部银行,1905年8月在北京成立户部银行,制定章程32条,授予户部银行铸造货币、代理国库、发行纸币之特权。这是中国最早的中央银行,发行的纸币实为银两兑换券。1908年户部银行改名大清银行,发行的纸币同户部银行相差无几。清末钱庄、银钱店、官银局都发行纸币,有银两票、银元票、钱票三种。都以当时银价定值,缴纳钱粮赋税均可通用,谁家发行由谁家负责兑现。既未规定发行限额,也未建立发行准备制度。1909年6月清政府颁布《兑换纸币则例》明确规定纸币发行权属于清政府,一切发行兑换事务统归大清银行办理,所有官商钱行号,一概不准擅自发行纸币。

所以我们可以看到中央银行的一个特征:货币发行垄断权。那么中央银行是怎样发行货币,怎样维持币值稳定的,人民币的发行程序又是怎样的呢?

钞票是大家再熟悉不过的东西,但您是否知道它们的来历?随意拿几张人民币,你会发现它们上面都印着"中国人民银行"的字样。世界上的其他许多地方也是如此:欧元钞票上印着"欧洲中央银行",日元钞票上印着"日本银行"。钞票由中央银行独家印制和发行,这在许多国家都是如此。为什么会这样呢?

其实中央银行并不是一开始就垄断发行货币的权力的。300多年前,流通中的钞票是由一些商业银行发行的,称之为银行券。这是一种信用货币,如果发钞银行倒闭了,它发行的钞票就变成一张废纸,买不来任何东西。这种情况的弊症是显而易见的。19世纪的美国,有1600多家银行竞相发行钞票,一时间竟有3万多种钞票进入市场流通。市场十分混乱,很多钞票根本就无法兑现,在无形中劫掠了平民百姓的财富。混乱的货币秩序让许多国家吃了苦头，它们意识到，需要由一家银行垄断货币的发行。于是，许多国家纷纷通过法令将发行货币的特权集中到本国的一家银行，而这家银行在运行的过程中逐渐担负起了实施货币政策的功能。

在早期，许多国家成立中央银行的初衷却是为政府筹款，帮助政府理财，这使中央银行在一开始就与政府建立了十分密切的联系。再加上发行货币的垄断性特权，这一家银行的实力和信誉就远远超过了同时代的其他银行。于是开始承担起监督管理银行系统，保证经济稳健运行的职责，针对经济发展中的问题，它利用手中的工具调控国家的经济。至此，中央银行由此逐渐演变形成。

中央银行是一国最高的货币金融管理机构，在各国金融体系中居于主导地位。中央银行的主要业务有：货币发行、集中存款准备金、贷款、再贴现、证券、黄金占款和外汇占款、为商业银行和其他金融机构办理资金的划拨清算和资金转移的业务等。现代中央银行的鼻祖是英格兰银行，它使中央银行成为一种普遍的制度，是从 1920 年开始的。布鲁塞尔国际经济会议决定，凡未成立中央银行的国家，应尽快成立，以稳定国际金融，消除混乱局面。

中央银行发行一国货币，币值的稳定与否是一国经济是否健康的一个重要指标。如果一国货币在升值的话，就说明该国的经济好了。如果大家都认可你都来要你的货币的时候，你的货币就会升值；如果大家都不相信你，都去抛出你的货币，当然你的货币就要贬值。所以货币标志着一个国家的经济实力，它是一种信心的象征，人们愿意要这种货币是因为它的足值和稳定。如果市场上的货币太多，物价自然就会上涨。

那么，如何防范中央银行滥发纸币呢？各国的货币发行制度因国情不同而内容各异，最核心的是设置发行准备金原则的区别。发行准备金一般分为两种。一种是现金准备，包括有十足货币价值的金银条块、金银币和可直接用于对国外进行货币清算的外汇结存。另一种是保证准备（又称信用担保），即以政府债券、财政短期库券、短期商业票据及其他有高度变现

能力的资产作为发行担保。从历史上看,货币发行准备金制度有过五种基本类型:

十足现金准备制又称单纯准备制,即发行的兑换券、银行券要有十足的现金准备,发行的纸质货币面值要同金银等现金的价值等值,实际上这种纸质货币只是金属货币的直接代用品,只是为了便于流通。这种制度仅在金属货币时代适用。

部分准备制又称部分信用发行制、发行额直接限定制、最高保证准备制。部分准备制最先在英国出现,其要点是由国家规定银行券信用发行的最高限额,超过部分须有百分之百的现金准备,随着发行权的集中,这种限额可以在一定限度内增加。

发行额间接限制制包括:证券托存制,即以国家有价证券作为发行保证,在这种制度下,国家公债是银行券发行的保证,如1863年美国的《国民银行条例》;伸缩限制制,即国家规定信用发行限额,经政府批准的超额发行须缴纳一定的发行税,1875年德国曾采用此制。

比例准备制,即规定纸币发行额须有一定比例的现金准备,如1913年美国的《联邦储备法》。

最高限额发行制又称法定最高限额发行制,即以法律规定或调整银行券发行的最高限额,实际发行额和现金准备比率由中央银行掌握。法国自1870年起采用这一制度。

中央银行通过以上发行准备金制度的实行,就可以在最大程度上保证无法滥发纸币,进而维持币值的稳定。

中央银行的独立性

中央银行制度已经成为人类社会的基本经济制度之一。但在其演变发展过程的不同时期以及同一时期的不同国家,中央银行体制却存在明显的差异。从历史的角度来看，中央银行体制的总体变化趋势反映了其制度变迁的规律性；从国别的角度来看，中央银行体制的差异则反映了各国的经济、政治和文化特色，也是各国基本经济制度差异的一个重要方面。

很多西方国家的中央银行法都明确赋予中央银行以法定职责，或赋予中央银行在制定或执行货币政策方面享有相当的独立性。如《德意志联邦银行法》中规定，"德意志联邦银行为了完成本身使命，必须支持政府的一般经济政策，在执行本法授予的权势，不受政府指示的干涉"。联邦银行的权力是非常广泛的。在贴现、准备金政策、公开市场政策等方面，联邦银行都可以独立地做出决定；《日本银行法》中，曾多次提到日本银行要受主管大臣的监督。并规定，"主管大臣认为日本银行在完成任务上有特殊必要时，可以命令日本银行办理必要业务或变更条款或其他必要事项"。这些规定与前述日本银行的隶属关系是一致的。在独立性方面，日本银行小于德意志联邦银行。

央行独立性的发展趋势是趋于归政府所有。目前很多西方国家的中央银行资本归国家所有，其中主要是英国、法国（以上两国的中央银行都是在第二次世界大战后收归国有的）、加拿大、澳大利亚、荷兰、挪威、印度等国。有些国家中央银行的股本是公私合有的，如日本、比利时、奥地利、墨西哥和土耳其等国。另外一些国家的中央银行虽然归政府管辖，但资本仍归个人所有，如美国和意大利等国。凡允许私人持有中央银行股份的，一般都对私人股权规定一些限制。例如日本银行的私人持股者只领取一定的红利，不享有其他的权利。意大利只允许某些银行和机关持有意大利银行的股票，美国联邦储备银行的股票只能由会员银行持有。中央银行资本逐渐趋于国有化或对私人股份加以严格的限制主要是出于以下的考虑，即中央银行主要是为国家政策服务的，不能允许私人利益在中央银行中占有任何特殊的地位。

从世界范围来看，目前主要有四种央行独立性模式。

第一，美国模式，直接对国会负责，有较强的独立性。美国 1913 年《联邦储备法》建立的联邦储备系统行使制定货币政策和实施金融监管的双重职能。美联储（FED）实际拥有不受国会约束的自由裁量权，成为立法、司法、行政之外的"第四部门"。

第二，英国模式，名义上隶属财政部，有相对独立性。尽管法律上英格兰银行隶属于财政部，但实践中财政部一般尊重英格兰银行的决定，英格兰银行也主动寻求财政部支持而相互配合。1997 年英格兰银行事实上的独立地位向第一种模式转化。

第三，日本模式，隶属财政部，独立性较小。大藏大臣对日本银行享有业务指令权、监督命令权、官员任命权以及具体业务操作监督权，但是1998 年 4 月日本国会通过了修正《日本银行法》以法律形式确认中央银行的独立地位，实现向第一种模式转化。

第四，中国模式，隶属于政府，与财政部并列。《中华人民共和国中国人民银行法》规定："中国人民银行是中华人民共和国的中央银行。中国人民银行在国务院领导下，制定和执行货币政策，对金融业实施监督管理。"

当代世界范围的中央银行体制变革集中表现为三大趋势：更强的独立性、更高的透明度以及金融监管职能从中央银行分离。这些趋势的形成首先得到了理论上的支持。增强中央银行的独立性主要基于"时间不一致性"理论、政治性经济周期理论的发展完善；金融监管职能从中央银行分离主要依据利益冲突说、道德风险说、成本—效率说等理论。然而上述理论存在许多争议，批评和质疑的观点也相当尖锐。因此，还必须从历史发展的轨迹当中寻找其形成的现实基础。

世界上对于央行独立性的争论从来没有停止过，一方面支持独立性的人们认为：支持美联储独立性的最强有力的理由是，如果中央银行受制于更多的政治压力，就会导致货币政策出现通货膨胀倾向。根据很多观察家的观点，民主社会的政治家受赢得下次选举的目标驱动，通常是短视的。如果将此作为主要目标，这些人就不可能重视物价稳定等长期目标，而是寻求短期内解决高失业率或高利率等问题的方案，这些方案在长期来看会导致不利的后果。将美联储置于总统的控制之下（使其受到财政部更大的影响）被认为是相当危险的。因为美联储会被财政部当作弥补巨额预算赤字的工具，要求其购买更多的国债。财政部要求美联储帮助解除困境的压力可能会导致经济中出现更严重的通货膨胀倾向。

支持中央银行独立性的另外一个理由是，事实已经反复证明，政治家缺乏解决复杂经济事务（如削减预算赤字或改革银行体系）的才能，而货币政策又如此重要，当然不能交给政治家。

另一方面，央行独立性的反对者认为：由一批不对任何人负责的精英分子控制货币政策（它几乎影响到经济社会中的每个人）是不民主的。公众认为总统和国会应当对国家的经济福利负责，但他们却对决定经济健康运行至关重要的某个政府机构缺乏控制。另外，为了保持政策连续性，促进经济稳定增长，货币政策需要和财政政策（对政府支出和税收的管理）相互协调，只有将货币政策交由管理财政政策的政治家控制，才能防止这两种政策背道而驰。

但是，从历史发展的角度来看，维护中央银行独立性是当今世界的一大趋势，《中华人民共和国中国人民银行法》以法律形式明确规定了中国人民银行的法律地位，即"中国人民银行是中华人民共和国的中央银行""中国人民银行在国务院领导下，制定和执行货币政策，对金融业实施监督管理"。这些规定确立了其具有相对独立性。

世界各国中央银行体制纷纷进行改革和调整的时期，也正是中国经济对外开放不断扩大与加深的时期，因此世界趋势对中国的影响相当明显，这种影响往往通过制度移植得以实现。中国人民银行自1984年专门履行中央银行职能以来，其独立性、透明度不断改进，金融监管职能也已基本分离出去。然而作为一个新兴的转轨国家，追随世界潮流的同时也带来了一些问题，突出表现为实际独立性增强的同时未能相应提高透明度与责任性，这种条件下的监管职能分离又为金融稳定留下隐患。

当前中国人民银行体制需要解决的突出问题集中在下述三个方面：其一是货币政策决策体制，应当适当借鉴发达国家经验，建立一整套包括决策中枢、决策咨询和决策信息在内的货币政策决策系统，其中最为关键的是完善我国的货币政策委员会制度；其二是组织管理体制，特别是分支机构的改革要适应独立性、透明度的要求，金融监管职能分离以后，大区分行的功能定位应转向金融稳定和货币政策调查研究；其三是与金融监管机构的协调机制，在充分、全面地认识国际上中央银行体制与金融监管体制发展共性特征的基础上，可以看出中国人民银行分离监管职能并非金融体系结构变化的要求，而主要是出于利益冲突的考虑以及对此前分支机构超前改革的适当调整。

有鉴于此，建立一个由国务院牵头、以中国人民银行为主导的金融稳定委员会，可能是一条切实可行的正确途径，而现有的三家金融监管部门未来整合为单一的综合性监管机构，将是必然的选择。

美联储成立的秘密

美联储，是"美国联邦储备银行"的简称，美联储是由美国国会在通过《欧文－格拉斯法案》的基础上建立的，由伍德罗·威尔逊总统于1913年12月23日签字，美国国会通过《联邦储备条例》，美联储成立。

该条例赋予美联储很高的独立性，规定美联储直接对国会负责。禁止美联储向财政透支或直接购买政府债券；美联储完全不依赖于财政拨款，能够拒绝审计总署的审计。此外，所有联邦储备体系理事会成员任期14年，不仅任期超过总统，而且还存在与所提名总统交错任职的情况，从而避免了总统直接操纵的可能。因此，美联储是世界上公认的独立性较高的中央银行。

在美国，联邦储备体系（简称美联储）承担着中央银行的职能，对美国乃至全球经济有着重要的影响力。那么美联储到底是怎样一个机构呢？

20 世纪初的时候，美国还没有中央银行，那时美国的商业银行经常出现支付危机。因为银行把钱都贷出去了，当储户来取钱的时候，它们没钱支付。一家银行如果没有钱的话，风声一旦传出，其他银行的门前就会排起长队，大家都去提款。因为所有的人都害怕明天取不出钱来了，如果大家都去取，钱就真的取不出来了，这就是挤兑。说起中央银行，并不是说自从有了从事存贷款业务的商业银行那天起就同时有了中央银行。中央银行的出现有一个过程，也是有原因的。

1907 年，美国经济出现了一些问题，大公司一个接一个倒闭。西奥多·罗斯福总统命人赶快去请金融巨头摩根，让他出面请求银行家们合作。摩根立刻把所有的银行家请到自己的私人图书馆里，让他们商量该怎么办。然后他出去，把门锁上，自己到另一间房子里，坐在桌前悠闲地玩纸牌，等待着谈话的结果。这些银行家一整夜都在那儿谈，究竟怎样才能解救这场危机。大家知道，当企业要倒闭时，银行是不愿借钱给企业的。越没有钱，企业倒得就越快。如果银行见死不救的话，经济就会呈现连锁反应，整个经济就会崩溃，他们自身也会遭殃。于是这些银行家争来争去，有人说出 500 万美元，有人说 1000 万美元。

最后快到天亮的时候，摩根推门进去说："这是合约，这是笔，大家签字吧！"他拿出早已让别人起草好的合约，让银行家们签字。这些筋疲力尽的银行家拿起笔在合约上签了字，同意出 2500 万美元去解救这场危机。几天后，美国经济就恢复了。

故事中，摩根一个人充当了中央银行的角色，美国的经济是在没有央行的情况下运行的。缺少了央行，就无法动用适当的货币政策调节经济，并且，没有了最后的贷款人，金融系统也更容易出问题。试想一下，如果世界各国缺少了央行，到了 1907 年，蔓延的危机把美国的金融系统推向了崩溃的边缘。好在当时的金融巨头摩根及时出手，凭借一人之力，扮演了央行的角色，挽救了整个系统。

现在有一种观点：美国的中央银行美联储其实是一家私人的银行。这确实是一个惊人的内幕，一家私人机构拥有货币发行权，这对金融市场乃至全球金融市场意味着什么？美联储与华尔街巨头之间是怎样的关系？有没有什么幕后不为人知的秘密？

经过次贷危机，美联储的曝光率越来越高，谈论它的人也越来越多，而关于美联储是一家私人机构的说法也甚嚣尘上。人们说：美联储，被认为是与市场实现了完美互动，并被奉为中央银行的"标杆"。然而在这光鲜的背后，美联储在本质上却是一家私有的机构。

不管怎么说，这样的事实是无法否认的：美联储是股份公司，而拥有股份的并不是美国政府，政府只是拥有美联储理事的提名和任命权。而因此引起的种种问题也让人难以回答：

其一，我们知道货币发行权属于一国央行所有，而美国宪法明确规定国会拥有货币发行权，那么现在改由私有的美联储来执行货币发行权，是否在本质上符合美国宪法？这个问题的争论曾经导致第一、二合众国银行被关闭，这意味着这种讨论不是没有价值。

其二，在美元本位之下，美联储不仅是美国的央行，甚至还是全世界的央行，但没有任何国际机构对美联储的行为进行监管，私有本质对美联储在全球金融市场上发挥作用是否起到了很大的影响。由此我们需要进一步来分析中央银行与政府之间的关系：

中央银行应对政府保持一定的独立性。中央银行的独立性表现在制定政策方面，除了有权制定货币政策外，它可以从证券资产中，或者至少从其对银行的贷款中，获得客观的、独立的收入来源，不必受制于国会控制的拨款。

中央银行对政府的独立性是相对的。各国中央银行应力求与政府（特别是财政部）保持密切合作，因为国家的经济政策（包括财政政策）和货币政策是不可分割的。美联储结构的法律也是由国会颁布的，并且可以随时调整。因此，美联储仍然要受到国会影响，过分地强调独立性，容易与政府关系不协调。

有经济学家指出，央行和政府之间的界限越来越模糊，通货膨胀虽然是政府最不能抗拒的事情，但央行失去独立性以及和政府之间的清晰界限对国民经济来说，将更加危险。一方面，如果美联储受制于更多政治压力，就会被财政部当作弥补巨额预算赤字的工具，会导致经济中出现严重的通货膨胀倾向，因此独立的美联储更能够有力地抵制来自财政部的压力；另一方面，政治家缺乏解决复杂经济事务的才能，如此重要的货币政策不应该交由政治家来解决。事实上，独立的央行体系可能推行政治上不受欢迎但符合公共利益的政策。因此，近年来，加强中央银行的独立性已成为全球的一种共识和趋势。

厘清美联储到底是国有还是私有的问题并非无关紧要，毕竟现在我们正处于国际金融体系的调整期，明确美联储的私有性质，明确美国货币发行的本质将有助于我们认清国际金融市场的本质，以及国际金融体系的前进方向。

中央银行与政府间的界限

1963 年 6 月 4 日，美国总统肯尼迪签署了一份鲜为人知的 1110 号总统令，命令美国财政部"以财政部所拥有的任何形式的白银，包括银锭、银币和标准白银美元银币作为支撑，发行白银券"，并立刻进入流通。

如果这个计划得以实施，那么将使美国政府逐渐摆脱当时必须从"美联储"借钱，并支付高昂利息的窘迫境地。"白银券"的流通将逐渐降低美联储发行的"美元"的流通度，很可能最终迫使美联储银行破产。美联储作为私有的中央银行，它的背后是国际财团的强大支撑。肯尼迪此举无疑为自己带来了危险。

1963 年 11 月 22 日，肯尼迪总统在德克萨斯州的达拉斯市遇刺身亡。

分析人士从许多迹象中得出，这份关系到美联储货币发行权的总统 1110 号令很可能就是为肯尼迪带来杀身之祸的直接原因。

货币发行权是央行最基本的权力。保住央行的货币发行权，也是为了保住央行的独立性以及在经济中的地位。如果失去货币发行权，美联储将失去中央银行的地位，也意味着失去影响、控制美国经济的权力。美联储作为一个私有的中央银行，自有历史以来就与美国政府保持着距离，这使得它的独立性得到了极大地发挥。美联储对于美国经济的作用是不言而喻的，也正因如此，美国历史上从来不缺少捍卫美联储的斗士。

1996 年，美国民主党参议员萨巴尼斯曾经提出一个"馊主意"，遭到经济学家一致唾骂。他提出应该剥夺地区联邦储备银行总裁在联邦公开委员会中的投票权。民主党另一众议员冈萨雷斯则补充提出，地区联邦储备银行总裁由总统任命并由参议院确认。这两个建议受到经济学家一致抨击。当时，被认为有可能接替格林斯潘美联储主席职位的著名经济学家马丁·费尔德斯坦对此著文疾呼"不要踩在美联储的头上"。

为什么"不要踩在美联储的头上"？因为全地球的人都知道，美国经济的成功在很大程度上得益于美联储的货币政策。货币政策的正确又依赖于美联储决策的独立性。美联储的 7 位高层主席由总统任命并经参议院确认，美联储的货币政策决策者为联邦公开市场委员会，其成员包括美联储 7 位理事和 12 个地区联邦储备银行的总裁。这些总裁中有 5 位有投票权，除纽约联邦储备银行总裁总有投票权外，其他总裁轮流享有投票权，地区联邦储备银行总裁由这些银行的理事会选出，不对政府负责，这些总裁来自美联储的雇员，许多人支持稳健的货币政策目标。这种人事任命和决策制度是美联储和货币政策独立性的制度保证。而这两位议员的提议正是要削弱美联储的独立性，理所当然地引起了费尔德斯坦的愤怒和经济学家一致反对。

美联储的独立性保证了在做出货币政策决策时可以摆脱来自政府或议会的政治压力。作为政治家的总统和议员，其行为目标是连选连任，这就要迎合选民的意见，选民往往是目光短浅的，只看眼前的经济繁荣，而很少想到这种繁荣在未来引起的通货膨胀压力。因此，他们通常都喜欢能刺激经济的低利率政策，而不喜欢提高利率。就总统而言，大选前的经济繁荣、失业率低对他连选连任是有利的。因此，在大选前会选择刺激经济的政策，当选后又会实行紧缩，以遏制通货膨胀。这就是说，当包括货币政策在内的经济政策为政治服务时，政策本身有可能成为经济不稳定的根源之一。

随着历史的发展，美联储作为中央银行的地位日趋稳固，它越来越倾向于扮演调节经济稳定的角色。在美联储独立性保卫战中，人们看到了保持央行独立性的重要性。中央银行独立性是指中央银行履行自身职责时法律赋予或实际拥有的权力、决策与行动的自主程度。

中央银行是一国金融体系的核心，不论是某家大商业银行逐步发展演变成为中央银行，比如英国，还是政府出面直接组建成立中央银行，比如美联储，都具有"发行的银行""银行的银行""政府的银行"三个特性。各个国家的中央银行的产生是为了解决商业银行所不能解决的问题。中央银行独立性，一般就是指中央银行在履行制定与实施货币职能时的自主性。费雪把中央银行独立性划分为目标的独立性与手段的独立性两个方面。

央行的独立性意味着货币政策不受其他政府部门的影响、指挥或控制。从广义上看，央行的独立性包含两层含义：一是中央银行目标的独立性，即央行可以自行决定货币政策的最终目标；二是央行政策工具的独立性，即央行可以自行运用货币政策工具。

央行独立性的程度既依赖于一系列可观察的因素，如法律差异，又依赖于某些不可观察的因素，如其他政府部门的非正式的安排等。

因此，要保证央行政策的独立性，需要做到以下几点：

其一，前提是央行对货币政策具有最终决策权。

其二，货币政策委员会成员具有较长的任期，而且重新任命的机会有限，这是央行顺利实施操作独立性的有效保证。

其三，将央行排除在政府工作分配之外，可以确保货币政策操作的独立性。

其四，确保央行不直接参与国债成交。

提倡央行政策的独立性目的是要使央行从短期、短视的政治压力下解放出来。独立性有助于提高央行实现价格稳定的可靠性及其他好处。

设法维护金融稳定

世界银行的研究表明，自20世纪70年代以来，共有93个国家先后爆发117起系统性银行危机，还有45个国家发生了51起局部性银行危机。促进金融稳定日益成为各国中央银行的核心职能。而我国在加入世界贸易组织以后，金融体系面临巨大的挑战和新的风险，维护金融稳定已经成为促进经济增长的关键因素，是国民经济健康稳定发展和社会长治久安的保障。

金融是现代经济的核心，金融市场一旦出现动荡，整个经济和社会都会大受影响。在历史上，股灾、银行倒闭、金融危机屡见不鲜，而金融危机的后果往往是经济发展停滞和社会动荡。历史的惨痛教训，值得人们深思。

金融稳定是指一种状态，即一个国家的整个金融体系不出现大的波动，金融作为资金媒介的功能得以有效发挥，金融业本身也能保持稳定、有序、协调发展，但并不是说任何金融机构都不会倒闭。"金融稳定"一词，目前在我国的理论、实务界尚无严格的定义。西方国家的学者对此也无统一、准确的理解和概括，较多地是从"金融不稳定""金融脆弱"等方面来展开对金融稳定及其重要性的分析。

金融稳定是一个具有丰富内涵、动态的概念，它反映的是一种金融运行的状态，体现了资源配置不断优化的要求，服务于金融发展的根本目标。

具体而言，金融稳定具有以下内涵：

1. 金融稳定具有全局性

中央银行应立足于维护整个宏观金融体系的稳定，在密切关注银行业运行态势的同时，将证券、保险等领域的动态及风险纳入视野，重视关键性金融机构及市场的运营状况，注意监测和防范金融风险的跨市场、跨机构乃至跨国境的传递，及时采取有力措施处置可能酿成全局性、系统性风险的不良金融机构，保持金融系统的整体稳定。

2. 金融稳定具有动态性

金融稳定是一个动态、不断发展的概念，其标准和内涵随着经济金融的发展而发生相应的改变，并非是一成不变而固化的金融运行状态。健康的金融机构、稳定的金融市场、充分的监管框架和高效的支付清算体系的内部及其相互之间会进行策略、结构和机制等方面的调整及其互动博弈，形成一种调节和控制系统性金融风险的整体的流动性制度架构，以适应不断发展变化的金融形势。

3. 金融稳定具有效益性

金融稳定不是静止的、欠缺福利改进的运行状态，而是增进效益下的稳定。一国金融体系的稳定，要着眼于促进储蓄向投资转化效率的提升，改进和完善资源在全社会范围内的优化配置。建立在效率不断提升、资源优化配置和抵御风险能力增强等基础上的金融稳定，有助于构建具有可持续性、较强竞争力和良好经济效益的金融体系。

4. 金融稳定具有综合性

金融稳定作为金融运行的一种状态，需要采取不同的政策措施及方式（包括货币政策和金融监管的手段等）作用或影响金融机构、市场和实体经济才能实现，从而在客观上要求对金融稳定实施的手段或政策工具兼具综合性的整体考量。

中央银行承担着维护金融稳定的重要职责，为了实现这一目标，中央银行建立了一套完备的制度。维护金融乃至社会稳定，最重要的是防患于未然。中央银行也正是这么做的，它平时就在密切注视着金融市场的运行，尽早发现隐患，尽可能地采取有效措施迅速消除隐患。而当危机真正来临时，中央银行也能够及时伸出援手，帮助陷入危机的金融机构渡过难关，阻止事态扩大，稳定市场信心。

人们渴望幸福安定的生活。虽说好日子各有各的过法，但从经济角度说，有些标准还是共同的，比如说，有一份稳定的收入，最好还能有健全的社会保障，口袋里的钞票不要贬值，钱可以放心地存入银行。要享受这样的生活，就需要中央银行努力维持币值的稳定，就需要金融体系正常运转，为人们提供便捷的金融服务。

币值稳定是金融稳定的基础，所以中央银行义不容辞地承担起了维护金融稳定的职责。为了履行好这一职责，中央银行建立起一整套完整的制度体系，科学合理地操控着手中的各种政策工具。例如，中央银行能够利用货币政策工具中的"三大法宝"来控制社会流通中的货币数量，从而有效保障币值的稳定。它还能够利用利率政策和汇率政策，调节资金，使其有序流动，防止大规模资金异常出入。当出现强烈冲击时，中央银行还能维持支付清算体系的正常运转，保证资金的正常流动。正是凭借如此强大的力量，中央银行才能够有效履行职责，使金融体系承受住各种冲击。

值得注意的是，金融稳定指的是一个国家的整个金融体系不出现大的波动，并不是说任何金融机构都不会倒闭。金融机构常常同时面临许多种类的风险，其中的某个环节出现问题，都有可能使一家金融机构遭受"灭顶之灾"。防范和控制风险，需要各方共同努力，而中央银行要做的，是尽可能地控制整个金融体系面临的系统性风险。当然，要确保金融体系时时刻刻都在安全运转是非常困难的，但中央银行确实在为这一目标而竭尽全力。当你在享受安定生活的同时，应当理解中央银行所做出的努力。

第九章

神奇的金融魔杖

——关于利率的财经常识

根据凯恩斯主义宏观经济理论，好多人认为我们对货币、就业、通货膨胀知道得很清楚，我们知道什么时候应该降低利率，什么时候提高利率。是那样吗？过去几年的历史，证明不仅是中国，全世界对宏观经济变量之间的关系是很无知。

——张维迎

利息是怎样产生的

利息是金融学中一个非常重要的概念。在莎士比亚的名作《威尼斯商人》中，故事主题就涉及了"利息"的概念。

安东尼奥是个威尼斯商人。他的好友巴萨尼奥因要向贝尔蒙特的名门闺秀鲍西娅求婚，急需钱款，请求安东尼奥尽力相助。但是，安东尼奥手头既缺现钱，也没有可以变换现款的货物，于是不得不以自己的名义向高利贷者夏洛克借3000块金币。

由于安东尼奥借钱给人家从不收利钱，因而压低了威尼斯放债这一行人的利息收入，影响了夏洛克盘剥取利，所以夏洛克对安东尼奥早就恨之入骨。当夏洛克听到安东尼奥要向他借钱时，他表示同意借钱，而且不收分文利息，但须写下借约，规定借期为三个月，届期不能还清本金，就从安东尼奥身上割下一磅肉。安东尼奥为了替朋友解难，又想到过两个月货船即可返回，到时"有九倍于这笔借款的数目进门"，便签订了借约。

但是安东尼奥的商船遇险，且已行踪不明，由于借款过期，安东尼奥被夏洛克告到了法庭，按照合约，他会遭到夏洛克索取一磅肉的厄运。鲍西娅听到这个消息，女扮男装以律师的身份紧急奔回威尼斯去营救安东尼奥。在法庭上，鲍西娅聪明地答应夏洛克可以割取安东尼奥的任何一磅肉，但是如果流下一滴血的话（合约上只写了一磅肉，却没有答应给夏洛克任何一滴血），就用夏洛克的性命及财产来补赎。法庭宣判夏洛克以谋害威尼斯市民的罪名，没收其财产的1/3，因此，安东尼奥获救。

也许人们对利息都不陌生，但很难保证说对银行利息究竟有多重要、究竟产生什么样的影响有足够清晰的认识。总体来看，利息是借款人付给贷款人的报酬；同时它还必须具备一个前提，那就是两者之间必须存在着借贷关系。

什么是利息呢？利息是资金所有者由于向他人借出资金而取得的报酬，它来自生产者使用该笔资金发挥营运职能而形成的利润的一部分，也就是货币资金在向实体经济部门注入并回流时所带来的增值额，其计算公式是：利息＝本金×利率×时间。

利息的最高水平是利润。利息作为资金的使用价格在市场经济运行中起着十分重要的作用，并影响着个人、企业和政府的行为活动。现实生活中，贷款人把收取利息收入看作是理所当然的。在会计核算中，全球各国的会计制度都规定，借款所发生的利息支出首先要作为财务费用列入成本，只有在扣除这一部分后，剩下的部分才能作为经营利润来看待。

刘先生在银行任职。多年来，在他的办公桌的玻璃台板下总压着一张储蓄存款利率表。凡穿西装的季节，在他西装衣袋里也总有一个票夹子，票夹子里藏着一张储蓄存款利率表。储蓄存款利率升了降，降了升，升了又降，降了又升，对历年的利率变化难以记牢，所以刘先生就随处备有利率表，为的是与人方便、与己方便。

一次，一位中年妇女在储蓄柜台取款后迟迟没有离去，以为银行把她存款的利息算错了。刘先生把几次变化的利率一行一行抄给她，把利率计算的方法告诉她，她这才打消了心中的疑团。

还有一位熟人曾让刘先生帮她计算利息。说3年前向姐夫借了12000元钱，当时没有约定还款时间，也没有约定还款时加上多少利息，只想手头宽裕了，把借款和利息一次还清。刘先生就将随身带的利率表递上，并把利息计算的方法、保值贴补的时间段很明白地告诉她，由她根据自己的实际和承诺计算利息，末了她连声道谢。另外，刘先生家与亲戚家也有过几次借款关系，在还款时也是参照储蓄存款的利率还款的，双方都乐意接受，利率表起了中间人的作用。

在生活中，常常有民间借贷，有承诺的也好，无承诺的也好，还款时常要与同期的储蓄存款利息比一比。在炒股生涯中，常常要对自己的股票或资金算一算，自然而然要想到与同期的利率做比较。储蓄存款利率变了又变，涉及千家万户，千家万户要谈论储蓄存款利率。随身备有一张利率表，起到的作用还真的很大。但令人费解的是，利率为什么在不同的时期有不同的变化？这代表着什么？利率的高低又是由什么决定的？

现代经济中，利率作为资金的价格，不仅受到经济社会中许多因素的制约，而且，利率的变动对整个经济产生重大的影响。从形式上看，利息是因借款人在一定时期使用一定数量的他人货币所支付的代价。代价越大，说明利率越高。利率的高低，成为衡量一定数量的借贷资本在一定时期内获得利息多少的尺度。那么，是利率决定利息还是利息决定利率呢？

利息出现的原因主要有以下五点：一是延迟消费，当放款人把金钱借出，就等于延迟了对消费品的消费。根据时间偏好原则，消费者会偏好现时的商品多于未来的商品，因此在自由市场会出现正利率。二是预期的通货膨胀，大部分经济会出现通货膨胀，导致一定数量的金钱，在未来可购买的商品会比现在较少。因此，借款人需向放款人补偿此段期间的损失。三是代替性投资，放款人有选择地把金钱放在其他投资上。由于机会成本，放款人把金钱借出，等于放弃了其他投资的可能回报。借款人需与其他投资竞争这笔资金。四是投资风险，借款人随时有破产、潜逃或欠债不还的风险，放款人需收取额外的金钱，以保证在出现这些情况后，仍可获得补偿。五是流动性偏好，人会偏好其资金或资源可随时提供立即交易，而不是需要时间或金钱才可取回。利率亦是对此的一种补偿。

现实生活中，贷款人把收取利息收入看作是理所当然的。利息在国民生活中所发挥的重要作用主要表现为以下几个方面：

1. 影响企业行为的功能

利息作为企业的资金占用成本已直接影响企业经济效益水平的高低。企业为降低成本、增进效益，就要千方百计减少资金占压量，同时在筹资过程中对各种资金筹集方式进行成本比较。全社会的企业若将利息支出的节约作为一种普遍的行为模式，那么，经济成长的效率也肯定会提高。

2. 影响居民资产选择行为的功能

在我国居民实际收入水平不断提高、储蓄比率日益加大的条件下，出现了资产选择行为，金融工具的增多为居民的资产选择行为提供了客观基础，而利息收入则是居民资产选择行为的主要诱因。居民重视利息收入并自发地产生资产选择行为，无论对宏观经济调控还是对微观基础的重新构造都产生了不容忽视的影响。从我国目前的情况看，高储蓄率已成为我国经济的一大特征，这为经济高速增长提供了坚实的资金基础，而居民在利息收入诱因下做出的种种资产选择行为又为实现各项宏观调控做出了贡献。

3. 影响政府行为的功能

由于利息收入与全社会的赤字部门和盈余部门的经济利益息息相关，因此，政府也能将其作为重要的经济杠杆对经济运行实施调节。例如：中央银行若采取降低利率的措施，货币就会更多地流向资本市场；当提高利率时，货币就会从资本市场流出。如果政府采用信用手段筹集资金，可以用高于银行同期限存款利率来发行国债，将民间的货币资金吸收到手中，以用于各项财政支出。

利率并非只跟存款有关

当你去银行存钱时，银行会按照存期划分的不同利率来计算利息。利率的存在告诉我们，通过放弃价值 1 元的现期消费，能够得到多少未来消费。这正是现在与未来之间的相对价格。整体利率的多少，对于现值至关重要，必须了解现值才能了解远期的金融现值，而利率正是联系现值和终值的一座桥梁。

利率，就表现形式来说，是指一定时期内利息额同借贷资本总额的比率。利率是单位货币在单位时间内的利息水平，表明利息的多少。

凯恩斯把利率看作是"使用货币的代价"。利率可以看作是因为暂时放弃货币的使用权而获得的报酬，是对放弃货币流通性的一种补偿，如果人们愿意推迟消费，则需要为人们这一行为提供额外的消费。从借款人的角度来看，利率是使用资本的单位成本，是借款人使用贷款人的货币资本而向贷款人支付的价格；从贷款人的角度来看，利率是贷款人借出货币资本所获得的报酬率。

哪些因素会导致利率的变化？通常情况下，影响利率的因素大致有四种：

1. 货币政策

政府制定货币政策的目的就是促进经济稳定增长。控制货币供给和信贷规模，可以影响利率，进而调节经济增长。扩大货币供给，会导致利率下降；反之，则造成利率上升。

2. 财政政策

一个国家的财政政策对利率有较大的影响，通常而言，当财政支出大于财政收入时，政府会在公开市场上借贷，以此来弥补财政收入的不足，这将导致利率上升。而扩张性的经济政策，往往会扩大对信贷的需求，投资的进一步加热又会导致利率下降。

3. 通货膨胀

通货膨胀是指在信用货币条件下，国家发行过多的货币，使过多的货币追求过少的商品，造成物价普遍上涨的一种现象。通货膨胀的成因比较复杂，因此，通货膨胀使得利率和货币供给之间的关系相对复杂。如果货币供给量的大幅增长不是通货膨胀引起的，那么利率不仅不会下降，反而会上升，造成高利率的现象，以弥补货币贬值带来的损失。因此，利率水平随着通货膨胀率的上升而上升，随着通货膨胀率的下降而下降。

4. 企业需求和家庭需求

企业对于信贷的需求往往成为信贷利率变化的"晴雨表"，每当经济步入复苏和高涨之际，企业对信贷需求增加，利率水平开始上扬和高涨；而经济发展停滞时，企业对信贷的需求也随之减少，于是，利率水平转趋下跌。家庭对信贷的需求也影响到利率的变化，当需求增加时，利率上升；需求减弱时，利率便下跌。

经济学家一直在致力于寻找一套能够完全解释利率结构和变化的理论，可见利率对国民经济有着非常重要的作用。利率为什么具有如此魔力？因为利率是资金使用的价格，它的涨跌关系着居民、企业、政府各方的钱袋，能不让人紧张吗？

利率是经济学中一个重要的金融变量，几乎所有的金融现象、金融资产均与利率有着或多或少的联系。当前，世界各国频繁运用利率杠杆实施宏观调控，利率政策已成为各国中央银行调控货币供求，进而调控经济的主要手段，利率政策在中央银行货币政策中的地位越来越重要。合理的利率，对发挥社会信用和利率的经济杠杆作用有着重要的意义，而合理利率的计算方法是我们关心的问题。那么利率的水平是怎样确定的呢？换句话说，确定利率水平的依据是什么呢？

首先，是物价总水平。这是维护存款人利益的重要依据。利率高于同期物价上涨率，就可以保证存款人的实际利息收益为正值；相反，如果利率低于物价上涨率，存款人的实际利息收益就会变成负值。因此，看利率水平的高低不仅要看名义利率的水平，更重要的是还要看是正利率还是负利率。

其次，是国有大中型企业的利息负担。长期以来，国有大中型企业生产发展的资金大部分依赖银行贷款，利率水平的变动对企业成本和利润有着直接的影响。因此，利率水平的确定必须考虑企业的承受能力。

再次，是国家财政和银行的利益。利率调整对财政收支的影响，主要是通过影响企业和银行上交财政税收的增加或减少而间接产生的。因此，在调整利率水平时，必须综合考虑国家财政的收支状况。银行是经营货币资金的特殊企业，存贷款利差是银行收入的主要来源，利率水平的确定还要保持合适的存贷款利差，以保证银行正常经营。

最后，是国家政策和社会资金供求状况。利率政策要服从国家经济政策的大方针，并体现不同时期国家政策的要求。与其他商品的价格一样，利率水平的确也要考虑社会资金的供求状况，受资金供求规律的制约。

利率通常由国家的中央银行控制，在美国由联邦储备委员会管理。现在，所有国家都把利率作为宏观经济调控的重要工具之一。当经济过热、通货膨胀上升时，便提高利率、收紧信贷；当过热的经济和通货膨胀得到控制时，便会把利率适当地调低。因此，利率是重要的基本经济因素之一。

究竟有多少种利率

利息按照不同的划分方法，可以有不同的分类。按计算利率的期限单位可划分为：年利率、月利率与日利率；按利率的决定方式可划分为：官方利率、公定利率与市场利率；按借贷期内利率是否浮动可划分为：固定利率与浮动利率；按利率的地位可划分为：基准利率与一般利率；按信用行为的期限长短可划分为：长期利率和短期利率；按利率的真实水平可划分为：名义利率与实际利率；按借贷主体不同可划分为：中央银行利率（包括再贴现、再贷款利率等）、商业银行利率（包括存款利率、贷款利率、贴现率等）、非银行利率（包括债券利率、企业利率、金融利率等）；按是否具备优惠性质可划分为：一般利率和优惠利率。利率的各种分类之间是相互交叉的。例如，3 年期的居民储蓄存款利率为 4.25%，这一利率既是年利率，又是固定利率、差别利率、长期利率与名义利率。各种利率之间以及内部都有相应的联系，彼此间保持相对结构，共同构成一个有机整体，从而形成一国的利率体系。

　　利率是单位货币在单位时间内的利息水平，通常用百分比表示，按年计算则称为年利率。其计算公式为：

　　利率 ＝ 利息量 ÷ 本金 ×100%

　　根据本金与利息的计算时期不同，可分为年利率、月利率和日利率三种。年利率按本金的百分之几表示，月利率按千分之几表示，日利率按万分之几表示。其中：

　　日利率（‰）＝年利率（%）÷360

　　月利率（‰）＝年利率（%）÷12

　　利率是利息率的简称，指在一定时期内利息与本金的比率。利率有许多种分类方法，具体如下：

1. 根据计算方法不同，分为单利和复利

　　单利是指在借贷期限内，只在原来的本金上计算利息，对本金所产生的利息不再另外计算利息；复利是指在借贷期限内，除了在原来本金上计算利息外，还要把本金所产生的利息重新计入本金，重复计算利息，俗称"利滚利"。

　　与单利相比，复利更重视时间因素所起的作用，也更能反映信贷关系

的本质，更好地体现信贷资金占用时间越长利息越多的原则。当然，复利的计算过程也要复杂得多。

2. 根据与通货膨胀的关系，分为名义利率和实际利率

名义利率是指没有剔除通货膨胀因素的利率，也就是借款合同或单据上标明的利率；实际利率是指已经剔除通货膨胀因素后的利率。

例如，如果一年期贷款利率为5.5%，当年的通货膨胀率为4.5%，那么该贷款的名义利率就是5.5%，实际利率是1%。

3. 根据确定方式不同，分为官定利率、公定利率和市场利率

官定利率是指由政府金融管理部门或者中央银行确定的利率；公定利率是指由金融机构或银行业协会按照协商办法确定的利率。这种利率标准只适合于参加该协会的金融机构，对其他机构不具约束力，利率标准也通常介于官定利率和市场利率之间；市场利率是指根据市场资金借贷关系紧张程度所确定的利率。在我国，目前的利率标准基本上是官定利率。

4. 根据利率变化情况不同，分为固定利率和浮动利率

固定利率是指在整个借贷期限内利率是固定不变的，通常适用于借贷期限不长或者预期未来市场利率变化不大的情况下。

浮动利率是指在整个借贷期限内要随着市场行情变化定期进行调整的利率，通常适用于借贷期限较长或者预期未来市场利率变化较大的情况下。这时候的利息计算虽然不确定，而且比较复杂，但由于更切合实际，所以有助于降低双方的利率风险。

5. 根据国家政策意向不同，分为一般利率和优惠利率

一般利率是指在不享受任何优惠条件下的利率；优惠利率是指对某些部门、行业、个人所制定的利率优惠政策。

在西方国家，商业银行通常对那些资信最高、处于有利竞争地位的企业实行优惠利率；而在我国，通常是对某些重点行业和领域实行优惠利率，如个人商业性住房贷款就全都实行优惠利率。

6. 根据银行业务要求不同，分为存款利率和贷款利率

存款利率是指在金融机构存款所获得的利息与本金的比率；贷款利率是指从金融机构贷款所支付的利息与本金的比率。

无论从哪个角度来看，存款人取得存款利息、贷款人付出贷款利息只要在适度范围内就应该是合理且合法的。例如，银行发放贷款所取得的利息在扣除接受存款支付的利息后，就构成了银行利润的主要来源。可是也应当承认，如果这种利率水平太高，变成了"高利贷"，这就是法律所禁止的了。

如何计算名义利率与实际利率

假如银行储蓄利率是 5%，某人的存款在一年后就多了 5%，是说明他富了吗？这只是理想情况下的假设。如果当年通货膨胀率为 3%，那他只富了 2% 的部分；如果是 6%，那一年前 100 元能买到的东西现在要 106 元了，而存了一年的钱只有 105 元，他反而买不起这东西了！

如果现在利率上升到 8%，你预期的通货膨胀率为 10%，情况会如何？虽然在 1 年末你的现金数量增加了 8%，但购买商品需要多付 10%，结果是，年末你能购买的商品少了 2%，也就是说，以不变价来计算，你损失了 2%。作为贷款人，在这种情况下，你显然不愿意发放贷款，因为按照不变为商品和劳务来衡量，你所赚取的是 −2% 的利率。与此相反，借款人更愿意借入资金，因为在该年末，按照不变的商品和劳务来衡量，他需要偿还的金额减少了 2%。也就是说，按不变价来计算，借款人多得了 2%。

所谓名义利率，是央行或其他提供资金借贷的机构所公布的未调整通货膨胀因素的利率，即利息（报酬）的货币额与本金的货币额的比率，也就是包括补偿通货膨胀（包括通货紧缩）风险的利率。名义利率虽然是资金提供者向使用者现金收取的利率，但人们应当将通货膨胀因素考虑进去。

例如，张某在银行存入 100 元的一年期存款，一年到期时获得 5 元利息，利率则为 5%，这个利率就是名义利率。

名义利率并不是投资者能够获得的真实收益，还与货币的购买力有关。如果发生通货膨胀，投资者所得的货币购买力会贬值。因此，投资者所获得的真实收益必须剔除通货膨胀的影响，这就是实际利率。实际利率，指物价水平不变，从而货币购买力不变条件下的利息率。

实际利率越低，借款人借入资金的动力就越大，贷款人贷出资金的动力就越小。名义回报率与实际回报率也存在类似的区别。名义回报率没有考虑通货膨胀因素，是我们通常所说的没有任何定语的"回报率"。从名义回报率中剔除通货膨胀因素，就可以得到实际回报率，它表示投资某证券所能多购买的商品和劳务的数量。

名义利率与实际利率的区分十分重要，原因在于实际利率反映了真实的借款成本，是反映借款动力和贷款动力的良好的指示器。它还能很好地传达信用市场上发生的事件对于人们的影响程度。

名义利率与实际利率存在着下述关系：

一是当计息周期为一年时，名义利率和实际利率相等，计息周期短于一年时，实际利率大于名义利率。

二是名义利率不能完全反映资金时间价值，实际利率才真实地反映了资金的时间价值。

三是以 i 表示实际利率，r 表示名义利率，n 表示年计息次数，那么名义利率与实际利率之间的关系为 1+ 名义利率 =（1+ 实际利率）×（1+ 通货膨胀率），一般简化为名义利率 = 实际利率 + 通货膨胀率。

四是名义利率越大，周期越短，实际利率与名义利率的差值就越大。

例如，如果银行一年期存款利率为 2%，而同期通货膨胀率为 3%，则储户存入的资金实际购买力在贬值。因此，扣除通货膨胀成分后的实际利率才更具有实际意义。仍以上例，实际利率为 2%-3%=-1%，也就是说，钱存在银行里是亏损的。在中国经济快速增长及通货膨胀压力难以消化的长期格局下，很容易出现实际利率为负的情况，即便央行不断加息，也难以消除。

所以，名义利率可能越来越高，但理性的人士仍不会将主要资产以现金方式在银行储蓄，只有实际利率也为正时，资金才会从消费和投资逐步回流到储蓄。

当通货膨胀率预期上升时，利率也将上升。用公式表示就是：实际利率＝名义利率－通货膨胀率。把公式的左右两边交换一下，公式就变成：名义利率＝实际利率＋通货膨胀率。在某种经济制度下，实际利率往往是不变的，因为它代表的是你的实际购买力。

当通货膨胀率变化时，为了求得公式的平衡，名义利率——也就是公布在银行的利率表上的利率会随之而变化。名义利率的上升幅度和通货膨胀率完全相等，这个结论就称为费雪效应或者费雪假设。欧文·费雪认为，债券的名义利率等于实际利率与金融工具寿命期间预期的价格变动率之和。它表明名义利率（包括年通货膨胀溢价）能够足以补偿贷款人到期收到的货币所遭受的预期购买力损失。即贷款人要求的名义利率要足够高，使他们能够获得预期的实际利率，而要求的实际利率就是社会中实物资产的经营报酬加上给予借款人的风险补偿。费雪效应是一种一对一的影响关系，即如果预期通货膨胀率提高 1%，名义利率也将提高 1%。正是因为这个原因，当物价上涨时，中国人民银行就会制定出较高的利率水平，甚至还有保值贴补率；而物价下跌，人民银行就一而再，再而三地降息。费雪效应表明：物价水平上升时，利率一般有增高的倾向；物价水平下降时，利率一般有下降的倾向。

名义利率和实际利率通常不是同向变动的。（其他国家和地区的名义利率与实际利率也是如此）特别是美国名义利率较高的 20 世纪 70 年代，实际利率却非常低，甚至经常为负数。如果按照名义利率的标准来判断，你可能会认为由于借款成本较高，这一时期信用市场的银根很紧。然而，实际利率的估计值却表明你的判断是错误的。按照不变价衡量，借款成本非常低。直至最近，美国只报道名义利率，实际利率仍是无法观测的变量。

复利：银行存款如何跑过 CPI，千万不要小看复利

西方人把国际象棋称为"国王的游戏"。

相传国际象棋是一个古印度的大臣发明的，国王为这个游戏的问世深为喜悦。当时该国正在与邻国交战，当战争进入对峙阶段，谁也无法战胜谁时，两国决定通过下一盘国际象棋来决定胜负。最后，发明国际象棋的这个国家赢得了战争的胜利。国王因此非常高兴，决定给大臣以奖赏。大臣就指着自己发明的棋盘对国王说："我只想要一点微不足道的奖赏，只要陛下能在第一个格子里放一粒麦子，第二个格子增加一倍，第三个再增加一倍，直到所有的格子填满就行了。"国王轻易地就答应了他的要求："你的要求未免也太低了吧？"但很快国王就发现，即使将自己国库所有的粮食都给他，也不够百分之一。因为从表面上看，大臣的要求起点十分低，从一粒麦子开始，但是经过很多次的翻倍，就迅速变成庞大的天文数字。

这就是复利的魔力。虽然起点很低，甚至微不足道，但通过复利则可达到人们难以想象的程度。复利不是数字游戏，而是告诉我们有关投资和收益的哲理。在人生中，追求财富的过程不是短跑，也不是马拉松式的长跑，而是在更长甚至数十年的时间跨度上所进行的耐力比赛。只要坚持追求复利的原则，即使起步的资金不太大，也能因为足够的耐心加上稳定的"小利"而很漂亮地赢得这场比赛。

据说曾经有人问爱因斯坦："世界上最强大的力量是什么？"他的回答不是原子弹爆炸的威力，而是"复利"；著名的罗斯柴尔德金融帝国创立人梅耶更是夸张地称许复利是世界上的第八大奇迹。

那么我们有必要了解一下复利与单利的区别。无论从事何种行业，生活中总会遇到一些存款和借款的情况，因此学会计算利息是很有必要的。

利率通常有两种计算方法，即单利和复利。

单利的计算方法简单，借入者的利息负担比较轻，它是指在计算利息额时，只按本金计算利息，而不将利息额计入本金进行重复计算的方法。如果用 I 代表利息额，P 代表本金，r 代表利息率，n 代表借贷时间，S 代表本金和利息之和。那么其计算公式为：

$I=P \times r \times n$

$S=P \times (1+r \times n)$

例如，某银行向某企业提供一笔为期 5 年、年利率为 10% 的 200 万元货款，则到期时该企业应付利息为：

$I=P \times r \times n$

　$=200 \times 10\% \times 5$

　$=100$（万元）

本金和利息为：

$S=P \times (1+r \times n)$

　$=200 \times (1+10\% \times 5)$

　$=300$（万元）

复利是指将本金计算出的利息额再计入本金，重新计算利息的方法。这种方法比较复杂，借入者的利息负担也比较重，但考虑了资金的时间价值因素，保护了贷出者的利益，有利于使用资金的效率。复利计算的公式为：

$I=P \times [(1+r)^n-1]$

$S=P \times (1+r)^n$

若前例中的条件不变，按复利计算该企业到期时应付利息为：

$I=P \times [(1+r)^n-1]$

　$=200 \times [(1+10\%)^5-1]$

　$=122.102$（万元）

$S=P \times (1+r)^n$

$=200 \times (1+10\%)^5$

$=322.102（万元）$

由此可见，和复利相对应的单利只根据本金算利，没有利滚利的过程，但这两种方式所带来的利益差别一般人却容易忽略。假如投入 1 万元，每一年收益率能达到 28％，57 年后复利所得为 129 亿元。可是，若是单利，28％的收益率，57 年的时间，却只能带来区区 16.96 万元。这就是复利和单利的巨大差距。

我们完全可以把复利应用到自己的投资理财活动中。假设你现在投资 1 万元，通过你的运作每年能赚 15％，那么，连续 20 年，最后连本带利变成了 163665 元，想必你看到这个数字后感觉很不满意吧？但是连续 30 年，总额就变成了 662117 元了，如果连续 40 年的话，总额又是多少呢？答案或许会让你目瞪口呆，是 2678635 元，也就是说一个 25 岁的年轻人，投资 1 万元，每年赢利 15％，到 65 岁时，就能获得 200 多万元的回报。当然，市场有景气有不景气，每年都挣 15％难以做到，但这里说的收益率是个平均数，如果你有足够的耐心，再加上合理的投资，这个回报率是有可能做到的。

因此，在复利模式下，一项投资所坚持的时间越长，带来的回报就越高。在最初的一段时间内，得到的回报也许不理想，但只要将这些利润进行再投资，那么你的资金就会像滚雪球一样，变得越来越大。经过年复一年的积累，你的资金就可以攀登上一个新台阶，这时候你已经在新的层次上进行自己的投资了，你每年的资金回报也已远远超出了最初的投资。

当然，复利的巨大作用也会从投资者的操作水平中体现出来。因为，为了抵御市场风险，实现第一年的赢利，投资者必须研究市场信息，积累相关的知识和经验，掌握一定的投资技巧。在这个过程中，需要克服一些困难，但投资者也会养成一定的思维和行为习惯。在接下来的一年里，投资者过去的知识、经验和习惯会自然地发挥作用，并且又会在原来的基础上使自己有一个提高。这样坚持下来，使投资者越来越善于管理自己的资产，进行更熟练的投资，这是在实现个人投资能力的"复利式"增长。而投资理财能力的持续增长，使投资者有可能保持甚至提高相应的投资收益率。

这种由复利所带来的财富的增长，被人们称为"复利效应"。不但利率中有"复利效应"，在和经济相关的各个领域其实广泛存在着复利效应。比如，一个国家，只要有稳定的经济增长率，保持下去就能实现经济繁荣，从而增强综合国力，改善人民的生活。

不堪重负的负利率时代

2008 年 11 月，日本 6 个月期的国库券的利率为负，即 -0.004%，投资者购买债券的价格高于其面值。这是很不寻常的事件——在过去的 50 年中，世界上没有任何一个其他国家出现过负利率。这种情况是如何发生的呢？

我们通常假定，利率总是为正。负利率意味着你购买债券所支付的金额高于你从这一债券所获取的收益（从贴现发行债券的到期收益中可以看出）。如果出现这样的情况，你肯定更愿意持有现金，这样未来的价值与今天是相等的。因此，负利率看上去是不可能的。

日本的情况证明这样的推理并不准确。日本经济疲软与负的通货膨胀率共同推动日本利率走低，但这两个因素并不能解释日本的负利率。答案在于，大投资者发现将这种 6 个月期国库券作为价值储藏手段比现金更为方便，因为这些国库券的面值比较大，并且可以以电子形式保存。出于这个原因，虽然这些国库券利率为负，一些投资者仍然愿意持有，虽然从货币的角度讲，持有现金更为划算。显然，国库券的便利性使得它们的利率可以略低于零。

例如一个 1000 元钱的东西一年后值 1065 元钱，但是 1000 元钱存在银行一年只有 1038 元，还没有它升值快，存钱不赚反赔。当物价指数（CPI）快速攀升，存银行的利率还赶不上通货膨胀率，导致银行存款利率实际为负，就成了负利率。用公式表示：

负利率＝银行利率－通货膨胀率（CPI 指数）

这种情形下，如果你只把钱存在银行里，会发现随着时间的推移，银行存款不但没有增加，购买力逐渐降低，看起来就好像在"缩水"一样。

假如你把钱存进银行里，过一段时间后，算上利息在内没有增值，反而贬值了，这就是负利率所引发的。负利率是指利率减去通货膨胀率后为负值。当你把钱存入银行，银行会给你一个利息回报，比如某年的一年期定期存款利率是 3%。而这一年整体物价水平涨了 10%，相当于货币贬值 10%。一边是银行给你的利息回报，一边是你存在银行的钱越来越不值钱了，那么这笔存款的实际收益是多少呢？用利率（明赚）减去通货膨胀率（暗亏），得到的这个数，就是你在银行存款的实际收益。

例如 2008，年的半年期定期存款利率是 3.78%（整存整取），而 2008 年上半年的 CPI 同比上涨了 7.9%。假设你在年初存入 10000 元的半年定期，存款到期后，你获得的利息额：（10000×3.78%）－（10000×3.78%）×5%＝359.1 元（2008 年上半年征收 5% 的利息税）；而你的 10000 元贬值额 ＝10000×7.9%＝790 元。359.1－790＝－430.9 元。

也就是说，你的 10000 元存在银行里，表面上增加了 359.1 元，而实际上减少了 430.9 元。这样，你的银行存款的实际收益为 －430.9 元。

负利率的出现，意味着物价在上涨，而货币的购买能力却在下降。即货币在悄悄地贬值，存在银行里的钱也在悄悄地缩水。在负利率的条件下，相对于储蓄，居民更愿意把自己拥有的财产通过各种其他理财渠道进行保值和增值，例如购买股票、基金、外汇、黄金等。如果银行利率不能高过通货膨胀率，那么就这意味着：存款者财富缩水，国家进入"负利率时代"。

虽然理论推断和现实感受都将"负利率"课题摆在了老百姓面前，但有着强烈"储蓄情结"的中国老百姓仍在"坚守"储蓄阵地。银行储蓄一向被认为是最保险、最稳健的投资工具。但也必须看到，储蓄投资的最大弱势是：收益较之其他投资偏低，长期而言，储蓄的收益率难以战胜通货膨胀，也就是说，特殊时期通货膨胀会吃掉储蓄收益。因此，理财不能单纯依赖"积少成多"的储蓄途径。

负利率将会对人们的理财生活产生重大影响。以货币形式存在的财富如现金、银行存款、债券等，其实际价值将会降低，而以实物形式存在的财富如不动产、贵金属、珠宝、艺术品、股票等，将可能因为通货膨胀的因素而获得价格的快速上升。因此，我们必须积极地调整理财思路，通过行之有效的投资手段来抗击负利率。

面对负利率时代的来临，将钱放在银行里已不合时宜。对于普通居民来说，需要拓宽理财思路，选择最适合自己的理财计划，让"钱生钱"。抵御负利率的手段有很多：

首先，是进行投资，可以投资基金、股票、房产等，还可以购买黄金珠宝、收藏品。当然，我们必须以理性的头脑和积极的心态来进行投资，不要只看到收益，而忽视风险的存在。除了投资之外，还要开源节流，做好规划。其中首先就是精打细算。在物价不断上涨的今天，如何用好每一分收入显得尤为重要。每月收入多少、开支多少、节余多少等，都应该做到心中有数，并在此基础上分清哪些是必要的开支、哪些是次要的、哪些是无关紧要的或可以延迟开支的。只有在对自己当前的财务状况明白清楚的情况下，才能做到有的放矢。

其次，是广开财源，不要轻易盲目跳槽，在条件允许的情况下找一些兼职，与此同时，也要不断地提升自我，增强职场与市场竞争力。

最后，就是要做好家庭的风险管理，更具体来说，就是将家庭的年收入进行财务分配，拿出其中的一部分来进行风险管理。而提及风险，就必然要提到保险，保险的保障功能可以使人自身和已有财产得到充分保护，当发生事故的家庭面临资产入不敷出的窘境时，保险金的支付可以弥补缺口，从而降低意外收支失衡对家庭产生的冲击。从这一点来说，该买的保险还是要买，不能因为省钱而有所忽视。

负利率时代的到来，对于普通老百姓尤其是热衷于储蓄的人来说是一个不得不接受的事实；而在积极理财、投资意识强的人的眼中，它却意味着赚钱时代的到来。我们只有通过科学合理的理财方式来进行个人的投资，才能以行之有效的投资手段来抵御负利率。抵御负利率的手段有很多，如减少储蓄，多消费，甚至以理性的头脑和积极的心态进行投资（如股票、房产等）。因为你的投资收益越大，抵御通货膨胀的能力也就越强。所以，负利率不可怕，可怕的是面对负利率却无动于衷！

第十章

联通世界金融的支点

——关于汇率的财经常识

我国目前的通货膨胀压力中有两个问题是和汇率改革结合在一起的：一是外汇储备占用人民币太多；二是外资热钱纷纷流入中国。目前经济学界基本形成一个共识，如果人民币大幅度升值，很可能对中国经济带来十分不利的影响，出口将遇到困难，企业将缩小规模，失业将增加，农民改善收入的愿望也可能落空。所以人民币大幅升值是不可取的。现在经过一段时间的讨论基本达成了共识，认为人民币小步升值是利大于弊的。

——厉以宁

汇率是各国联系的重要桥梁

故事发生在美国和墨西哥边界的小镇上。有一个单身汉在墨西哥一边的小镇上，他付了 1 比索买了一杯啤酒，啤酒的价格是 0.1 比索，找回 0.9 比索。转而他来到美国一边的小镇上，发现美元和比索的汇率是 1 美元：0.9 比索。他把剩下的 0.9 比索换了 1 美元，用 0.1 美元买了一杯啤酒，找回 0.9 美元。回到墨西哥的小镇上，他发现比索和美元的汇率是 1：0.9。于是，他把 0.9 美元换为 1 比索，又买啤酒喝。这样他在两个小镇上喝来喝去，总还是有 1 美元或 1 比索。换言之，他一直在喝免费啤酒，这可真是个快乐的单身汉。

这个快乐的单身汉为什么能喝到免费的啤酒呢？这跟汇率有关系。在美国，美元与比索的汇率是 1：0.9，但在墨西哥，美元和比索的汇率约为 1：1.1。那么，什么才是汇率呢？

汇率亦称"外汇行市或汇价"，是一国货币兑换另一国货币的比率，是以一种货币表示另一种货币的价格。由于世界各国货币的名称不同，币值不一，所以一国货币对其他国家的货币要规定一个兑换率，即汇率。从短期来看，一国的汇率由对该国货币兑换外币的需求和供给所决定。外国人购买本国商品、在本国投资以及利用本国货币进行投机会影响本国货币的需求。本国居民想购买外国产品、向外国投资以及外汇投机影响本国货币供给。

在长期中，影响汇率的主要因素有：相对价格水平、关税和限额、对本国商品相对于外国商品的偏好以及生产率。

各国货币之所以可以进行对比，能够形成相互之间的比价关系，原因在于它们都代表着一定的价值量，这是汇率的决定基础。

例如，一件价值 100 元人民币的商品，如果人民币对美元的汇率为 0.1502，则这件商品在美国的价格就是 15.02 美元。如果人民币对美元汇率降到 0.1429，也就是说美元升值，人民币贬值，用更少的美元可买此商品，这件商品在美国的价格就是 14.29 美元，所以该商品在美国市场上的价格会变低。商品的价格降低，竞争力就会变高，便宜好卖。反之，如果人民币对美元汇率升到 0.1667，也就是说美元贬值，人民币升值，则这件商品在美国市场上的价格就是 16.67 美元，此商品的美元价格变贵，买的人就少了。

简要地说，就是用一个单位的一种货币兑换等值的另一种货币。

在纸币制度下，各国发行纸币作为金属货币的代表，并且参照过去的做法，以法令规定纸币的含金量，称为金平价，金平价的对比是两国汇率的决定基础。但是纸币不能兑换成黄金，因此，纸币的法定含金量往往形同虚设。所以在实行官方汇率的国家，由国家货币当局规定汇率，一切外汇交易都必须按照这一汇率进行。在实行市场汇率的国家，汇率随外汇市场上货币的供求关系变化而变化。

随着经济全球化的发展，世界各国之间的经济往来越来越紧密，汇率作为各国之间联系的重要桥梁，发挥着重要作用。

汇率与进出口。一般来说，本币汇率下降，即本币对外的币值贬低，能起到促进出口、抑制进口的作用；若本币汇率上升，即本币对外的币值上升，则有利于进口，不利于出口。汇率是国际贸易中最重要的调节杠杆。因为一个国家生产的商品都是按本国货币来计算成本的，要拿到国际市场上竞争，其商品成本一定会与汇率相关。汇率的高低也就直接影响该商品在国际市场上的成本和价格，直接影响商品的国际竞争力。

汇率与物价。从进口消费品和原材料来看，汇率的下降要引起进口商品在国内的价格上涨。至于它对物价总指数影响的程度则取决于进口商品和原材料在国民生产总值中所占的比重。反之，本币升值，其他条件不变，进口品的价格有可能降低，从而可以起抑制物价总水平的作用。

汇率与资本流出入。短期资本流动常常受到汇率的较大影响。当存在本币对外贬值的趋势时，本国投资者和外国投资者就不愿意持有以本币计值的各种金融资产，并会将其转兑成外汇，发生资本外流现象。同时，由于纷纷转兑外汇，加剧外汇供求紧张，会促使本币汇率进一步下跌。反之，当存在本币对外升值的趋势时，本国投资者和外国投资者就力求持有以本币计值的各种金融资产，并引发资本内流。同时，由于外汇纷纷转兑本币，外汇供过于求，会促使本币汇率进一步上升。

汇率是两种不同货币之间的比价，因此汇率多少，必须先要确定用哪个国家的货币作为标准。由于确定的标准不同，于是便产生了几种不同的外汇汇率标价方法。

1.直接标价法

直接标价法，又叫应付标价法，是以一定单位（1、100、1000、10000）的外国货币为标准来计算应付出多少单位本国货币。就相当于计算购买一定单位外币所应付多少本币，所以又叫应付标价法。在国际外汇市场上，包括中国在内的世界上绝大多数国家目前都采用直接标价法。如日元对美元汇率为119.05即1美元兑119.05日元。

在直接标价法下，若一定单位的外币折合的本币数额多于前期，则说明外币币值上升或本币币值下跌，叫作外汇汇率上升；反之，如果可用比原来较少的本币即能兑换到同一数额的外币，这说明外币币值下跌或本币币值上升，叫作外汇汇率下跌，即外币的价值与汇率的涨跌成正比。

2.间接标价法

间接标价法又称应收标价法。它是以一定单位（如1个单位）的本国货币为标准，来计算应收若干单位的外汇货币。在国际外汇市场上，欧元、英镑、澳元等均为间接标价法。如欧元对美元汇率为0.9705，即1欧元兑0.9705美元。在间接标价法中，本国货币的数额保持不变，外国货币的数额随着本国货币币值的变化而变化。如果一定数额的本币能兑换的外币数额比前期少，这表明外币币值上升，本币币值下降，即外汇汇率下跌；反之，如果一定数额的本币能兑换的外币数额比前期多，则说明外币币值下降，本币币值上升，即外汇汇率上升，这说明外汇的价值和汇率的升跌成反比。因此，间接标价法与直接标价法相反。

由于直接标价法和间接标价法所表示的汇率涨跌的含义正好相反，所以在引用某种货币的汇率和说明其汇率高低涨跌时，必须明确采用哪种标价方法，以免混淆。

世界上没有完美无缺的事物，对于任何一个国家来说，汇率都是一把"双刃剑"。汇率变动究竟会带来怎样的好处与坏处，要视一个国家的具体情况而定。

汇率指标的适用程度不同

　　汇率作为国家间配置资源的重要工具，其水平的决定与作用机制非常复杂，同时，汇率作为交易国家货币兑换的标准，发挥着在国家间配置资源的重要作用。为了解释与汇率相关的复杂经济现象，经济学理论提出了一系列汇率指标。在目前经济研究中，通过给出的汇率指标的统计来界定得到的相关汇率的数据。

　　1994年墨西哥货币贬值之前，汇率指标使墨西哥将通货膨胀率从1988年的100%以上降到了1994年的10%以下。在工业化国家，汇率指标的最大成本，是无法实施独立的货币政策以对付国内事务。如果中央银行可以认真负责地实施独立的国内货币政策，通过比较1992年后法国和英国的经历，可以发现，这实在是一个很大的成本。不过，要么由于中央银行缺少独立性，要么由于对中央银行的政治压力导致通货膨胀型的货币政策，不是所有的工业化国家都能够成功实施自己的货币政策。在这样的情况下，放弃对国内货币政策的独立控制权，可能不是很大的损失，而让货币政策由核心国的更有效运作的中央银行来决定，所带来的收益可能是相当大的。

　　意大利就是典型的案例。在所有的欧洲国家中，意大利公众是最赞成欧洲货币联盟的，这并非偶然。意大利货币政策的历史记录并不好，意大利公众意识到，让货币政策由更负责任的外人来控制，其收益会远远大于失去采用货币政策解决国内事务的能力所带来的成本。

　　工业化国家会发现以汇率为指标非常有用的第二个原因是，它促进了本国经济和邻国经济的融合。这可由一些国家如奥地利和荷兰长期将汇率钉住德国马克，以及先于欧洲货币联盟的汇率钉住的例子所证实。

　　除非在以下两种情况下，以汇率为指标可能不是工业化国家控制整体经济的最好的货币政策策略，即一是国内货币和政治机构不能做出良好的货币政策决策；二是存在其他重大的和货币政策无关的汇率指标利益。

以汇率为指标有以下几个优点：

其一，国际贸易商品的国外价格是由世界市场决定的，而这些商品的国内价格由汇率指标得以固定。汇率指标的名义锚将国际贸易商品的通货膨胀率和核心国相挂钩，从而有助于控制通货膨胀。例如，2002 年之前，阿根廷比索对美元的汇率恰好是 1：1，因此国际贸易中 5 美元 / 蒲式耳小麦的价格就被确定为 5 阿根廷比索。如果汇率指标是可信的（也就是预计能够固定住），那么汇率指标的另一个好处就是，将通货膨胀预期和核心国的通货膨胀率固定在一起。

其二，汇率指标为货币政策的实施提供了自动规则，从而缓解了时间一致性问题。当本国货币有贬值趋势时，汇率指标会促使推行紧缩的货币政策；当本国货币有升值的趋势时，汇率指标会促使推行宽松的货币政策。因此，就不大可能选择自由放任的一致性的货币政策。

其三，汇率指标具有简单和明晰的优点，使得公众容易理解。"稳定的货币"是货币政策易于理解的追求目标。过去，这一点在法国非常重要，建立"法郎堡垒"（坚挺的法郎）的要求经常被用来支持紧缩的货币政策。

尽管汇率指标有内在的优点，但针对这个策略还是有一些严厉的指责。问题在于，追求汇率指标的国家，由于资本的流动，钉住国不能再实施独立的货币政策，丧失了利用货币政策应付国内突发事件的能力。而且，汇率指标意味着核心国遭受的突发冲击会被直接传递到钉住国，因为核心国利率的变动会导致钉住国利率的相应变动。

汇率指标引起的第二个问题是，钉住国向冲击它们货币的投机者敞开了大门。实际上，德国统一的一个后果就是 1992 年 9 月的外汇危机。德国统一后的紧缩性货币政策意味着 ERM 国家会遭受需求的负面冲击，这种冲击会导致经济增长下滑和失业率提高。对这些国家的政府来说，在这样的情况下维持汇率相对于德国马克固定不变，当然是可行的，但是，投机者开始琢磨，这些国家钉住汇率的承诺是否会削弱？投机者断定，这些国家要抵挡对其货币的冲击，必须保持相当高的利率，由此所引起的失业率上升是这些国家政府难以容忍的。

在新兴市场国家，汇率指标也是迅速降低通货膨胀率的有效手段。许多新兴市场国家的政治和货币机构特别薄弱，因而这些国家遭受了持续的恶性通货膨胀，对于这些国家，以汇率为指标可能是打破通货膨胀心理、稳定经济的唯一途径。另一方面，新兴市场国家对外汇市场信号效应的需求可能更为强烈，因为中央银行的资产负债表和行为不像工业化国家那样透明。以汇率为指标可能使得人们更难判断中央银行的政策举动，1997年7月货币危机之前的泰国就是如此。汇率指标是最后的稳定政策，公众不能监控中央银行以及政治家对中央银行施加的压力，使货币政策很容易变得过于扩张。然而，如果新兴市场国家以汇率为指标的制度没有一直保持透明，这些制度更有可能崩溃，通常导致灾难性的金融危机。

法国和英国通过将它们货币的价值钉住德国马克，成功地使用了汇率指标来降低通货膨胀率。1987年，当法国首次将汇率钉住德国马克，它的通货膨胀率是3%，高于德国通货膨胀率2个百分点。到1992年，它的通货膨胀率降到2%，该水平可以被认为是与物价稳定相一致的，甚至低于当年德国的通货膨胀率。到1996年，法国和德国的通货膨胀率十分相近，达到略低于2%的水平。类似地，英国在1990年钉住德国马克之后，到1992年被迫退出汇率机制之时，已经将通货膨胀率从10%降到3%。工业化国家已经成功地利用汇率指标控制了通货膨胀。

钉住汇率的货币政策策略由来已久。它的形式可以是，将本国货币的价值固定于黄金等商品，即前面所介绍的金本位制度的关键特征。近年来，固定汇率制度已经发展为将本国货币的价值同美国、德国等通货膨胀率较低的大国货币固定在一起。另一种方式是采用爬行指标或钉住指标，即允许货币以稳定的速率贬值，以使钉住国的通货膨胀率能够高于核心国的通货膨胀率。

经济规模小和经济实力较弱的发展中国家倾向于选择钉住汇率制，这主要是由于它们承受外汇风险的能力较差。目前的固定汇率制主要表现为钉住汇率制。这种钉住不同于布雷顿森林体系下钉住美元的做法，因为那时美元是与黄金挂钩的，而美元的金平价又是固定的。而布雷顿森林体系瓦解后，一些国家所钉住的货币本身的汇率却是浮动的。因此，目前的固定汇率制本质上应该是浮动汇率制。

"巨无霸指数" 反映购买力平价

1986 年 9 月，英国著名的杂志《经济学人》推出了有趣的"巨无霸指数"，将世界各国麦当劳里的巨无霸汉堡包价格，根据当时汇率折合成美元，再对比美国麦当劳里的售价，来测量两种货币在理论上的合理汇率。巨无霸指数是一个非正式的经济指数，用以测量两种货币的汇率理论上是否合理，从而得出这种货币被"高估"或"低估"的结论。在一些西方经济学家眼中，麦当劳的巨无霸已经成为评估一种货币真实价值的指数，这个指数风靡全球。

两国的巨无霸的购买力平价汇率的计算法，是用一个国家的巨无霸以当地货币的价格，除以另一个国家的巨无霸以当地货币的价格。该商数用来跟实际的汇率比较，要是商数比汇率为低，就表示第一国货币的汇价被低估了；相反，要是商数比汇率为高，则第一国货币的汇价被高估了。

举例而言，假设一个巨无霸在美国的价格是 4 美元，而在英国是 3 英镑，那么经济学家认为美元与英镑的购买力平价汇率就是 3 英镑等于 4 美元。而如果在美国一个麦当劳巨无霸的价格是 2.54 美元，在英国是 1.99 英镑、在欧元区是 2.54 欧元，而在中国只要 9.9 元的话，那么经济学家由此推断，人民币是世界上币值被低估最多的货币。这种测量方法假定购买力平价理论成立。

有关汇率决定的最著名的一个理论就是购买力平价理论。购买力平价理论最早是由 20 世纪初瑞典经济学家古斯塔夫·卡塞尔提出的。该理论指出，在对外贸易平衡的情况下，两国之间的汇率将会趋向于靠拢购买力平价。一般来讲，这个指标要根据相对于经济的重要性考察许多货物才能得出。简单地说，购买力平价是国家间综合价格之比，即两种或多种货币在不同国家购买相同数量和质量的商品和服务时的价格比率，用来衡量对比国之间价格水平的差异。

例如，购买相同数量和质量的一篮子商品，在中国用了 80 元人民币，在美国用了 20 美元，对于这篮子商品来说，人民币对美元的购买力平价是 4∶1，也就是说，在这些商品上，4 元人民币购买力相当于 1 美元。如果当一国物价水平相对于另一国上升，其货币应当贬值（另一国货币应当升值）。假定相对于美国钢材的价格（仍然为 100 美元），日本钢材的日元价格上升了 10%（1.1 万日元）。如果日本的物价水平相对于美国上涨了 10%，美元必须升值 10%。

这一理论在长期实践中得到了证实。从 1973 年至 2002 年底，英国物价水平相对于美国上涨了 99%，按照购买力平价理论，美元应当相对于英镑升值，实际情况正是如此，尽管美元只升值了 73%，小于购买力平价理论计算的结果。

例如，如果有代表性的一组货物在美国值 2 美元，在法国值 10 法郎，汇率就应该是 1 美元等于 5 法郎。因此，购买力平价理论认为：一个平衡的汇率是使所比较的两种通货在各自国内购买力相等的汇率，偏离于使国内购买力相等的汇率是不可能长期存在的。如果一件货物在美国所值的美元价格相当于法国所值的法郎价格的 1/5，而汇率却是 1 美元等于 1 法郎，那么，每个持有法郎的人就会把法郎换成同数的美元，而能够在美国购买 5 倍的货物。但市场上对美元的需求会使汇率上涨，一直达到 1 美元等于 5 法郎为止，也就是达到它的货币购买力的比率与各国货币所表示价格水平的比率相等为止。

购买力平价理论认为，人们对外国货币的需求是由于用它可以购买外国的商品和劳务，外国人需要其本国货币也是因为用它可以购买其国内的商品和劳务。因此，本国货币与外国货币相交换，就等于本国与外国购买力的交换。所以，用本国货币表示的外国货币的价格也就是汇率，决定于两种货币的购买力比率。由于购买力实际上是一般物价水平的倒数，因此两国之间的货币汇率可由两国物价水平之比表示。这就是购买力平价说。从表现形式上来看，购买力平价说有两种定义，即绝对购买力平价和相对购买力平价。

购买力平价决定了汇率的长期趋势。不考虑短期内影响汇率波动的各种短期因素，从长期来看，汇率的走势与购买力平价的趋势基本上是一致的。因此，购买力平价为长期汇率走势的预测提供了一个较好的方法。

购买力平价的大前提为两种货币的汇率会自然调整至一水平，使一篮子货物在该两种货币的售价相同（一价定律）。在"巨无霸指数"，该一篮子货物就是一个在麦当劳连锁快餐店里售卖的巨无霸汉堡包。选择巨无霸的原因是，巨无霸在多个国家均有供应，而它在各地的制作规格相同，由当地麦当劳的经销商负责为材料议价。这些因素使该指数能有意地比较各国货币。

现行的货币汇率对购买力平价于比较各国人民的生活水平将会产生误导。例如，如果墨西哥比索相对于美元贬值一半，那么以美元为单位的国内生产总值也将减半。可是，这并不表明墨西哥人变穷了。如果以比索为单位的收入和价格水平保持不变，而且进口货物在对墨西哥人的生活水平并不重要（因为这样进口货物的价格将会翻倍），那么货币贬值并不会带来墨西哥人的生活质量的恶化。如果采用购买力平价就可以避免这个问题。

体现商品价值的一价定律

假定美国钢材的价格为每吨 100 美元，与其同质的日本钢材的价为每吨 1 万日元。按照一价定律，日元和美元的汇率应当是 100 日元 / 美元

（0.01美元／日元），这样每吨美国钢材在日本的价格为1万日元（等于日本钢材的价格），而每吨日本钢材在美国的价格为100美元（等于美国钢材的价格）。如果汇率为200日元／美元，每吨日本钢材在美国的价格为50美元，是美国钢材价格的一半；而每吨美国钢材在日本的价格为2万日元，是日本钢材的2倍。由于美国钢材在这两个国家都比日本钢材价格高，并且与日本钢材同质，美国钢材的需求就会减少为零。假定美国钢材的美元价格不变，只有当汇率下跌到100日元／美元的水平上，由此产生的美国钢材超额供给才会消除，此时，美国钢材和日本钢材在这两个国家的价格都是相固定的。这就是金融学当中著名的一价定律。

一价定律即绝对购买力平价理论，它是由货币学派的代表人物米尔顿·弗里德曼提出的。一价定律可简单表述为：当贸易开放且交易费用为零时，同样的货物无论在何地销售，其价格都相同。这揭示了国内商品价格和汇率之间的一个基本联系。一价定律认为，在没有运输费用和官方贸易壁垒的自由竞争市场上，一件相同商品在不同国家出售，如果以同一种货币计价，其价格应是相等的。按照一价定律的理论，任何一种商品在各国间的价值是一致的。（通过汇率折算之后的标价是一致的）若在各国间存在价格差异，则会发生商品国际贸易，直到价差被消除，贸易停止，这时达到商品市场的均衡状态。

1934年，英国经济学家格里高利首先提出了均衡汇率的概念。他说，实际上存在着三种汇率：第一，事实上的汇率，即市场上流行的汇率；第二，真实的均衡汇率，是根据购买力平价，再估计到国际收支方面的各项因素及和通货膨胀无关的其他各种因素而得出的汇率；第三，购买力平价，是按各国一般物价水平的对比而计算出来的汇率。格里高利认为，真实的均衡汇率只是极近似购买力平价，而不等于购买力平价。至于事实上的汇率，则既不同于真实的均衡汇率，又有别于购买力平价。

购买力平价理论是基于两国所有商品同质与运输成本和贸易壁垒很低的假定，得出汇率完全由物价水平的相对变化所决定的结论。并非所有商品和服务（其价格被包括在一国的物价水平当中）都可以跨境交易。住宅、土地以及餐饮、理发和高尔夫等服务都是不能进行交易的商品，因此，即使这些商品的价格上涨，导致该国相对于其他国家物价的水平上升，也不会影响汇率。

我们的分析表明，有四个因素在长期影响汇率：相对物价水平、关税和配额、对国内和外国商品的偏好以及生产能力。任何增加国内商品相对于外国商品需求的因素都可能导致国内货币升值，因为即使当国内货币价值升高时，国内商品也能继续销售。同理，任何增加国外商品相对于国内商品需求的因素都可能导致国内货币贬值，因为只有当国内货币价值降低时，国内商品才会继续销售。

相对物价水平按照购买力平价理论，美国商品价格上升（假定外国商品价格不变），对美国商品的需求会减少，美元趋于贬值，使美国商品得以继续销售。相反，如果日本商品价格上升，美国商品的相对价格下跌，对美国商品的需求会增加，美元趋向升值，因为即使美元价值上升，美国商品也会继续销售良好。长期来看，一国物价水平的上升会导致其货币贬值，而一国相对物价水平的下跌会导致其货币升值。

自由贸易壁垒会影响汇率。假定美国提高关税，或者给予日本钢材以较少的配额，这些贸易壁垒增加了对美国钢材的需求，美元趋于升值，因为即使美元价值升高，美国钢材也会保持良好的销售态势，增加贸易壁垒导致该国货币长期内升值。

如果日本人偏好美国商品，譬如说佛罗里达州的柑橘和美国电影，对美国商品需求（出口）的增加导致美元升值，因为即使美元价值升高，美国商品的销售也会非常好。同样，如果相对于美国汽车而言，美国人更偏好日本汽车，对日本商品需求（进口）的增加导致美元的贬值。对一国出口的需求增加导致其货币长期内升值；相反，对进口的需求增加会导致该国货币贬值。

如果一国的生产能力相对于其他国家提高，该国的企业就能降低本国商品相对于外国商品的价格，并仍能赚取利润。于是，国内商品需求增加，国内货币趋于升值。然而，如果一国生产能力的提高滞后于其他国家，其商品的相对价格就会升高，其货币趋于贬值。从长期来看，一国相对于其他国家生产能力提高，其货币就会升值。

由此我们可以得出这样一个重要结论，即一价定律成立的前提条件有四个：一是对比国家都实行了同等程度的货币自由兑换，货币、商品、劳务和资本流通是完全自由的；二是信息是完全的；三是交易成本为零；四是关税为零。

同自由市场上其他任何商品或资产的价格相同，供给和需求共同决定了汇率。为了简化对自由市场上外汇决定的分析，我们将其分为两个步骤。首先，我们考察长期汇率是如何决定的；之后，我们利用长期汇率决定的知识来理解短期汇率决定机制。

一价定律在评价成本和收益以计算净现值时，可以用任何一个竞争市场的价格来确定它们的现金价值，而不用考虑所有可能的市场价格。

固定汇率好还是浮动汇率好

自 2005 年 7 月 21 日起，我国开始实行以市场供求为基础、参考一篮子货币进行调节、有管理的浮动汇率制度。人民币汇率不再钉住单一美元，形成更富弹性的人民币汇率机制。

2005 年 7 月 21 日，美元对人民币交易价格调整为 1 美元兑 8.11 元人民币，作为次日银行间外汇市场上外汇指定银行之间交易的中间价，外汇指定银行可自此时起调整对客户的挂牌汇价。此后，每日银行间外汇市场美元对人民币的交易价仍在人民银行公布的美元交易中间价上下千分之三的幅度内浮动，非美元货币对人民币的交易价在中国人民银行公布的该货币交易中间价上下一定幅度内浮动。

中国人民银行将根据市场发育状况和经济金融形势，适时调整汇率浮动区间。同时，中国人民银行负责根据国内外经济金融形势，以市场供求为基础，参考一篮子货币汇率变动，对人民币汇率进行管理和调节，维护人民币汇率的正常浮动，保持人民币汇率在合理、均衡水平上的基本稳定，促进国际收支基本平衡，维护宏观经济和金融市场的稳定。至此，人民币汇率改革首次破冰，引发市场活跃。

人民币为什么要放弃固定汇率制度而改为浮动的汇率制度？为什么这一改革道路进行得颇为艰难？

固定汇率是将一国货币与另一国家货币的兑换比率基本固定的汇率，固定汇率并非汇率完全固定不动，而是围绕一个相对固定的平价的上下限范围波动，该范围最高点叫"上限"，最低点叫"下限"。当汇价涨或跌到上限或下限时，政府的中央银行要采取措施，使汇率维持不变。在19世纪初到20世纪30年代的金本位制时期、第二次世界大战后到20世纪70年代初以美元为中心的国际货币体系，都实行固定汇率制。

固定汇率的优点有以下两点：一是有利于经济稳定发展；二是有利于国际贸易、国际信贷和国际投资的经济主体进行成本利润的核算，避免了汇率波动风险。

缺点包括以下三点：

一是汇率基本不能发挥调节国际收支的经济杠杆作用。二是为维护固定汇率制将破坏内部经济平衡。比如一国国际收支逆差时，本币汇率将下跌，成为软币，为不使本币贬值，就需要采取紧缩性货币政策或财政政策，但这种政策会使国内经济增长受到抑制、失业增加。三是引起国际汇率制度的动荡和混乱。东南亚货币金融危机就是一例。

浮动汇率是固定汇率的对称。根据市场供求关系而自由涨跌，货币当局不进行干涉的汇率。在浮动汇率下，金平价已失去实际意义，官方汇率也只起某种参考作用。就浮动形式而言，如果政府对汇率波动不加干预，完全听任求关系决定汇率，称为自由浮动或清洁浮动。但是，各国政府为了维持汇率的稳定，或出于某种政治及经济目的，要使汇率上升或下降，都或多或少地对汇率的波动采取干预措施。这种浮动汇率在国际上通称为管理浮动或肮脏浮动。1973年固定汇率制瓦解后，西方国家普遍实行浮动汇率制。

浮动汇率制度的主要长处是防止国际游资冲击，避免爆发货币危机；有利于促进国际贸易的增长和生产的发展；有利于促进资本流动等等。缺点是经常导致外汇市场波动，不利于长期国际贸易和国际投资的进行；不利于金融市场的稳定；基金组织对汇率的监督难以奏效，国际收支不平衡状况依然得不到解决；对发展中国家更为不利。

浮动汇率制度形式多样化，包括自由浮动、管理浮动、钉住浮动、单一浮动、联合浮动等。在浮动汇率制度下，汇率并不是纯粹的自由浮动，政府在必要的时候会对汇率进行或明或暗的干预。由于汇率的变化是由市场的供求状况决定的，因此浮动汇率比固定汇率波动要频繁，而且波幅大。特别提款权的一篮子汇价成为汇率制度的组成部分。有管理的浮动汇率制是指一国货币当局按照本国经济利益的需要，不时地干预外汇市场，以使本国货币汇率升降朝着有利于本国的方向发展的汇率制度。在有管理的浮动汇率制下，汇率在货币当局确定的区间内波动。区间内浮动有助于消除短期因素的影响，当区间内的汇率波动仍无法消除短期因素对汇率的影响时，中央银行再进行外汇市场干预以消除短期因素的影响。

在现行的国际货币制度下，大部分国家实行的都是有管理的浮动汇率制度。有管理的浮动汇率是以外汇市场供求为基础的，是浮动的，不是固定的。它与自由浮动汇率的区别在于它受到宏观调控的管理，即货币当局根据外汇市场形成的价格来公布汇率，允许其在规定的浮动幅度内上下浮动。一旦汇率浮动超过规定的幅度，货币当局就会进入市场买卖外汇，维持汇率的合理和相对稳定。

2005年以来，中国开始了一篮子货币的浮动汇率制度，自此以后，人民币汇率问题一直是国内外舆论关注的热点。2006年人民币加速了升值的速度，随着 2007、2008 两年经济的快速发展，人民币在一路"高升"之后渐趋于平稳。这让央行大大松了一口气。对央行来说，保持人民币汇率内外均衡一直是央行政策中的重点。但什么样的汇率水平才是均衡的？这一问题值得探讨。

在 1944 年，经济学家努克斯给均衡汇率下了一个更为简洁的定义，即"均衡汇率是这样一种汇率，它在一定时期内，使国际收支维持均衡，而不引起国际储备净额的变动"。1945 年，他又进一步对均衡汇率的概念进行修正：均衡汇率是在 3 年左右的时间内，维持一国国际收支均衡状态而不致造成大量失业或求助于贸易管制时的汇率。自此以后，凯恩斯主义者们就以就业作为判断汇率是否均衡的标准。

均衡汇率理论实际上并不是关于解释汇率决定和汇率变动的理论，而是从一个国家的国内经济状况、国际收支的变动等诸方面来考虑汇率水平是否合理，判断汇率是高估还是低估，并决定汇率水平是否应当变动。因此，均衡汇率理论实际上是一种政策性工具。它未能回答汇率的决定政策问题，却在汇率理论和汇率政策之间架起了桥梁，因而也具有非常重要的意义。但是，均衡汇率理论的一些基本内容是建立在诸如"其他一切都不变化"的前提下，而这个条件在现实中是几乎不存在的，这个缺陷限制了均衡汇率理论作为一种政策工具的"可操作性"，因而降低了它的实际应用意义。

固定汇率制度和浮动汇率制度是两种不同的汇率制度，某个国家在某个经济周期，结合本国的经济结构，固定汇率制度可能优于浮动汇率制度，而另一个阶段，另一种经济结构下，浮动汇率制度又有可能优于固定汇率制度。所以，权衡固定汇率制度好还是浮动汇率制度好，一定要结合本国的具体国情和经济发展状况，才能做出客观理性的分析。

汇率政策必须审慎

汇率和国内的物价水平也有密切的关联。对中国经济来说，浮动汇率会减缓外汇储备的增长速度，避免外汇储备更大的贬值，提高政府财政方面的长期健康水平；会允许中国货币政策独立于外国经济形势，完全根据国内情况而制定，缓解国内商业周期的负面影响；会减少资产价格上升导致通货膨胀的风险。汇率对经济造成的影响还远非这么直观和简单。这一点同样可以通过网上广为流传的一个浅显的故事来表达。

据说有一个外星人来到地球上，发现一种果子很好吃，他说："我要吃这种果子。"地球人告诉他："好，但要先确定你到哪里去买，到中国去买，1元人民币1个，到欧洲去买，1欧元1个。"

外星人说："那我用1欧元买一个好了。"

地球人说："慢！其实你不用花钱就可以，你先从中国借一个果子，到欧洲去换1欧元，拿1欧元到中国去，就可以换10个果子，拿一个果子还给中国人，你就白得了9个果子，你再拿9个果子再去换9欧元，再到中国去换90个果子，再拿这90个果子去换90欧元，再到中国去换900个果子……这样下去中国的果子都被你拿走了！"外星人惊讶道："还有这样的好事！那中国人为什么不把果子运到欧洲去卖钱？

"因为中国政府需要出口外汇，所以规定10元人民币＝1欧元，就是规定了10个中国的果子＝欧洲一个果子呀，就算把中国的果子拿去卖也赚不了钱啊。"

"难怪中国的外汇储备世界第一呀！那中国要这么多的外汇做什么用啊？

"暂时来说这么多的外汇实际上还没有派上用处呢！因为如果中国把这个钱花在外国，就起到只能买一个果子的作用，就是说本来手里有10个果子，一交换就变成只有 1 个果子，再交换一次就变成 0.1 个果子，再交换一次就变成 0.01 个果子……那这样越交换就越穷了。现在中国把它换成人民币，所以我们现在人民币越来越多，才会引起通货膨胀啊。"

汇率对经济的影响是深远的。实际上，世界各国政府都极大关注汇率状况。在与国外正式进行贸易后，所有国家每天都在进行汇率战争，这并非凭空虚构。从历史上看，汇率战争中获胜的国家分享了经济繁荣，而失利的国家则要忍受严重的经济苦难。一个国家在本国货币的对外价值，即以汇率为对象进行的战争中获胜与否，左右着一个国家的经济命运。当然，经济的兴衰不是完全由汇率决定的，许多经济变量共同作用于国家经济，决定其兴或亡、增长或衰落。

一部分经济学者探讨了国民性的重要性问题。他们列举了经济增长国家的国民性，如对环境变化的适应力、资源分配的转换能力、创意性和发明能力、活跃性、反应力和灵活性、恢复力等。同时列举了衰落或停滞国家的国民性，如对变化的抗拒、逃避危险、懒惰、麻木、被动、懈怠、麻痹状态等。不过，也很难区分这些是增长或衰落的原因还是结果。或许被视为结果更符合现实。新近新兴工业国中，特别是东南亚国家更加如实地证明了这一点。过去东南亚各国的国民虽然被错误地评价为具有懒惰等国民性，但经济跃进后，他们变得勤劳和具有挑战性，不逊色于任何民族。随着经济的增长，国民性也发生了根本性的转变。

为了成功引领汇率政策，应正确地推断增长潜力和国际竞争力。如果对增长潜力和国际竞争力估值偏低或估值偏高，汇率政策只能失败，因为汇率政策在正确推定增长潜力和国际竞争力时才能成功。如果增长潜力和国际竞争力的增长率较许可范围记录的高，经济就会马上力竭。相反，如果增长潜力和国际竞争力的增长率较许可范围记录的低，增长潜力和国际竞争力就会恶化。打个易于理解的比喻，如果马拉松选手赛跑的速度超过了自身的能力（体力），就会很快精疲力竭，无法赛跑了。同样，如果赛跑的速度低于自身的能力，选手的实力就会逐渐降低，因为马拉松运动员的实力要在试图跑得最快的过程中才能提高。汇率政策与此没有太大的不同。

首先，如果实施的汇率政策以记录的增长率超出了增长潜力和国际竞争力为前提，则物价会出现严重的不稳定，导致物价上涨的恶性循环，随之，国际收支严重恶化，外汇储备枯竭，进而爆发外汇危机。这种情况在发展中国家时常发生，也偶发于发达国家。实际上，美国在20世纪60年代实施了扩大财政支出以提高增长率的政策，但进入20世纪70年代物价不稳定问题才真正暴露出来，加之石油危机的来袭，美国深受严重的滞胀危机之苦。虽然国际收支迅速恶化，但由于美元是国际基础货币，所以没有遭遇外汇储备枯竭的危机。

不过，英国的情况完全不同。它与美国一样在20世纪60年代为止扩大了财政支出，维持了经济的良好态势，不过记录的增长率较潜在增长率高，因而出现了物价不稳定和国际收支的恶化。英国不仅深受滞胀的煎熬，还遭遇了外汇危机，最终不得不于1976年末接受了国际货币基金组织的救济贷款。

潜在增长率是指以不引发物价不稳定和国际收支恶化为前提的最高增长率，因此，不发生物价不稳定和国际收支恶化时所达到的最高增长率可以视为潜在增长率。特别是在开放进口的情况下，国际收支不恶化期间记录的最高增长率可以推定为潜在增长率。换言之，实现国际收支均衡时记录的最高增长率就是国际竞争力，因为物价不稳定，进口会首先急剧上升。

经济的兴衰并非单纯是由某一个变量决定的。"汇率政策"决定了国家经济的兴衰也很难被视为一般理论。尽管如此，汇率浮动对国家经济的兴衰具有十分重要的作用这一事实是被历史证明过的了。

经济学的经济增长理论认为，劳动、资本、技术、资源等生产要素的增加能够促进经济增长。不过，这一理论也有其根本的局限性。因为当其他生产要素保持了一定的水平，而只有生产要素中的一个或几个要素增加了，经济本应增长，但却反而衰落的情况比比皆是。

举例而言，中国清朝末期，劳动和资本的积累增加了，科学技术或资源也未退步，但经济困难却日渐深化。这些事实表明，生产要素可以作为说明经济增长的重要变量，但在寻找经济衰落的原因时却毫无助益。这与身高、体重等体格超出常人的人并不都能成为优秀的田径运动员或足球运动员是一样的道理。劳动、资本、技术和资源等经济条件也是如此。

经济学者们对经济衰落的具体原因列举如下：投资率和储蓄率的减少；生产率低下；经济结构从实物产业移向金融产业；在国际竞争中失败；经济关注点从生产移向消费和财产方面；等等。不过，很难区分这些是经济衰落的原因还是结果。举例来说，尽管 20 世纪 90 年代美国的投资率和储蓄率较日本或欧洲的其他国家相对低些，而且美国的储蓄率较以往减少了，但经济增长率反而更高了。美国不仅在海外市场竞争中失利，在国内竞争中也败给了其他国家，从实物产业向金融产业的结构变化很快，国民关注点从生产向消费或财产方面转移得也很迅速，可是美国却在 20 世纪 90 年代到 21 世纪初实现了长期的经济繁荣。

仔细察看世界历史中反复上演的经济兴衰过程，特定的经济变量不是在一个时代都同时出现的，同时出现的现象并不多，汇率政策的成功和失败与其他因素共同决定了经济的命运。

汇率政策的成功和失败对国家经济的兴衰产生着更普遍、更强有力的影响，对于汇率政策的制定和实施，各个国家需要极为慎重和谨慎。

影响汇率变动的因素是什么

一国外汇供求的变动要受到许多因素的制约。这些因素既有经济的，也有非经济的，而各个因素之间又是相互联系、相互制约，甚至相互抵消的关系。因此，汇率变动的原因极其错综复杂。影响汇率变动的原因是多方面的，总的来说，一国经济实力的变化与宏观经济政策的选择，是决定汇率长期发展趋势的根本原因。除此以外，下列因素也影响汇率变动：

1. 一国的国际收支状况

国际收支状况是决定汇率趋势的主导因素。国际收支是一国对外经济活动中的各种收支的总和。一般情况下，国际收支逆差将引起本币贬值，外币升值，即外汇汇率上升。国际收支顺差则引起外汇汇率下降。国际收支变动决定汇率的中长期走势。

例如，自 20 世纪 80 年代中后期开始，美元在国际经济市场上长期处于下降的状况，而日元"恰恰"相反，一直不断升值。究其原因，就是美国长期以来出现国际收支逆差，而日本持续出现巨额顺差。仅以国际收支经常项目的贸易部分来看，当一国进口增加而产生逆差时，该国对外国货币产生额外的需求，这时，在外汇市场就会引起外汇升值，本币贬值，反之，当一国的经常项目出现顺差时，就会引起外国对该国货币需求的增加与外汇供给的增长，本币汇率就会上升。

2. 一国的国民收入

国民收入的变动引起汇率是升还是降，要取决于国民收入变动的原因。如果国民收入是因增加商品供给而提高的，则在一个较长时间内该国货币的购买力得以加强，外汇汇率就会下降。如果国民收入因扩大政府开支或扩大总需求而提高，在供给不变的情况下，超额的需求必然要通过扩大进口来满足，这就使外汇需求增加，外汇汇率就会上升。

3. 通货膨胀率的高低

通货膨胀率的高低是影响汇率变化的基础。如果一国的货币发行过多，流通中的货币量超过了商品流通过程中的实际需求，就会造成通货膨胀。通货膨胀使一国的货币在国内购买力下降，使货币对内贬值，在其他条件不变的情况下，货币对内贬值，必然引起对外贬值。因为汇率是两国币值的对比，发行货币过多的国家，其单位货币所代表的价值量减少，因此该国货币在折算成外国货币时，就要付出比原来更多的该国货币。

4. 货币供给是决定货币价值、货币购买力的首要因素

如果本国货币供给减少，则本币由于稀少而更有价值。通常货币供给减少与银根紧缩、信贷紧缩相伴而行，从而造成总需求、产量和就业下降，商品价格下降，本币价值提高，外汇汇率将相应地下跌。如果货币供给增加，超额货币则以通货膨胀的形式表现出来，本国商品价格上涨，购买力下降，这会促进相对低廉的外国商品大量进口，外汇汇率上升。

5. 一国的财政收支状况对国际收支有很大影响

财政赤字扩大，将增加总需求，常常导致国际收支逆差及通货膨胀加剧，结果本币购买力下降，外汇需求增加，进而推动汇率上涨。如果财政赤字扩大时，在货币政策方面辅之以严格控制货币量、提高利率的举措，反而会吸引外资流入，使本币升值，外汇汇率将下降。

6. 利率差异即利率高低，会影响一国金融资产的吸引力

一国利率的上升，会使该国的金融资产对本国和外国的投资者来说更有吸引力，从而导致资本内流，汇率升值。当然，不能不考虑一国利率与别国利率的相对差异，如果一国利率上升，但别国也同幅度上升，则汇率一般不会受到影响；如果一国利率虽有上升，但别国利率上升更快，则该国利率相对来说反而下降了，其汇率也会趋于下跌。利率因素对汇率的影响是短期的。一国仅靠高利率来维持汇率强盛，其效果是有限的，因为这很容易引起汇率的高估，而汇率高估一旦被市场投资者（投机者）所认识，很可能产生更严重的本国货币贬值风潮。

例如，20世纪80年代初期，里根入主白宫以后，为了缓和通货膨胀，促进经济复苏，采取了紧缩性的货币政策，大幅度提高利率，其结果使美元在20世纪80年代上半期持续上扬，但是1985年，伴随美国经济的不景气，美元高估的现象已经相当严重，从而引发了1985年秋天美元开始大幅度贬值的浪潮。

7. 各国汇率政策和对市场的干预

在浮动汇率制下，各国中央银行都尽力协调各国间的货币政策和汇率

政策，力图通过影响外汇市场中的供求关系来达到支持本国货币稳定的目的。中央银行影响外汇市场的主要手段是：调整本国的货币政策，通过利率变动影响汇率；直接干预外汇市场；对资本流动实行外汇管制。

8. 投机活动与市场心理预期

自 1973 年主要资本主义国家实行浮动汇率制以来，外汇市场的投机活动愈演愈烈，投机者往往拥有雄厚的实力，可以在外汇市场上推波助澜，使汇率的变动远远偏离其均衡水平。

另外，外汇市场的参与者和研究者，包括经济学家、金融专家和技术分析员、资金交易员等，他们对市场的判断及对市场交易人员心理的影响，交易者自身对市场走势的预测，都是影响汇率短期波动的重要因素。当市场预计某种货币趋跌时，交易者会大量抛售该货币，造成该货币汇率下浮的事实；反之，当人们预计某种货币趋于坚挺时，又会大量买进该种货币，使其汇率上扬。公众预期的投机性和分散性的特点，加剧了汇率的短期波动。

9. 政治与突发因素

政治与突发因素对外汇市场的影响是直接和迅速的，这些因素包括政局的稳定性，政策的连续性，政府的外交政策以及战争、经济制裁和自然灾害等。另外，西方国家大选也会对外汇市场产生影响。政治与突发事件因其突发性及临时性，使市场难以预测，故容易对市场造成冲击。

总之，影响汇率的因素是多种多样的，这些因素的关系是错综复杂的，有时这些因素同时起作用，有时个别因素起作用，有时这些因素甚至起互相抵消的作用，有时这个因素起主要作用，另一个因素起次要作用。但是从长时间来看，汇率的变动主要受国际收支的状况和通货膨胀所制约，因而国际收支的状况和通货膨胀是决定汇率变化的基本因素，利率因素和汇率政策只能起从属作用，即助长或削弱基本因素所起的作用。一国的财政货币政策对汇率的变动起着决定性作用。政治与突发事件、投机活动只是在其他因素所决定的汇价基本趋势基础上起推波助澜的作用。

第十一章

为什么钱越来越不值钱

——关于通货膨胀的财经常识

滞胀不是没有可能的。在经济中具有重要意义的两个预期，一个是通货膨胀预期，一个是企业盈利前景的预期。稳定人们的通货膨胀预期，对治理通货膨胀是有效的。但如果忽略了企业盈利前景预期，企业不但会降低投资的信心，甚至会见好就收，因为再经营下去，就得不偿失，企业对前景的不看好和采取收缩的做法，必然带来财政收入减少等问题，滞胀就是这么来的。另一方面，失业人数增加，经济增长滑坡，这对社会的影响不言而喻。因此目前在采取措施之前，不能忽略两种预期同样重要，否则，难道我们费这么大的劲实现货币流通正常水平，就是引发一次滞胀吗？

——厉以宁

钱不经用的背后

你会发现，手中的钱还是那么多，甚至比原来多了不少，可是却不经用了。这到底是怎么回事？为什么你的钱会越来越不值钱了？要解释这个问题还要从通货膨胀说起。

英国经济学家哈耶克认为，要找出通货膨胀的真正原因，就必须先对通货膨胀的概念进行界定，分清什么是通货膨胀，什么不是通货膨胀。他认为物价上涨是否具有通货膨胀性，关键看其原因何在。如果通货膨胀是货币数量过度增加而引起的，那么货币数量过多是形成通货膨胀的唯一原因。

有个聪明的穷人 A 想挣钱，他在海边捡了一颗石子，说这颗石子值100 万元，把它卖给了一个人 B，B 觉得自己所有的钱加一起也没有 100 万元啊，怎么办，于是向银行借，银行也没有这么多钱，于是把印钞机打开，印了这 100 万元，借给了 B 买了这颗石子。

然后 B 开始转卖这颗石子，以 100 万元卖给了 C，由于 A 把钱花了，所以岛上的钱多了，所以这 100 万元可以筹集到，多卖些产品就有了。但当 C 把这颗石子以 200 万元转让的时候，银行只能又印了 100 万元，就这样钞票越印越多。当这颗石子不停地流动时，大家并不觉得岛上的钱多，产品价格还是原来的那样。可是当这颗石子不流通或流通得慢时，大家觉得钱多了。可是如果当持有石子的人把它扔到大海里，那就等于岛上凭空多出 N 个 100 万元来，怎么办？央行最害怕的就是这颗石子没了。它没了，岛上产品的价格就会飞涨，就会通货膨胀。那么持有石子的人就绑架了岛上的经济。

在纸币流通条件下，因货币供给大于货币实际需求，也即现实购买力大于产出供给，导致货币贬值，而引起的一段时间内物价持续而普遍地上涨现象，其实质是社会总需求大于社会总供给。

因此，通货膨胀只有在纸币流通的条件下才会出现，在金银货币流通的条件下不会出现此种现象。因为金银货币本身具有价值，作为贮藏手段的职能，可以自发地调节流通中的货币量，使它同商品流通所需要的货币量相适应。而在纸币流通的条件下，因为纸币本身不具有价值，它只是代表金银货币的符号，不能作为贮藏手段，因此，纸币的发行量如果超过了商品流通所需要的数量，就会贬值。例如：商品流通中所需要的金银货币量不变，而纸币发行量超过了金银货币量的一倍，单位纸币就只能代表单位金银货币价值量的1/2。在这种情况下，如果用纸币来计量物价，物价就上涨了一倍，这就是通常所说的货币贬值。此时，流通中的纸币量比流通中所需要的金银货币量增加了一倍，这就是通货膨胀。

在经济学中，通货膨胀主要是指价格和工资的普遍上涨，在经济运行中出现的全面、持续的物价上涨的现象。纸币发行量超过流通中实际需要的货币量，是导致通货膨胀的主要原因之一。纸币发行量超过流通中实际需要的货币量，也就是货币供给率高于经济规模的增长率，是导致通货膨胀的主要原因。那么一般在什么样的情况下，纸币的发行量会超过实际需要的货币量呢？

首先是外贸顺差。因为外贸出口企业出口商品换回来的美元都要上交给央行，然后由政府返还人民币给企业，那么企业挣了很多的外汇，央行就得加印很多人民币给它们，纸币印得多了，但是国内商品流通量还是不变，那么就可能引发通货膨胀。

其次是投资过热。在发展中国家，为了使投资拉动经济发展，政府会加大对基础设施建设的投入，那么就有可能印更多的纸币。通货膨胀的实质就是社会总需求大于社会总供给，通常是由经济运行总层面中出现的问题引起的。

其实在我们的社会生活中还有一类隐蔽的通货膨胀，就是指社会经济中存在着通货膨胀的压力或潜在的价格上升危机，但由于政府实施了严格的价格管制政策，使通货膨胀并没有真正发生。但是，一旦政府解除或放松这种管制措施，经济社会就会发生通货膨胀。

当发生通货膨胀，就意味着手里的钱开始不值钱，但是大家也不用提到"通货膨胀"即谈虎色变。一些经济学家认为，当物价上涨率达到2.5%时，叫作不知不觉的通货膨胀。他们认为，在经济发展过程中，搞一点温和的通货膨胀可以刺激经济的增长，因为提高物价可以使厂商多得一点利润，以刺激厂商投资的积极性。同时，温和的通货膨胀不会引起社会太大的动乱。温和的通货膨胀即将物价上涨控制在 1%～2%，至多 5% 以内，则能像润滑油一样刺激经济的发展，这就是所谓的"润滑油政策"。

从宏观上来讲，普通老百姓对抑制通货膨胀无能为力，必须要依靠政府进行调控。政府必须出台相关的经济政策和措施，例如上调存贷款利率，提高金融机构的存款准备金率，实行从紧的货币政策，包括限价调控等。对于我们普通人而言，应该有合理的措施来抵消通货膨胀对财产的侵蚀，如进行实物投资、减少货币的流通等，以减少通货膨胀带来的压力和损失。

我们被货币欺骗了

自 1997 年以来，全球货币的增长速度远远超过全球的经济发展速度。2002 年以后，全球货币增长率持续上涨，高于 10%，甚至达到 25%，但世界 GDP 的增长率一直在 2%～5% 之间，两者之间的差距越来越大。这是货币超发导致的货币泛滥现象，致使众多商品出现了历史上从未出现的价格走势怪现象。

近几年，中国需求较为集中且数量较大的国际大宗商品：煤炭、铁矿石，尤其是石油和粮食，都出现了幅度很大的涨价情况，并且正在持续进行着。从 2009 年开始，国内电价、水价、天然气等，尤其是房价，涨势十分疯狂，涨价这个话题已成为老百姓谈论的热点。

自 2007 年 6 月康师傅等高价方便面率先提价后，以华龙、白象等为首的中低价方便面价格也整体上调，平均每袋方便面涨两三角。康师傅五连包涨了 1 元，单袋涨了 0.2 元。统一方便面从 1.3 元涨到 1.6 元，五连包和单袋的涨幅分别达到 14% 和 19%。

这与成本的增长息息相关。2006 年以来，方便面原材料的价格不断上涨，持续到 2007 年上半年，仍无下降趋势。比如棕榈油由 4200 元／吨涨到 8000 元 / 吨。

涨价了，我们手中的钱数没有变，那么可以买的东西就少了，人们的购买力就下降了，进而导致商品积压，形成通货膨胀。

这种现象顽强地闯入我们的生活当中，让人感到紧张，又让人觉得无路可逃。谁都想将通货膨胀问题解决掉，但谈何容易。

钱为什么会越来越不值钱呢？来看看货币的本质吧。

马克思认为最早的货币是实物，中国最早的货币就是牲畜币，在当时，牲畜币最大的特征就是实用，且"不容易大量获取"。"不容易大量获取"是其能够充当货币的基础，一旦数目过多，就会失去货币功能，也就是说，货币必须是稀有的少部分的东西。

以"不容易大量获取"这个特性为基础，后来人们便将金属作为货币，这就迎来了金属货币时代。由于铸币价值与其所包含的金属价值一致，几乎不会出现通货膨胀的现象。用金属作为货币，没有通货膨胀，但出现了流通中的货币日益减少的钱荒等现象。

再后来，人们发明了纸币，就是我们现在用的钱。纸币不像珍贵的金银生产过程麻烦又有限，而是简简单单的一张纸，在上面印上较大的数字即可。

纸币这种既简单又方便的货币勾起统治者滥发货币的冲动，全球货币泛滥已经达到了令人难以想象的地步。全球绝大部分国家都存在着不同程度的货币超发问题。

人们对货币购买力的下降和物价的上涨一直深有感触。但货币到底在发生怎样的变化呢？

2011 年 2 月 28 日，中国人民大学国际货币研究所理事和副所长向松祚撰文指出：20 世纪 70 年代以来全球基础货币或者说国际储备货币从 380 亿美元激增到超过 9 万亿美元，增速超过 200 倍，而真实经济增长还不到 5 倍。全球货币流动性泛滥是当今世界金融和经济最致命的痼疾。

货币增速远远超过经济的增长速度，这是一个极不正常的发展趋势。

有专家测算，1990年1月至2009年12月间，我国居民消费价格指数（CPI）的月平均值为4.81%，也就是说，如果在20世纪70年代改革开放之初时拥有100万元，到现在只相当于当年的15万元。很多人都有这样的感慨：我的钱越存越少了。

中国金融40人论坛学术委员、北京师范大学金融研究中心教授钟伟曾从居民人均储蓄入手，分别选取1981年、1991年、2001年和2007年4个时间点，对"万元户"财富的变迁进行测算。从居民人均储蓄看，上述4个时间点居民储蓄总额分别为523亿元、9200亿元、7.4万亿元和17.3万亿元，考虑人口变化之后的人均储蓄为52元、800元、5900元和1.3万元。这样算来，1981年的"万元财富"相当于当时人均储蓄的200倍，折算到2007年差不多是250万元。

结论显而易见：过去30年，钱随着时间的推移变得越来越"不值钱"了！

怎样衡量通货膨胀率

通货膨胀程度到底如何，在实际生活中很难准确去衡量。因为经济体里面涉及的商品种类千千万万，没有人能完全统计得清楚。但是就没有办法衡量通货膨胀了吗？当然也不是，既然通货膨胀就是一定时间内物价持续明显上涨的现象，那么显然可以通过价格指数来计算通货膨胀率。

那么通货膨胀率是什么呢？打这么个比方，如果用气球的体积来表示物价水平，那么在吹气球的过程中气球体积变化的快慢，也就是气球膨胀的速度，就是我们所讲的通货膨胀率，即物价上升的幅度。在国内的基础经济学教材上有这样一个公式来表示通货膨胀率：

通货膨胀率 $\pi = (p - p_0) / p_0$

其中 p 表示当期价格，p_0 表示上一期的价格。

通常情况下有三个大家非常熟悉的指标来表示通货膨胀率：

1. 消费者价格指数（CPI）

提到 CPI 没有人觉得陌生，因为它与人们的日常生活息息相关，也是人们茶余饭后关心的问题。消费者价格指数指的是普通家庭对常用商品支出的价格变化，也就是同样一组商品，今天需要花费的钱和过去需要花费多少钱的一个比率。国家每隔一段时间都会公布一次消费者价格指数，如月度 CPI、季度 CPI 及年度 CPI 等。

CPI 是国家统计局根据编制的"一篮子"物品的价格统计出来的，篮子里的物品并不是永久不变的，而是根据人们生活消费的变化而变化。比如随着时代的发展，有些物品如同火柴逐渐淡出人们的生活，而有些物品如同汽车逐渐走入寻常家庭，于是这些物品都是要根据时代的变化而变化，得出最贴近生活的数据。

CPI 的测算标准是很重要的，曾经美国就出现过商务部和劳工统计局所统计的 CPI 差别相当大的结果。其误差的主要原因就在于当时两个部门在统计 CPI 时所选择的规则并不相同，人们消费结构变化，不断有新产品的发明使用，商务部根据变化采取了新的测算标准，而劳工统计局并没来得及调整，因此就得出了不一样的结果。

消费者价格指数如今是全球各国都通用的一个指数，因为消费品价格基本上都是商品的最终价格，能够比较切实地反映出流通中商品对货币的需要量。

2. 生产者价格指数（PPI）

与消费者价格指数相对应的还有一个生产者价格指数。消费者价格指数衡量的主要是最终商品和劳务价格的变动情况，生产者价格指数则主要反映生产资料价格的变化，也就是商品生产成本的变化。

为什么有了消费者价格指数，还要有生产者价格指数呢？两者有很重要的关联关系。生产者价格指数主要反映的是生产资料价格的变动，消费者价格指数主要衡量最终消费品价格的变动，但是大家都知道，商家永远只可能转移成本而不可能自己承担成本的，所有生产资料价格的变动都会最终反映到消费品价格上，因此生产者价格指数对预测未来价格变化很重要，这就是其得到重视的主要原因之一。

正常情况下，PPI 和 CPI 的趋势是一样的，PPI 上涨势必会导致 CPI 上涨，CPI 上涨对 PPI 也会有促进上涨的作用，但是同一个季度或者同一个观察期内消费者价格指数和生产者价格指数也可能呈现不一致的情况，比如说 PPI 倒挂，就是有时候 CPI 明明是在降的，但是 PPI 却在上涨。这是怎么回事呢？其实也不难理解。因为本期生产资料价格的上涨要到下期才能反映到消费品身上，并不是立即显现的，商品生产的过程有一定的时间差。这里需要注意的问题是当出现这种倒挂时，并不能放心地认为消费者价格指数降下来了，不会有通货膨胀的危险，而是要提高警惕：既然这期 PPI 在上涨，那么 CPI 的上涨也不远了，所以要做好防范和准备应对的工作。

3. 零售物价指数（RPI）

零售物价指数指以现金，包括信用卡等形式来支付的零售商品的价格变化情况。零售物价指数与城乡居民的生活支出以及对国家财政收入都有重大关联，直接影响居民购买力和市场需求平衡，是对经济活动进行观察的一个有力武器。

在我国，零售物价指数主要有：零售商品议价指数、零售商品品牌指数以及全社会零售物价总指数和集市贸易价格指数。在美国，商务部每个月都会对全国性企业进行抽样调查，除不包括服务业消费之外，超市里销售的物品和药品等商品都是调查对象。

零售物价指数是市场价格变动的基本标志，当个人消费增加，社会需求增加，在供给来不及变动的情况下物价上升，导致零售物价指数也上升，随之而来的必然是通货膨胀的压力，为缓和通货膨胀，政府需要紧缩银根，利率趋于上升，于是相应汇率也会发生变化，因此许多外汇市场分析人员十分注重这个指数。

消费者价格指数和零售物价指数有何区别呢？消费者价格指数是测量一定时期内城市个人和家庭所消费的商品与劳务的价格变动情况，而零售物价指数则是包括城市和农村居民零售商品的价格变动情况。

通货膨胀速度有讲究

不少上班族发现，虽然每月工资没少，但好像越来越不够花，工资怎么缩水了？与此同时，各种涨声响成一片：粮价涨了，油价涨了，猪肉价涨了，房价更是涨得离谱……这是怎么回事呢？一切都是由通货膨胀引起的。

通货膨胀，是货币相对贬值的意思。简单地说，是指在短期内钱不值钱了，一定数额的钱不能再买同样多的东西了。比如在以前，8元钱能买1斤猪肉，可是现在却需要13元才能买1斤猪肉。当你环顾四周发现，所有商品的价格都在上涨时，那么，通货膨胀就真的发生了。通货膨胀会对人们的生活产生不利影响，因为辛辛苦苦赚来的钱变得不值钱了——尽管在通货膨胀时，人们往往赚得更多。

通货膨胀可以分为好几类，而且不同的通货膨胀对人们生活以及社会经济的影响也不相同。如果从价格上升的速度加以区分时，通货膨胀可以分为以下四种类型：

1. 爬行的通货膨胀

这种通货膨胀率始终比较稳定，一般保持在2%～3%。有的经济学家认为，当物价上涨率达到2.5%时，才叫作不知不觉的通货膨胀，低于2.5%都不能算是通货膨胀。

这种温和的通货膨胀不会引起社会的动乱，相反，还会对社会有利，因为物价提高可以使厂商多得利润，可以刺激社会投资的积极性。因此，对社会经济的发展有"润滑"作用。

2. 飞奔的通货膨胀

飞奔的或疾驰的通货膨胀也称为奔腾的通货膨胀、急剧的通货膨胀。它是一种不稳定的、迅速恶化的、加速的通货膨胀。在这种通货膨胀发生时，通货膨胀率较高（一般达到两位数以上），所以在这种通货膨胀发生时，人们对货币的信心产生动摇，经济社会动荡，所以这是一种较危险的通货膨胀。

3. 超速的通货膨胀

这是一种通货膨胀率非常高的通货膨胀，一般会达到三位数以上，且失去控制。其结果是导致社会物价持续飞速上涨，货币大幅度贬值，人们对货币彻底失去信心。这时整个社会金融体系处于一片混乱之中，正常的社会经济关系遭到破坏，最后容易导致社会崩溃、政府垮台。这种通货膨胀在经济发展史上是很少见的，通常发生于战争或社会大动乱之后。

迄今为止，世界上发生过3次典型的这类通货膨胀。第一次发生在1923年的德国，当时第一次世界大战刚结束，德国的物价在一个月内上涨了2500%，1马克的价值下降到仅及战前价值的一万亿分之一。第二次发生在1946年的匈牙利，第二次世界大战结束后，匈牙利的1个潘戈价值只相当于战前的八十多万分之一。第三次发生在中国，从1937年6月到1949年5月，法币的发行量增加了1445亿倍，同期物价指数上涨了36807亿倍。

4. 受抑制的通货膨胀

由于政府对社会经济中存在的通货膨胀压力或潜在的价格上升危机实施了严格的价格管制政策，所以通货膨胀并没有真正发生。当政府一旦松手，通货膨胀就会发生，因此又被称为隐蔽的通货膨胀。

从宏观上来讲，抑制通货膨胀我们普通老百姓无能为力，主要是依靠政府进行调控，出台相关的经济政策和措施，例如上调存贷款利率，提高金融机构的存款准备金率，实行从紧的货币政策，包括限价调控令、严禁哄抬商品价格等。从微观上来说，老百姓自身也可以采取一些措施，以应对通货膨胀。首先，可以努力工作，多赚钱，减少开支，以减轻通货膨胀的压力。其次，可以通过各种理财工具来抵消通货膨胀对财产的侵蚀，但需要针对不同程度的通货膨胀考虑选择投资理财的工具。

温和的通货膨胀一般是经济最健康的时期。这时一般利率还不高，经济景气。应当充分利用你的资金，分享经济增长的成果，最可取的方法是将资金都投入到市场上。此时，无论股市、房产市场还是做实业投资都很不错。一般不要购买债券特别是长期的债券。要注意的是，对手中持有的资产，哪怕已经有了不错的收益，也不要轻易出售，因为更大的收益在后面。

当通货膨胀达到5%～10%的较高水平，通常这时经济处于非常繁荣的阶段，常常是股市和房地产市场高涨的时期。这时政府往往会出台一些政策来调控经济运行，所以投资股市、房产应小心为妙。

在更高的通货膨胀情况下，经济明显已经过热，政府必然会出台一些更加严厉的调控政策，经济软着陆的机会不大，基本上经济紧接着会有一段衰退期，因此这时一定要离开股市。这时财务成本较高，不要贷款买房，也不要投资房产。因为这时的利率较高，所以不妨买进一些长期债券，还要买些保险。

当出现了恶性的通货膨胀的时候，任何金融资产都没有价值，甚至实物资产如房产、企业等都不能要，因为经济必将陷入长期的萧条，甚至出现动乱。对于普通老百姓来说，最好的方法是多选择黄金、收藏等保值物品，以减少损失。

综上所述，通货膨胀的原因有很多种，也比较复杂，比如物价指数提高、经济过热、大宗商品交易价格上升、政治因素等。对于我们普通人来说，关键是如何应对，以减少通货膨胀带来的压力和损失。

通货膨胀对生活的影响

"二战"以后，主要资本主义国家经济高速发展，直至20世纪70年代以前，这些国家每年的物价上涨率基本上都稳定在2%～3%的水平，最高上限不超过10%。此时主要资本主义国家经济蓬勃发展，人民安居乐业，不断应用科技革命所带来的成果，加强世界联系，进一步巩固了经济的发展。

而20世纪70年代以后，美国以至于整个西方世界都陷入严重的通货膨胀，西方7个主要发达国家的年消费物价指数一度达到9.4%，美国一度平均通货膨胀率达到8%，同时失业也曾达到9%，经济陷入滞涨时期，严重阻碍了经济社会的发展脚步。

为什么同样是物价上涨，却带来截然不同的结果，一个促进了经济发展，一个阻碍了经济发展呢？原因就在于，国家对通货膨胀的承受能力是不同的，物价上涨的程度也是不同的，在国家可以承受的范围内，一定的通货膨胀对经济发展有好处，而一旦通货膨胀的速度超过了国家的承受能力，势必就要影响经济的发展。不同程度的通货膨胀除对经济影响不同之外，通货膨胀效应主要有两个方面：

1.通货膨胀与收入再分配

首先，对于靠固定货币收入为主的人群来说，通货膨胀是一种打击。对于大多数靠固定薪资生活的人群，或者是靠固定救济、政府福利或者是各种政府转移支付而生活的人来说，一旦发生通货膨胀，则表示物价上升，而他们的总收入却没有变化，购买相同数量物品所需要的货币就要增多，这也代表着这批人的实际收入下降了，他们的生活水平也会因此而下降。而相对应的，通货膨胀对靠利润生活的人或者工资能够随生活费用上涨而上涨的人群则是有利的。因为对于利润分享者来说，物价上涨，则他们的收入也上涨，并且利润的上涨还更快。工资能够随着生活费用上涨的人群也一样，他们能在物价上涨的时候获得大幅度的加薪。

其次，通货膨胀与债权人和债务人的关系。

通货膨胀对债权人不利，对债务人有利。为什么这么说呢？因为债务是固定的，发生通货膨胀时负债不变，但是相同的货币所代表的实际利益却下降，因此同债务人借债时候相比，此时的那笔借款已经贬值了。例如说，甲向乙借款 1000 元买一台电视，现在发生通货膨胀，甲还是欠乙 1000元，但是此时电视已经涨价了，如果乙还给甲 1000 元，甲却买不到一台电视了。同样地，通货膨胀对储蓄者是不利的。储蓄者就相当于债权人，存款的购买力随着价格的上涨而下降，所以对于持有现金或者是固定储蓄的人，财富是在缩水的。

2. 通货膨胀对产出变化的影响

情况之一，如果在需求的拉动下通货膨胀导致产出增加，随着产出的增加居民收入增加，最终得到的是促进经济发展的有利结果。很多经济学家都认为这种需求拉动的温和通货膨胀是有利于刺激经济发展的，因此鼓励保持一定的通货膨胀水平。例如：凯恩斯就提出过"半通货膨胀"理论，旨于利用温和的通货膨胀使经济活动得到刺激，而这一理论和实践也确实对解决 20 世纪 30 年代的经济危机起到很关键的作用，但是后来由于温和的通货膨胀最终发展成为奔腾式的通货膨胀，凯恩斯主义也就经受了巨大的考验并且遭到许多经济学家的质疑。

情况之二，除了需求拉动的通货膨胀，我们讲到还有成本推动的通货膨胀。如果发生成本推动的通货膨胀。当工人工资上涨时，为了节约成本，企业雇主会选择减少雇用工人，而此时就会造成大量失业，失业又导致购买力下降，购买力又会影响总产出。

情况之三，严重的通货膨胀，也即"飞奔式"的通货膨胀，很容易导致经济的崩溃。通货膨胀一旦发展为奔腾式的，就会引起居民的恐慌，并且人们的通货膨胀预期不断加强，于是会引发抢购风潮。为了不至于手里的钱逐渐贬值变成废纸，人们会疯狂地购买物品。

　　起始阶段也许还是理性购买，到后来形势严重时就变成盲目的过度购买，引起经济秩序混乱，同时储蓄和投资都会大量减少。储蓄和投资的减少会致使企业贷款更加困难。同时物价的上涨致使生活费用不断上升，工人要求增加工资以弥补物价上升的损失，而工资增加又使企业生产成本上升，于是企业又减少人工，扩大生产的积极性严重受挫。

　　其实通货膨胀是会一直持续伴随着经济发展的，在合理的程度之内通货膨胀的影响都会通过其他地方来抵消。譬如说，居民的投资方式总会有很多种，大家都知道不要把鸡蛋放在一个篮子里，所以家庭理财时会有一部分投资股票，还有一部分购买债券、基金、保险，甚至还有投资黄金，另外留存一些现金和储蓄。当通货膨胀影响到现金和储蓄时，其他的股票、基金和黄金等不固定收入可能会盈利，于是抵消损失。

　　另外，如果工资能够灵活跟着通货膨胀而变动，则人们的实际收入还是不变的。当然，现实中工资的变动总是滞后于物价的变动，出现"除了工资，什么都涨"的局面。总之，通货膨胀不可怕，可怕的是严重的通货膨胀。

第十二章

必须遵守的金融游戏规则

——关于信用的财经常识

因为人的行为都是由预期支配的，信用是整个社会经济活动赖以生存、发展的基础，其他的都可模仿，信用却不能，而其中政府信用是第一位的。

——张维迎

信用是金融的发展基础

在以熊彼特为代表的"信用创造学派"的眼中，信用就是货币，货币就是信用；信用创造货币；信用形成资本。在财富的世界里，还有什么比信用更宝贵的呢？富人之所以富有，就是因为他们真正理解了信用的价值所在。那么什么是信用呢？

一个名叫J.P.摩根的人曾经主宰着美国华尔街的金融帝国。而他的祖父，也就是美国亿万富翁摩根家族的创始人——老摩根，当年却是个一无所有的人。1835年，当时的老摩根还是个普普通通的公司职员，他没有想过发什么大财，只要能在稳定的收入之余得到一笔小小的外快就足以让他心满意足。

一个偶然的机会，老摩根成为一家名叫"伊特纳火灾"的小保险公司的股东，因为这家公司不用马上拿出现金，只需在股东名册上签上名字就可成为股东。这正符合当时老摩根没有现金却想获得收益的情况。

然而在老摩根成为这家保险公司的股东没多久，一家在"伊特纳火灾"保险公司投保的客户发生了火灾。按照规定，如果完全付清赔偿金，保险公司就会破产。股东们一个个惊慌失措，纷纷要求退股。

这个时候，老摩根斟酌再三，认为自己的信誉比金钱更重要，于是他便四处筹款并卖掉了自己的住房，低价收购了所有要求退股的股份，然后他将赔偿金如数付给了投保的客户。一时间，"伊特纳火灾"保险公司名声大噪。

身无分文的老摩根成为保险公司的所有者，但是保险公司资金严重短缺濒临破产。无奈之中他打出广告：凡是再到"伊特纳火灾"保险公司投保的客户，理赔金一律加倍给付。他没有料到的是，没多久，指名投保火险的客户蜂拥而至。原来在很多人的心目中，"伊特纳火灾"保险公司是最讲信誉的保险公司，这一点使它比许多有名的大保险公司更受欢迎。"伊特纳火灾"保险公司从此崛起。

结果，老摩根不仅为公司赚取了利润，也赢得了信用资产。信用资产不仅让他自己终身受用，还让他的后代子孙受益。在老摩根先生的孙子J.P.摩根主宰了美国华尔街金融帝国后，大女婿沙特利在日记中记载了J.P.摩根生前最后一次为众议院银行货币委员会所做的证词，他的核心证词只有两个字："信用！"

从经济学的角度来看，《新帕格雷夫经济大辞典》中，对信用的解释是："提供信贷意味着把对某物（如一笔钱）的财产权给以让度，以交换在将来的某一特定时刻对另外的物品（如另外一部分钱）的所有权。"可见，信用是和资本、财产密切相关的。因此，若我们想在财富上有所作为，就不能不向有信用的人看齐，随时注意自己的信用。

信用不仅是个人获得财富的智慧，更是现代经济生活中的基石，无论是个人还是现代经济社会，都在遵循着一个重要的法则——无信不立。

美国加州的威尔·杰克是百万富翁。起初他身无分文，直到外出工作，才有了一些积蓄。每个周末威尔会定期到银行存款，其中一位柜员注意到了他，觉得他天生聪慧，了解金钱的价值。后来威尔决定创业，从事棉花买卖，那位银行工作人员知道了，便给他贷了款。这是威尔第一次使用别人的钱，很快他便偿还清了银行的贷款，赢得了良好的声誉。

一年半之后，他改为贩卖马和骡子，逐渐积累了一些财富。后来，有两个创业失败但很优秀的保险业务员找他，希望他能以个人信誉作担保，从银行贷款相助。威尔看到这两个人的确很优秀，现在只不过是一时之艰，于是决定帮助他们。威尔向加州银行贷款。银行非常愿意把钱贷给像威尔这样有诚信的人。由于威尔的贷款额度不受限制，所以他用贷出来的钱买下了那两位业务员创立的公司的全部股份。此后，在短短 10 年内，这家寿险公司，从原来只有 40 万美元的资本，通过基本客户群制度获利 4000 万美元。

由此可见，信用对金融生活中的生意往来和财富积累都有着非常关键的作用。分析信用对金融生活的影响，我们可以从积极作用和消极作用两个方面来看。

信用在经济中起到的积极作用主要表现在以下几个方面：

第一，现代信用可以促进社会资金的合理利用。通过借贷，资金可以流向投资收益更高的项目，获得一定的收益。

第二，现代信用可以优化社会资源配置。通过信用调剂，让资源及时转移到需要这些资源的地方，就可以使资源得到最大限度的运用。

第三，现代信用可以推动经济的增长。一方面通过信用动员闲置资金，将消费资金转化为生产资金，促进经济增长；另一方面，信用可以创造和扩大消费，通过消费的增长刺激生产扩大和产出增加，也能起到促进经济增长的作用。

同时，信用对经济的消极作用也不容忽视，它主要表现在信用风险和经济泡沫的出现。信用风险是指债务人无法按照承诺偿还债权人本息的风险。在现代社会，信用关系已经成为最普遍、最基本的经济关系，社会各个主体之间债权债务交错，形成了错综复杂的债权债务链条，这个链条上有一个环节断裂，就会引发连锁反应，对整个社会的信用联系造成很大的危害。经济泡沫是指某种资产或商品的价格大大地偏离其基本价值。经济泡沫的开始是资产或商品的价格暴涨。价格暴涨是供求不均衡的结果，即这些资产或商品的需求急剧膨胀，极大地超出了供给，而信用对膨胀的需求给予了现实的购买和支付能力的支撑，使经济泡沫的出现成为可能。

最受信赖的国家信用

战国时，商鞅准备在秦国变法，唯恐老百姓不信，于是命人在都城的一个城门前，放了一根三丈长的木柱，并到处张贴告示："谁能把城门前那根木柱搬走，官府就赏他五十金。"老百姓看到告示后议论纷纷。大家怀疑这是骗人的举动，但一个年轻力壮、膀大腰圆的小伙子说："让我试试看吧！我去把城门那木柱搬走，要是官府赏钱，就说明他们还讲信用，往后咱们就听他们的；如果不赏钱，就说明他们是愚弄百姓。他们往后说得再好，我们也不信他们那一套了。"说罢来到城门前把那根木柱搬走了。商鞅听到这一消息，马上命令赏给那人五十金。那位壮汉看到自己果真得到了五十金，不禁开怀大笑，一边炫耀那五十金，一边对围观的老百姓说："看来官府还是讲信用的啊！"这事一传十，十传百，不久就传遍了整个秦国。"移木立信"后，国家信用深深植根于社会，社会信用由此孕育发展，商鞅下令变法，秦国于是政行令通。

移木立信的故事我们都曾听说过，它其实就是国家信用的树立过程。那么，国家信用在金融市场中起到了什么样的作用呢？

　　国家信用既是国家为弥补收支不平衡、建设资金不足的一种筹集资金方式，同时也是实施财政政策、进行宏观调控的一种措施与手段。

　　国家信用是一种特殊资源，政府享有支配此种资源的特权，负责任的好政府绝不能滥用国家信用资源。政府利用国家信用负债获得的资金应该主要用于加快公共基础设施的建设，以及为保障经济社会顺利发展并促进社会公平的重要事项，以向社会公众提供更多的公共物品服务，并实现社会的和谐与安宁。

　　国家信用的财务基础是国家将来偿还债务的能力，这种偿债能力源于属于国家（全体人民）的财务资源。它的现金流来源于三个方面：国家的税收收入、政府有偿转让国有资产（包括土地）获得的收入以及国家发行货币的专享权力。

　　国家信用的基本形式是发行政府债券，包括发行国内公债、国库券、专项债券、财务透支或借款等。公债是一种长期负债，一般在1年以上甚至10年或10年以上，通常用于国家大型项目投资或较大规模的建设，在发行公债时并不注明具体用途和投资项目；国库券是一种短期负债，以1年以下居多，一般为1个月、3个月、6个月等；专项债券是一种指明用途的债券，如中国发行的国家重点建设债券等；财政透支或借款是在公债券、国库券、专项债券仍不能弥补财政赤字时，余下的赤字即向银行透支和借款。透支一般是临时性的，有的在年度内偿还。借款一般期限较长，一般隔年财政收入大于支出时（包括发行公债收入）才能偿还。有的国家（如中国）只将财政向银行透支和借款算为财政赤字，而发行国库券和专项债券则作为财政收入而不在赤字中标示。国家信用的产生是由于通过正常的税收等形式不足以满足国家的财政需要。国家信用应当由国家的法律予以保障。

　　在我国，20世纪50年代初期曾发行过公债券，后来一度取消。1979年经济改革以来，从1982年开始发行国库券，后又发行国家重点建设债券等国家信用工具，一方面筹集部分资金弥补财政赤字，另一方面主要是为了增加生产投资，加快国家重点建设。到 20 世纪 90 年代，国家信用已成为我国筹集社会主义建设资金的重要工具，债券、发行市场和流通市场也有了很大发展。

国家信用是以国家为主体进行的一种信用活动。国家按照信用原则以发行债券等方式，从国内外货币持有者手中借入货币资金。说白了，国家信用其实是一种国家负债。

随着资本主义的发展，国家信用甚至从国内发展到了国外，即一国政府以国家名义向另一国政府或私人企业、个人借债以及在国际金融市场上发行政府债券。它既成为弥补一国财政赤字的手段，也成为调节国际收支、调节对外贸易的有力杠杆。这种国家信用主要不是用于弥补经常性财政收支出现的赤字，而是聚集资金用于经济建设的手段。特别是对国外发行政府债券，一方面可以弥补国内建设资金的不足，另一方面也可以引进国外先进技术，扩大对外贸易，调节国际收支。

国家信用影响了金融市场发展的全过程。在资本的原始积累时期，国家信用是强有力的杠杆之一。在资本主义制度下，政府债券主要是通过资本主义大银行或在公开金融市场上发行的，银行不仅可以从中取得大量回扣，而且政府发行的各种债券还为银行的股份公司提供了大量虚拟资本和投机的重要对象。并且随着资本主义经济危机和财政危机的加深，通过国家信用取得的收入，已成为国家财政收入的重要来源，是弥补亏空的主要手段。在现代西方发达国家，国家信用已不单纯是取得财政收入的手段，而且已成为调节经济运行的重要经济杠杆。

国与国打交道要讲信用

大家常会提到"君子协定"一词，但是大家可能不知道，"君子协定"最早其实是金融学上的一个概念，也称为"绅士协定"。它专门用于国际事务之间，意思是说这是一种相对购买方式，双方如果有一方无法履行购买义务，对方便不能对它进行有效制裁。

《君子协定》出台的具体背景是，经济合作与发展组织为了协调各成员国之间的出口信贷政策，开始处理出口信贷事务。《君子协定》虽然是一个正式协定，却没有强制力。不过，由于经济合作与发展组织的 22 个成员国几乎囊括了全球最发达的国家和地区，所以该协定在全球经济事务中具有极大的发言权。不仅如此，就连一些没有参加《君子协定》的国家和地区，在办理出口信贷时也往往自觉参照该规定行事，其效力可见一斑。

众所周知，商品进出口贸易需要得到金融支持，出口信贷能够在一定程度上提高本国产品的国际竞争力，促进商品出口。可是，随着市场竞争的加剧，每个国家尤其是发达国家都竞相给本国企业提供越来越优惠的出口信贷条件，这便大大激化了国际贸易争端，同时也大大增加了各国出口信贷的补贴支出。

正是在这种情况下，各国政府慢慢醒悟过来，渐渐意识到如果一味这样在出口信贷优惠条件方面攀比，大家都没好处，于是开始在这方面寻求协调和合作的可能性。国际信用是指一个国家的政府、银行及其他自然人或法人对别国的政府、银行及其他自然人或法人所提供的信用。随着国际经济联系的不断加强，国际信用在国际商务中的地位日益显赫。

国际信用具有经济性。国际商业信用不仅是一种信誉和荣誉，也是一种国际范围内不受限制的社会资源，是企业全球化发展的一种柔性资本，具有经济性。高认可的商业信用可以促使企业提供更好的产品和服务、获取经济规模、树立积极形象，从而可以提高客户合作意愿，强化客户忠诚度。

国际信用是一种竞争力。随着企业出口产品、服务、项目的增多，面对国外市场的竞争对手越来越多。国际信用作为柔性竞争力在争取国外生产订单、维系客户、获取市场资源、开拓市场等方面表现出高度的匹配性。所以，注重维护并不断提高国际信用，是进入国际市场的每一个企业必须重视的战略营销问题。

一般来说，国际信用分为以下种类：

1. 贸易信用

贸易信用是指以各种形式与对外贸易业务联系在一起的信用。贸易信用有商业信用和银行信用两种形式。

（1）商业信用发生于下列情况：

①预付款信用。进口商向外国出口商预付的货款，将来由出口商供货偿还。

②公司信用。进口商从外国出口商方面以商品形态获得的信用，然后定期清偿债务。

（2）银行信用可分为以下三种：

①银行对出口商提供的短期信用，如商品抵押贷款或商品凭证抵押贷款。

②由卖方（出口方）银行提供给出口商的中长期信贷，称为卖方信贷。这与大型成套设备及技术的出口密切相关。出口商（卖方）以分期付款和赊销的方式将主要机器或成套设备卖给进口商，然后根据协议由进口商分期偿付货款。由于出口商要在全部交货若干年后才能陆续收回全部货款，因此为保持企业正常经营，往往需向当地银行获取这种信贷。

③银行对进口商提供的信用。这主要包括以下三种：一是承兑信用。即当出口商提供商业信用给进口商时，出口商往往要求由银行承兑票据。二是票据贴现。如果出口商在汇票到期前需要现款，可以将已经进口商或其银行承兑的汇票拿到银行中去贴现。三是买方信贷。即卖方（出口方）银行提供给买方企业（进口方）或买方银行的中长期信贷。

2. 金融信用

金融信用没有预先规定的具体运用方向。金融信用包括偿还债务，进行证券投资等。金融信用有银行信用和债券形式的信用之分。

我国由于企业信用缺失每年造成的经济损失，不得不引起人们对企业信用的重视。企业的国际信用不足集中体现在以下几方面：

一是国际信用总体水平偏低。出口主体增多、出口机动性明显，市场无序竞争加强。

二是对知识产权重视不够。这也成为影响企业国际信用的重要因素。

三是信用工具的限制。随着现代通信技术的发展，金融工具的增多，越来越多的机构和市场融资者发行大量的债券、股票、商业票据和其他证券，各种信用工具广泛应用。一些经营者自身的水平限制信用工具的使用，影响企业的经营效益和效率。

四是品牌缺失抑制信用提升。在当今市场竞争中，品牌已经成了企业综合竞争力在信用上的最聚焦的体现。我国企业长期以来过分依赖于成本竞争理念，忽视塑造知名品牌，品牌信用尚未较好地建立。良好的国际信用是企业无形的竞争资本，信用建设理应成为企业发展战略之一。

国与国之间打交道和人与人之间交往一样，都需要讲信用，而《君子协定》就是国家交往的信用，从金融学上来说就是国际信用。所谓国际信用，是国与国之间发生的借贷行为。这种借贷行为既可以是通过赊销商品提供的国际商业信用，也可以是通过银行贷款提供的国际银行信用，还可以是政府之间相互提供的信用。因此，《君子协定》在各国提供出口信贷时虽然不具备法律效力，但由于各国信守诺言，实际上它比法律更管用。

银行信用具备的特点

生活中，不管是老人还是年轻人，当手中有了一部分闲置资金以后，首先想到的一定会是在银行存一笔钱。在回答为什么要把钱存进银行这个问题时，我想读者朋友们的答案一定是："银行安全啊！"可是银行究竟为什么安全呢？这就涉及我们今天的话题——银行信用。

1976年，一位曾经在美国读过书的经济学家尤努斯，将27美元借给

42 名农村妇女用于生产，使她们摆脱了贫穷。随后，他逐步建立起了孟加拉国乡村银行——格莱珉银行。任何妇女，只要能够找到 4 个朋友，在必要的时候同意归还贷款，那么格莱珉银行就向其发放贷款。如果借款人违约，其他人在贷款还清之前就不能借款。这一做法非常成功，今天，格莱珉银行拥有超过 2500 个分支机构，超过 98％的还款率超过世界上任何一家成功运作的银行。这家成功的银行已经向超过 750 万人提供贷款，其中97％是女性，65％的借款人以此摆脱了贫穷线。目前，在亚洲、非洲、拉丁美洲，已经有 90 多家模仿该做法的银行。传统的经济理论无法支撑这种想法，尤努斯却为此打开了一扇新的大门。

我们从故事里的借贷中看到的就是银行信用。银行信用有什么特点呢？银行信用是由商业银行或其他金融机构授给企业或消费者个人的信用。在产品赊销过程中，银行等金融机构为买方提供融资支持，并帮助卖方扩大销售。商业银行等金融机构以货币方式授予企业信用，贷款和还贷方式的确定以企业信用水平为依据。商业银行对不符合其信用标准的企业会要求提供抵押、质押作为保证，或者由担保公司为这些企业做出担保。后一种情况实质上是担保公司向申请贷款的企业提供了信用，是信用的特殊形式。银行信用的概念说起来有点烦琐，其实，生活中我们每个人都曾经感受过银行信用，比如向银行贷款、申领信用卡等。

在社会信用体系中，银行信用是支柱和主体信用，是连接国家信用和企业信用、个人信用的桥梁，在整个社会信用体系的建设中具有先导和推动的作用。可以说，银行信用的正常化，是整个社会信用健全完善的重要标志，也是构筑强健金融体系的基石。银行信用是以存款等方式筹集货币资金，以贷款方式对国民经济各部门、各企业提供资金的一种信用中介形式，它对个人贷款的审批是非常严格的。

刘女士在北京东四环看中一套价值 400 万元的房子，按照首付四成的比例，她需要拿出 160 万元的首付款。虽说刘女士夫妇年收入不算低，但她表示最近股市比较好，不太想动用股市里的钱支付首付款，而是想通过抵押自己现有住房去支付首付款，然后再办理住房按揭贷款。也就是说，400万元的房款全部通过银行贷款方式支付。

刘女士这一算盘打得不错。但她向建行、招行、北京银行等银行工作人员咨询了一圈下来，发现银行根本无法满足她的要求。所有银行均表示抵押贷款不能作为购买房子的首付款，也有银行直接告知，房屋抵押率最多只能做到七成左右，有的银行还表示利率上浮10%。

招商银行的一位工作人员说，只要是用于购房、买车、装修、旅游等消费，均可以申请办理个人抵押贷款，但是必须出具贷款用途证明。例如，抵押贷款用于购房，客户需要提供购房合同、首付款收据等。为了降低经营风险和控制放贷规模，一些银行已经开始停办个人贷款业务，虽然有些银行仍然可以办理个人贷款，但对贷款的用途审查得更加严格。

银行对贷款部门或个人进行严格的审批，降低了银行收回贷款的风险，这样在一定程度上就能够保证储户存款的安全。试想，如果银行放松了对贷款的审批，人们不管是买房还是买车，只要向银行申请就能贷到款，但贷款人却没有能力去偿还银行的贷款，长期下去，银行所面临的将不仅是储户的存款不保，甚至还有可能倒闭，美国次贷危机不就是个很好的证明吗？

一般来说，银行信用具有以下特点：

第一，银行信用是以货币形态提供的。银行贷放出去的已不是在产业资本循环过程中的商品资本，而是从产业资本循环过程中分离出来的暂时闲置的货币资本，它克服了商业信用在数量规模上的局限性。

第二，银行信用的借贷双方是货币资本家和职能资本家。由于提供信用的形式是货币，这就克服了商业信用在使用方向上的局限性。

第三，在产业周期的各个阶段上，银行信用的动态与产业资本的动态往往不一致。

此外，商业银行都会进行信用评级，这是对银行内在的安全性、可靠性的判断，反映了对银行陷入困境而需要第三方（如银行所有者、企业集团、官方机构等）扶持的可能性的意见。商业银行财力级别定义为：

AAA级银行拥有极强的财务实力。通常情况下，它们都是一些主要的大机构，营运价值很高且十分稳定，具有非常好的财务状况以及非常稳定的经营环境。

AA级银行拥有很强的财务实力。通常情况下，它们是一些重要的大机构，营运价值较高且比较稳定，具有良好的财务状况以及较稳定的经营环境。

A级银行拥有较强的财务实力。通常情况下，它们具有一定的营运价值且相对稳定。这些银行或者在稳定的经营环境中表现出较好的财务状况，或者在不稳定的经营环境中显示出可以接受的财务状况。

BBB级银行的财务实力一般，它们常常受到以下一个或多个因素的限制：不稳固或正处于发展中的营运价值，较差的财务状况，或不稳定的经营环境。

BB级银行财务实力很弱，周期性地需要或最终需要外界的帮助与支持。这类机构的营运价值不可靠，财务状况在一个或多个方面严重不足，经营环境极不稳定。

B级银行是银行财务实力最弱的一个级别。这类银行缺乏必要的营运价值，财务状况很差，经营环境极不稳定，经常需要外界的扶持。

当然，为了维护银行信用，避免坏账，银行在发放贷款时通常都要求提供抵押物，就是根据借款客户的全部或者部分资产作为抵押品的放款。放款银行有权接管、占有抵押品，并且在进一步的延期、催收均无效时，有权拍卖抵押品，以此收益弥补银行的呆、坏账损失。

无处不在的商业信用

1596年到1598年，一个名叫巴伦支的荷兰船长，试图找到从北面到达亚洲的路线。他经过了三文雅，到达俄罗斯的一个岛屿，但是他们被冰封的海面困住了。

三文雅地处北极圈之内，巴伦支船长和 17 名荷兰水手在这里度过了 8 个月的漫长冬季。他们拆掉了船上的甲板做燃料，以便在 −40℃ 的严寒中保持体温；他们靠打猎来取得勉强维持生存的衣服和食物。

在这样恶劣的险境中，很多人死去了。但荷兰商人却做了一件令人难以想象的事情，他们丝毫未动别人委托给他们的货物。而这些货物中就有可以挽救他们生命的衣物和药品。

冬去春来，幸存的商人终于把货物几乎完好无损地带回荷兰，送到委托人手中。他们用生命做代价，守望信念，创造了传之后世的经商法则。在当时，这样的做法也给荷兰商人带来显而易见的好处，那就是赢得了海运贸易的世界市场。

这是一则著名的商业信用的故事。那么请思考一下，商业信用的意义是什么呢？

商业信用是社会信用体系中最重要的一个组成部分，从本质上而言，商业信用是基于主观上的诚实和客观上对承诺的兑现而产生的商业信赖和好评。所谓主观上的诚实，是指在商业活动中，交易双方在主观心理上诚实善意，除了公平交易之理念外，没有其他欺诈意图和目的；所谓客观上对承诺的兑现，是指商业主体应当对自己在交易中向对方做出的有效的承诺表示负责，应当使之实际兑现。

商业信用是指工商企业之间相互提供的，与商品交易直接相联系的信用形式：包括企业之间以赊销分期付款等形式提供的信用以及在商品交易的基础上以预付定金等形式提供的信用。我们通过一则小例子来看看商业信用在企业与企业之间的作用。

王老板的家具生意做得有声有色，同时他也是一个对自己要求非常严格的人，这种严格始终贯穿在他的生意中，主要体现在他对家具质量的要求上。很多商家选择王老板生产的家具的主要原因，就是看中了其家具的质量。同时，王老板也是一个非常讲信用的人，他从不拖欠生产家具所用的原材料货款，总是先付款后提货。也正是王老板的这种严格和守信为他在业界树立了不错的口碑。

有一年，经济不景气，家具生意很不好做，很多家具生产厂家都倒闭了。但精明的王老板认为，只要现在能够继续生产，一段时间以后，家具市场肯定会好转，并且会比之前经济景气的时候还好。可是，问题出来了，想要继续生产，就必须有原料，但王老板手中目前没有那么多的流动资金。于是，王老板便找到材料供应商，要求先赊购一部分原料，等家具盈利后立即归还欠款。材料供应商听完后，立即答应了他的请求，原因是王老板是一个守信用的人，自己信得过他。

正是凭借着自己的信用，王老板的公司得以生存下去，这就是商业信用的力量。可以说，商业信用关系到我们日常商业生活的方方面面。商业信用是企业在正常的经营活动和商品交易中由于延期付款或预收账款所形成的企业常见的信贷关系。商业信用是在商品销售过程中，一个企业授予另一个企业的信用。如原材料生产厂商授予产品生产企业或产品生产企业授予产品批发商，产品批发商授予零售企业的信用。

从本质上而言，商业信用是主客观的统一，是商事主体在商业活动中主观意思和客观行为一致性的体现。商业信用在加强企业之间的经济联系、加速资金的循环与周转、促进社会再生产的顺利进行等方面都起着非常重要的作用。

1. 融通资金，促进生产发展

工商企业间所提供的商业信用，实质是生产经营企业向生产消费企业提供的一种便利而又快捷的融资服务，以低成本的方式缓解了生产消费企业对流动资金的需求，维持了企业连续不断的生产过程，从而促进了生产的发展。

2. 减少存货，增加销售收入

企业间提供的商业信用，既满足了一方生产经营的需要，也有利于对自身资产的充分利用，同时还减少了库存压力，降低了存货风险和仓储费用，加快了存货的流通速度和资金周转，提前确认了企业的销售收入，增加了企业的效益。

3. 促进销售，扩大市场份额

现代经济是以满足市场和用户需求而进行的生产与交换。市场除了有对商品（或劳务）数量、质量和价格方面的需求，还有对服务的需求，而提供商业信用正是满足市场需求的一项重要内容。工商企业通过提供商业信用，有利于缓解资金困难状况，维持生产循环，保持业务联系，从而使自身的产品拥有较高的市场占有比率。在经济活动中，保持商业信用一直被认为是企业间互利互惠的双赢之举。

4. 操作灵活，信用规模适度

商业信用的操作更为简单灵活，信用双方一般依购销合同约定条件，如延期付款、分期付款等，合同生效的同时信用随之产生。即使是商业承兑汇票，其手续也比银行承兑汇票或银行贷款简便。一般情况下，企业一方提供的信用规模和另一方的采购资金需求量是一致的，不会造成过度采购而引起的存货积压和浪费。

商业信用是企业之间的润滑剂，能够促进生产和产品的流通，是其他信用形式无法替代的。在银行信用迅速发展的当今社会，商业信用作为信用体系的基础仍然发挥着极其重要的作用。

古人说："人无信不立。"做人如此，做企业更要如此。商业信用是企业的灵魂，一个没有信用的企业连生存都很困难，更别提发展壮大了。商业信用对于卖方提供者来说，其作用表现在能够扩大商品经营规模、开拓商品市场、提高竞争力；对于买方提供者来说，其作用主要表现在能够稳定货源、稳定供需关系；对于卖方与买方接受者来说，其主要作用均表现为缓解资金短缺的困难。

民间信用并不等于高利贷

民间信用也称民间金融，泛指非金融机构的自然人、企业及其他经济主体之间以货币资金为标的价值让渡及本息还付。它是适应民间各经济主体之间为解决生产、经营、投资、生活等各方面的资金需求而应运而生的一种信用形式。

民间信用的主要存在形式有：直接货币借贷；通过中介人进行的货币借贷；以实物做抵押取得借款的"典当"等。民间信用的主要特点：信用的目的既为生产又为生活；期限较短，规模有限；自发性和分散性较强，风险性较大；利率较高。它是商业信用与银行信用的补充。其存在的基础是商品经济的发展和社会贫富不均，以及金融市场与其他信用形式不发达。

民间信用是一种古老的信用形式，主要是适应个人之间为解决生活或生产的临时需要而产生的。高利贷这种民间信用形式从古至今都一直存在，屡禁不绝。那么，高利贷产生的原因是什么呢？

所谓高利贷信用，就是以取得高额利息为特征的借贷活动。无论是东方还是西方，高利贷在人类最古老的社会即已存在。在资本主义社会前经济生活中，高利贷甚至是占经济统治地位的信用形式。比如说在旧中国，借贷习惯按月计息，月息3分，即3%，这在现在看来，有点高得不可思议，但在当时已经是最"公道"的水平了。月息3%，即使不计复利，年息也达36%。比现在的银行利率水平高十余倍。但是，那时实际的月息通常大大高于3%。至于高到何种程度，很难说出上限。

那么高利贷是怎样界定的呢？经济史学者通常会按照如下方式定义高利贷：选定一个"我们觉得合适"的数字，比如20%的年利率，然后把利率超过了20%的任何借贷定义为高利贷。这样的定义从字面意思上看并没有错，因为超过20%的利率的确比较"高"。

高利贷产生于原始社会末期，在奴隶社会和封建社会，它是信用的基本形式。换句话说，在资本主义社会出现之前，在现代银行制度建立之前，民间放贷都是利息很高的。在当时，由于私有制出现，贫富分化，人们开始采用还本付息的方式借贷。因当时剩余产品有限，可贷资财极少，借款者只有付出高额利息才能得到急需的商品和货币。这是高利贷产生的历史根源。

在我国，早在西周时期，高利贷信用就已出现；到了春秋、战国、秦、汉时期，放款收息的事已较普遍；唐、宋以来又有发展；明代至清代，高利贷信用更加活跃；国民党政府时期的高利贷十分猖獗。高利贷信用就是在小生产者不断破产的基础上生存、发展的。我国历史上高利贷的利息率很高，年利率在30%～40%是比较低的，自汉代以来就有"倍称之息"的说法，有的时期高达200%～300%。另外，高利贷的形式也是多种多样的：

驴打滚：多在放高利贷者和农民之间进行。借贷期限一般为1个月，月息一般为3～5分，到期不还，利息翻番，并将利息计入下月本金。依此类推，本金逐月增加，利息逐月成倍增长，像驴打滚一样。

羊羔息：即借一还二。如年初借100元，年末还200元。

坐地抽一：借款期限1个月，利息1分，但借时须将本金扣除1/10。到期按原本金计息。如借10元，实得9元，到期按10元还本付息。

由于高利贷有主体分散、个人价值取向、风险控制无力等特点，高利贷活动不可避免地会引发一定的经济和社会问题。一些利率畸高的非法高利贷，经常出现借款人的收入增长不足以支付贷款利息的情况。但在一些时候，由于合法金融在程序上的烦琐和复杂也给急需用钱的借贷人带来很多问题，而民间借贷却在这方面起到了无法替代的重大作用。因而，对于高利贷恐怕不仅要严堵，更要合理引导。

新中国成立以后的30年中，由于个人收入水平很低，无多余资金可供借贷，借入信贷也无力偿还。另外，个人无须进行生产经营投资，无大量借贷的必要。因此，民间信用规模范围很小，呈萎缩状态。

1978年改革开放以来，随着经济的发展，个人收入逐渐增多，除日常生活开支外，节余和积累逐渐增加，同时借贷偿还能力也有所增强，这就为民间信用的发展创造了基础条件。

随着个人和家庭生活水平的不断提高，个人和家庭生产经营的开展，生活开支和投资需要增加，个人之间的融资融物也有客观需要，于是民间信贷逐渐发展起来。在我国农村乡镇地区，民间信用相对繁荣，主要原因是：

第一，农民个人资金闲置和资金需求随着商品经济的发展迅速增长，这在客观上要求在农户之间或农村重点户、专业户和其他人员之间互相调剂资金余缺。

第二，国家银行信用和信用合作社信用不能完全满足个人对资金的需求。其一方面是由于国家银行和信用社的资金有限，以及经营方式、经营作风和经营能力等与农民对资金的需要不相适应；另一方面，国家银行和信用合作社贷款有比较严格的限制，个人的资金需求许多与国家政策和贷款原则的要求不符。

我国民间信用规模究竟有多大，目前尚无确切的统计资料，事实上也无法进行确切的统计。有人估算民间信用中的资金借贷余额在2011中期应当有3.8万亿元，看来民间信用的总体是很庞大的。

民间信用是为解决经济主体的生产、经营、投资、生活等各方面的资金需求而产生的一种信用形式。但是，由于现阶段各种相关制度和法律法规不完善，客观上加大了民间融资行为的金融风险和金融欺诈的可能，因此民间信用的风险很大，在发生民间信用行为时一定要慎重。

第十三章

奔向国际资本市场

——关于企业上市的财经常识

很多企业都要上市，好的企业反而不愿意上市。这样的一个情况下，大家坐在一起，只要有共同利益，就能找到一些分配机制，就是怎么样照顾各个方面的利益，在蛋糕做大的时候，在分配上找到一些合理的机制。上市公司的治理，怎么样保证股市市场上的发展，我觉得跟这个是一个互相辅助的关系。

——宋国青

了解上市的前期准备

企业上市，对公司来说是一件非常重要的事情，而且，企业上市对决策者与操作者的信念也是一种考验。因此，在正式上市之前，企业领导应谨慎考虑是否愿意与股东分享公司的制度、权利和资料文件。因为公司除了有权免费使用股东的资金作为公司运营需要外，还要对股东承担一定的义务，如向股东交代公司管理情况、资金运用情况、公司的发展策略、短期投资等等。

在上市的准备工作中，一项重要的步骤就是审计。往往审计的结果对企业是否能够成功上市发行融资起到了至关重要的作用。

一般情况下，要求中国公司在中国境内按照中国的会计准则进行财务数据记账处理；而企业在境外上市，则需要审计公司在对中国公司的财务数据按照中国会计准则进行核准并按照国际会计准则（IFRS）或目的上市所在地证券交易所（证券委、金融管理局）允许的会计准则进行转换。当前中国的会计准则已经非常接近于国际会计准则，但其中仍存在差距。

因此，企业可以根据自身的特点选择适合自己的审计机构，而并非全球"四大"（即：普华永道、毕马威、安永、德勤）不可。可是，企业需要注意的是，有些发行商需要审计师事务所提供不低于融资额50%的保险，而一些审计师事务所会要求客户支付该所所能承担的最大保险额以外的保险保费。

在全球资本市场范围内，几乎都需要准上市企业提供3年财务合并报表的审计报告以及上市当年已过去的所有季度的财务审阅报告。例如：企业准备在6月上市，则需要进行当年第一个季度的财务审阅；如企业在11月上市，则需要提供当年前3个季度的财务审阅。最终的具体情况则需要根据上市目的地核准机构的要求。

企业在审计的时候最好能够提供电子账套，也就是说，企业最好是使用财务软件，以便节约审计时间。毕竟，手工账套审计起来工作量会非常的大，这体现在审计时间长，审计队伍和企业配合审计人员庞大；这也间接提高了企业的审计费用。

审计报告完成的时间直接影响到招股说明书的完成时间、递交审批机构的时间以及发行商提早准备发行工作的时间。许多项目的延迟也是因为审计报告无法按时完成导致的，这将无形增加企业上市发行费用，企业应该密切注意，听从并配合审计师按计划完成工作。

董事会秘书作为企业高管，其定位具有角色的特殊性，用企业上市的先行官来形容董事会秘书一点也不过分。董事会秘书的职业操守包括专业素质直接影响着企业上市工作的成功与否。因为董事会秘书是企业融资、企业上市的主要策划人之一，也是具体的执行人。在选择中介机构、企业改制设立、申请及报批、发行上市等上市前的各环节中，始终起着关键作用。所以工作中，常常把董事会秘书定义为企业上市的先行官。《公司法》第一百二十四条规定："上市公司设董事会秘书，负责公司股东大会和董事会会议的筹备、文件保管以及公司股东资料的管理，办理信息披露事务等事宜。"董事会秘书由董事长提名，经董事会聘任或解聘，董事会秘书应对董事会负责。

拟上市企业的董事会秘书在上市运作的整个过程中都应以上市公司董事会秘书的工作标准来要求自己，接受董事会秘书的专业培训，熟悉相关法规政策，理清思路，找准方向，审时度势，为企业拟订上市规划并报企业决策层审议通过后操作实施，同时配合中介机构进场协同作战。

一切准备就绪，就需要企业进入紧锣密鼓的上市筹备阶段。企业上市一般分为以下三个阶段，即：上市筹备阶段、聘请中介机构、企业股份制改组阶段。

上市筹备阶段，由企业一把手挂帅，正式成立上市领导小组，全面负责上市工作，由拟选董事会秘书代理执行具体工作。

设立上市筹备组，主要成员单位有：办公室、财务部、法律部、生产部、市场销售部、科研开发部、后勤部等部门负责人及企业候选的董事会秘书等，各成员之间互相配合协同作战，其主要工作有：企业财务部配合会计师及评估师进行公司财务审计、资产评估及盈利预测编制工作；企业分管领导及董事会秘书负责协调企业与省、市各有关政府部门、行业主管部门、中国证监会派出机构以及各中介机构之间的关系，并把握整体工作进程；法律部与律师合作，处理上市有关法律事务，包括编写发起人协议、公司章程、承销协议、各种关联交易协议等；生产部、市场销售部、科研开发部负责投资项目的立项报批工作和提供项目可行性研究报告；董事会秘书完成各类董事会决议、申报主管机关批文、上市文件等，并负责对外媒体报道及投资者关系管理。

聘请中介机构。企业股份制改组及上市所涉及的主要中介机构有：会计师事务所、证券公司及保荐人、资产评估机构、土地评估机构、律师事务所等。这些机构主要由董事会秘书及企业高管负责沟通与协调。与中介机构签署合作协议后，企业便在中介机构指导下开始股份制改组及上市准备工作。

企业股份制改组阶段，其工作重心就是确定发行人主体资格及公司法理、规范运作。做好企业上市前的准备工作，帮助企业更好地迎来上市的重大时机，这是企业踏上上市之旅的良好起点，也是企业更好发展的光明路标。

成功上市需要遵循的程序

我们常常说，没有什么成功是随随便便就能实现的。对上市企业来说，企业上市也只是迈出了全新的一步，并不能代表所谓的成功。在做好上市的充分准备之后，我们也要按照一定的程序来实现上市的目的，取得实质性的突破。

1.股票发行的条件

（1）公司的生产经营符合国家产业政策。

（2）限发行一种普通股，以实现"同股同权"的原则。

（3）发行人近3年内无重大违法行为。

（4）发起人认购的股本数应占公司拟发行的股本总额的35%以上，且认购的部分不低于3000元。

（5）面向社会公众发行的股本数不得低于公司拟发行的股本总额的25%。

（6）公司职工认购的股本数不得超过向社会公众发行的股本总额的

10%。

（7）须符合证券规定的其他条件。

2. 企业上市的程序

根据《证券法》与《公司法》的有关规定，满足发行条件的企业上市的程序如下：

（1）向证券监督管理机构提出股票上市申请。

股份有限公司申请股票上市，必须报经国务院证券监督管理机构核准。证券监督管理部门可以授权证券交易所根据法定条件和法定程序核准公司股票上市申请。股份有限公司提出公司股票上市交易申请时应当向国务院证券监督管理部门提交下列文件：

①上市报告书；

②申请上市的股东大会决定；

③公司章程；

④公司营业执照；

⑤经法定验证机构验证的公司最近3年的或公司成立以来的财务会计报告；

⑥法律意见书和证券公司的推荐书；

⑦最近一次的招股说明书。

（2）接受证券监督管理部门的核准。

对于股份有限公司报送的申请股票上市的材料，证券监督管理部门应当予以审查，符合条件的，对申请予以批准；不符合条件的，予以驳回；缺少所要求的文件的，可以限期要求补交；逾期不补交的，驳回申请。

（3）向证券交易所上市委员会提出上市申请。

股票上市申请经过证券监督管理机构核准后，应当向证券交易所提交核准文件以及下列文件：

①上市报告书；

②申请上市的股东大会决定；

③公司章程；

④公司营业执照；

⑤经法定验证机构验证的公司最近 3 年的或公司成立以来的财务会计报告；

⑥法律意见书和证券公司的推荐书；

⑦最近一次的招股说明书；

⑧证券交易所要求的其他文件。

证券交易所应当自接到该股票发行人提交的上述文件之日起 6 个月内安排该股票上市交易。《股票发行和交易管理暂行条例》还规定，被批准股票上市的企业在上市前应当与证券交易所签订上市契约，确定具体的上市日期并向证券交易所交纳有关费用。《证券法》对此未做规定。

3. 证券交易所统一股票上市交易后的上市公告

我国《证券法》第四十七条规定："股票上市交易申请经证券交易所同意后，上市公司应当在上市交易的 5 日前公告经核准的股票上市的有关文件，并将该文件置备于指定场所供公众查阅。"

我国《证券法》第四十八条规定："上市公司除公告前条规定的上市申请文件外，还应当公告下列事项：（一）股票获准在证券交易所交易的日期；（二）持有公司股份最多的前 10 名股东的名单和持有数额；（三）董事、监事、经理及有关高级管理人员的姓名及持有本公司股票和债券的情况。"

此外，对于不同的版块来说，企业上市的条件也有所不同，下面来给大家简单地介绍一下：

第一，生产经营方面。中小板要求发行人生产经营符合国家产业政策；而创业板要求发行人应当主要经营一种业务，其生产经营活动符合国家产业政策及环境保护政策；对于像钢铁、水泥、平板玻璃、煤化工、多晶硅、风电设备（2.5 兆瓦以上的除外）、电解铝、造船、大豆压榨等产能过剩行业和高能耗、高污染企业和资源型的"两高一资"企业被主板、中小板和创业板同时列为限制类企业。

证监会鼓励以下 9 个行业上创业板：新能源、新材料、信息、生物与新医药、节能环保、航空航天、海洋、先进制造、高技术服务。证监会要求保荐机构"审慎推荐"以下 8 个行业上创业板：（一）纺织、服装；（二）电力、煤气及水的生产供应等公用事业；（三）房地产开发与经营，土木工程建筑；（四）交通运输；（五）酒类、食品、饮料；（六）金融；（七）一般性服务业；（八）国家产业政策明确抑制的产能过剩和重复建设的行业。

第二，稳定性方面。中小板要求发行人最近 3 年内主营业务和董事、高级管理人员没有发生重大变化，实际控制人没有发生变更。同样地，创业板要求发行人最近两年内主营业务和董事、高级管理人员均没有发生重大变化，实际控制人没有发生变更。

第三，业绩方面。中小板要求最近 3 个会计年度净利润均为正数且累计超过人民币 3000 万元，净利润以扣除非经常性损益前后较低者为计算依据。在目前的实际操作中，一般要达到"报告期 3 年累计税后利润不低于一亿元，最近一年税后利润不低于 5000 万元"的条件。创业板要求最近两年连续盈利，最近两年净利润累计不少于 1000 万元，且持续增长；或最近一年盈利，且净利润不少于 500 万元，最近一年营业收入不少于 5000 万元，最近两年营业收入增长率均不低于 30%。净利润以扣除非经常性损益前后孰低者为计算依据。在目前的实际操作中，一般要满足"报告期 3 年税后利润增长率平均不低于 30%，最近一年营业收入不低于 1 亿元，税后利润不低于 3000 万元"这一条件。

第四，股本方面。中小板要求发行前股本总额不少于人民币 3000 万元。创业板要求发行后股本总额不少于人民币 3000 万元。

第五，其他方面。中小板要求最近一期末无形资产（扣除土地使用权、水面养殖权和采矿权等后）占净资产的比例不高于 20%；最近 3 个会计年度经营活动产生的现金流量净额累计超过人民币 5000 万元；或者最近 3 个会计年度营业收入累计超过人民币 3 亿元。创业板要求最近一期末净资产不少于 2000 万元。满足以上几个条件，完成以上几个程序，企业也就能够上市并进行交易了。在上市的过程中，如果上市公司丧失《公司法》规定的上市条件的，其股票依法暂停上市或终止上市。

上市公司有下列情形之一的，由证监会决定暂停其股票上市：

第一，公司股本总额、股份结构等发生变化，不再具备上市条件。

第二，公司不按规定公开其财务状况或者对财务会计报告做虚伪记载。

第三，公司有重大违法行为。

第四，公司最近 3 年连续亏损。

上市公司有前述的第二、三项情形之一，经查证属实且后果严重的；或有前述第一、四项的情形之一，在限期内未能消除，不再具备上市条件的，由证监会决定暂停其股票上市。

选择适合的融资方式

融资方式可以分为债务性融资和权益性融资两类。前者包括银行贷款、发行债券和应付票据、应付账款等，后者主要指股票融资。债务性融资构成负债，企业要按期偿还约定的本息，债权人一般不参与企业的经营决策，对资金的运用也没有决策权。权益性融资构成企业的自有资金，投资者有权参与企业的经营决策，有权获得企业的红利，但无权撤退资金。

对于任何一个企业的发展，资金都起着至关重要的作用，它是企业经营活动正常运转的血液，也是进行收益分配的基础。而选择何种融资方式也是每个企业都会面临的问题。合理地选择融资方式，可以降低融资风险，减少资本成本。企业量体裁衣，选择合适自己的融资方式，才能做到既满足融资的需要，也能够不断积累，有利于企业的长远发展。

我们在上一章对债务性融资做了一定的介绍，这一节我们主要来看一看权益性融资。权益性融资主要分为两种：普通股融资和优先股融资。

普通股是股份有限公司发行的不具特别权利的股份，是企业资本的最基本构成，它是股票的一种基本形式，在股票市场中，它的发行量最大，也最为重要。它代表满足所有债权偿付要求及优先股东的收益权与求偿权要求后对企业盈利和剩余财产的索取权。通常情况下，股份有限公司只发行普通股。

普通股的基本特点是其投资收益（股息和分红）不是在购买时约定，而是事后根据股票发行公司的经营业绩来确定。公司的经营业绩好，普通股的收益就高；反之，若经营业绩差，普通股的收益就低。

与其他筹资方式相比，普通股筹措资本具有如下优点：首先，发行普通股筹措资本具有永久性，无到期日，不需归还。这对保证公司对资本的最低需要、维持公司长期稳定发展极为有益。其次，发行普通股筹资没有固定的股利负担，股利的支付与否和支付多少，视公司有无盈利和经营需要而定，经营波动给公司带来的财务负担相对较小。由于普通股筹资没有固定的到期还本付息的压力，所以筹资风险较小。再次，发行普通股筹集的资本是公司最基本的资金来源，它反映了公司的实力，可作为其他方式筹资的基础，尤其可为债权人提供保障，增强公司的举债能力。最后，由于普通股的预期收益较高并可一定程度地抵消通货膨胀的影响（通常在通货膨胀期间，不动产升值时普通股也随之升值），因此普通股筹资容易吸收资金。

但是，从投资者的角度来说，由于普通股的资本成本较高，因此投资普通股相对来说风险也较高。而对于筹资公司来说，与债券利息不同，普通股股利从税后利润中支付，因而不具抵税作用。此外，普通股的发行费用一般也高于其他证券。

优先股是公司的另一种股份权益形式。所谓优先股，是指由股份有限公司发行的，在分配公司收益和剩余财产方面比普通股股票具有优先权的股票。优先股常被看成是一种混合证券，介于股票与债券之间的一种有价证券。持有这种股份的股东先于普通股股东享受分配，通常为固定股利。优先股收益不受公司经营业绩的影响。

发行优先股对于公司资本结构、股本结构的优化，提高公司的效益水平，增强公司财务弹性无疑具有十分重要的意义。利用优先股股票筹集的资本称为优先股股本。

优先股与普通股相比，在分配公司收益方面具有优先权，一般只有先按约定的股息率向优先股股东分派了股息，普通股股东才能进行分派红利。因此，优先股股东承担的风险较小，但收益稳定可靠。不过，由于股息率固定，即使公司的经营状况优良，优先股股东一般也不能分享公司利润增长的利益。如果公司破产清算，优先股对剩余财产有优先的请求权。优先股股东的优先权只能优先于普通股股东，但次于公司债券持有者。从控制权角度看，优先股股东一般没有表决权（除非涉及优先股股东的权益保障时），无权过问公司的经营管理。我国的有关法规规定：优先股股东无表决权，但公司连续三年不支付优先股股息，优先股股东就享有普通股股东的权利。所以发行优先股一般不会稀释公司普通股股东的控制权。除此之外，发行人为了吸引投资者或保护普通股东的权益，对优先股附加了很多定义，如可转换概念、优先概念、累计红利概念等。

公司发行优先股，在操作方面与发行普通股无较大差别，但由于公司与优先股股东的约定不同，从而有多种类型的优先股。按照不同的标准，先后分为累积优先股与非累积优先股；全部参与优先股、部分参与优先股和不参与优先股；可转换优先股与不可转换优先股；可赎回优先股与不可赎回优先股；有投票权优先股与无投票权优先股。

从普通股股东的立场来看，优先股是一种可以利用的财务杠杆，可视为一种永久性负债。公司有时也可以赎回发行在外的优先股，当然要付出一定的代价，如溢价赎回的贴水。从债权人的立场来看，优先股又是构成公司主权资本的一部分，可以用作偿债的铺垫。

综合来看，不论是债务性融资还是权益性融资，随着企业的成长发展，经营风险的逐渐减少，吸引越来越多的投资人，因此，可供选择的融资方式也会越来越丰富。

由于融资是双方风险和收益的分配，依次寻找投资人也就意味着是在找人分担风险，同时也是向其"销售"未来的收益。因此企业只要把握风险和收益这两个方面的问题，就能够准确地选择融资方式。

随着我国经济的发展，当企业发展稳定后，经营风险较之过往也已经大为降低，拥有不可限量的发展前景。因此，此时来自国内外的投资者会不请自来，使企业陷入"钱眼"的局面。此时，企业要保持清醒的头脑，量体裁衣，根据企业自身的特点来选择合适的融资方式，以免自己的创业成果遭人轻取。

如何运作资本才是关键

对于企业发展来说，资本固然重要，它如同企业的血液，是企业生存的根源，但是融资不是目的，如果一个企业拥有大量的资金，却无法运作，也就如同一个植物人，它活着，但是不能有任何作为。通过融资，企业得到足够的资金，那么下一步关键就在于，企业应该懂得如何运作资本，真正地实现融资成功。

那到底什么是资本运作呢？资本运作又叫作资本经营，是指利用市场法则，通过资本本身的技巧性运作或资本的科学运动，实现价值增值、效益增长的一种经营方式。简而言之，就是利用资本市场，通过买卖企业和资产而赚钱的经营活动和以小变大、以无生有的诀窍和手段。发行股票、发行债券（包括可转换公司债券）、配股、增发新股、转让股权、派送红股、转增股本、股权回购（减少注册资本），企业的合并、托管、收购、兼并、分立以及风险投资等，资产重组，对企业的资产进行剥离、置换、出售、转让或对企业进行合并、托管、收购、兼并、分立的行为，以实现资本结构或债务结构的改善，为实现资本运营的根本目标奠定基础。

如何转移社会中的闲散资本，并给予集中利用？如何将集中起来的资本运行重组后再投放到国家或地方的建设项目中去，以达到援款资本的增值（就是产生利润）目的？这些问题都是对资本运作的肯定，正是在这个无限循环的过程中，才使得原始资本得以不断地增值、裂变，直到再生成巨大的资本（实现区域经济的跨越或发展）。

从资本的运动状态来划分，我们可以将其划分为存量资本经营和增量资本经营。存量资本经营指的是投入企业的资本形成资产后，以增值为目标而进行的企业的经济活动。资产经营是资本得以增值的必要环节。企业还通过兼并、联合、股份制、租赁、破产等产权转让方式，促进资本存量的合理流动和优化配置。增量资本经营实质上是企业的投资行为。因此，增量资本经营是对企业的投资活动进行筹划和管理，包括投资方向的选择、投资结构的优化、筹资与投资决策、投资管理等。

德国的戴姆勒—奔驰公司和美国的克莱斯勒公司均为世界著名的汽车制造公司，戴姆勒—奔驰的拳头产品为优质高价的豪华车，主要市场在欧洲和北美；美国克莱斯勒公司的产品几乎全部集中于大众车，与戴姆勒—奔驰在产品和市场范围上正好互补，两家公司的合并是着眼于长远竞争优势的战略性合并。两家公司各自的规模以及在地理位置上分属欧洲大陆和美洲大陆，使合并的复杂程度和评估难度大大提高。

1998 年 5 月 7 日，德国的戴姆勒—奔驰汽车公司购买美国第三大汽车公司克莱斯勒价值约为 393 亿美元的股票，收购这家公司，组成"戴姆勒—克莱斯勒"股份公司，奔驰和克莱斯勒将分别持有其中 57%、43% 的股份。

这一并购行为涉及的市场交易金额高达 920 亿美元。合并后的新公司成为拥有全球雇员 42 万，年销售额达 1330 亿美元的汽车帝国，占据世界汽车工业第三把交椅。

通过奔驰公司，我们脑中对资本运作有了一个相对简单的概念，现在我们看一看进行合理的资本运作的意义所在。

其一，资本运作是整合资源的法宝。资本运作是整合资源的非常重要的渠道，就像联想收购 IBM 的 PC 业务，就是通过不断地收购来达到整合资源的目的，所以企业才能够在长时间里一直占据领先地位。

其二，资本运作是企业发展壮大的捷径。这一点是不言而喻的，企业希望能实现跨越式的发展，并购是一个捷径。

其三，资本运作也是企业快速实现自身价值的利器。在转型变革的现行社会，机会就在我们身边，每一个创业者都是怀着一定的理想来创立一个企业的，而资本运作就是这样一个实现自身价值的强大武器。

资本作为现代化大生产的一种要素，其重要性不言而喻，企业通过合理地进行资本运作则是企业实现低成本扩张、跨越式发展的关键之举。企业通过提高资源配置效率，实现经济增长方式的转变；通过提高经济发展速度，促进企业经营机制的转变；建立现代企业制度，实现真正的融资成功。但是我们也必须认识到，资本运作也是一把双刃剑，它做得好就可以让企业发展壮大，但如果做得不好，也将会前功尽弃，损失惨重。

并购让公司不断做大做强

2011 年 3 月 28 日，吉利和沃尔沃终于在收购协议上达成一致，这桩汽车界的"跨国恋"终于让有情人成为眷属。用吉利董事长李书福的话说就是，"穷小子娶了大明星"。对这类传奇佳话所关注的永恒不变的主题就是，"穷小子"为什么能"娶了大明星"？

简单说，就是这个"穷小子"不差钱，至少在聘礼上让"大明星"满意。我们都可以看到的这个数字是 18 亿美元，当然还不包括需要投入的后续运营资金 9 亿美元。

一般来说，企业并购包括兼并和收购两个方面。兼并又称吸收合并，指两家或者更多的独立企业合并组成一家企业，通常由一家占优势的公司吸收一家或者多家公司。狭义的兼并相当于公司法和会计学中的吸收合并，而广义的兼并除了包括吸收合并以外，还包括新设合并和控股等形式。

收购是指一家企业用现金或者有价证券购买另一家企业的股票或者资产，以获得对该企业的全部资产或者某项资产的所有权，或对该企业的控制权。收购的内容较广，其结果可能是拥有目标企业几乎全部的股份或资产，从而将其吞并，也可能是获得企业较大一部分股份或资产，从而控制该企业，还有可能是仅仅拥有较少一部分股份或资产，而作为企业股东中的一个。吉利收购沃尔沃就是一种典型的企业并购行为。

与并购意义相关的另一个概念是合并，是指两个或两个以上的企业合并成为一个新的企业，合并完成后，多个法人变成一个法人。

并购的实质是在企业控制权运动过程中，权利主体依据企业产权做出的制度安排而进行的一种权利让渡行为。并购活动是在一定的财产权利制度和企业制度条件下进行的，在并购过程中，某一或某一部分权利主体通过出让所拥有的对企业的控制权而获得相应的收益，另一个部分权利主体则通过付出一定代价而获取这部分控制权。企业并购的过程实质上是企业权利主体不断变换的过程。

产生并购行为最基本的动机就是寻求企业的发展。寻求扩张的企业面临着内部扩张和通过并购发展两种选择。内部扩张可能是一个缓慢而不确定的过程，通过并购发展则要迅速得多，尽管它会带来自身的不确定性。

根据并购的不同功能或根据并购涉及的产业组织特征，可以将并购分为三种基本类型。

其一，横向并购。横向并购的基本特征就是企业在国际范围内的横向一体化。近年来，由于全球性的行业重组浪潮，结合我国各行业实际发展需要，加上我国国家政策及法律对横向重组的一定支持，行业横向并购的发展十分迅速。

其二，纵向并购。纵向并购是发生在同一产业的上下游之间的并购。纵向并购的企业之间不是直接的竞争关系，而是供应商和需求商之间的关系。因此，纵向并购的基本特征是企业在市场整体范围内的纵向一体化。

其三，混合并购。混合并购是发生在不同行业企业之间的并购。从理论上看，混合并购的基本目的在于分散风险，寻求范围经济。在面临激烈竞争的情况下，我国各行各业的企业都不同程度地想到多元化，混合并购就是多元化的一个重要方法，为企业进入其他行业提供了有力、便捷、低风险的途径。

从资本主义经济的发展历程来看，特别是从资本主义由原始资本积累到自由竞争阶段，再由自由竞争阶段进入垄断竞争阶段来看，并购是一种正常的市场行为。

金融在任何一宗并购中都是关键因素。金融危机使得海外的很多企业经营困难，给了我们国内的企业"走出去"的机会。但这个机会也不是专门为我们准备的，也许有一天你就是别人"走进来"的机会，你也会被别人吃掉。这当是另一说。并购方几乎都是"不差钱"的主，而被并购的一方由此下策的原因一般都是"差钱"。从以上吉利并购的案例大家都可以看出来，这"不差钱"的主的钱不一定非要自己出，正是所谓"羊毛出在牛身上"。而这些"牛"也不是无私奉献，它是为了换取更多的回报——更多的毛，甚至是肉。

所以对任何一家有打算"走出去"的企业来说，金融策略都是重中之重。但金融不是唯一条件或者最重要的条件，更不是目的——除非是有着圈钱、洗钱等非法打算的企业。并购的目的概括来说无非是使自己的企业得到更好的发展，最好和并购企业最终实现双赢。"不差钱"的中国企业在之前一系列的"跨国恋"中，都很好地发挥了金融的作用，TCL 收购汤姆逊和阿尔卡特，上汽收购双龙，但我们还没看到过我们最热衷的所谓"双赢"，倒是不断有"双输"的消息传来。

在并购过程中，我们一定要切忌过分发挥金融的作用，用得不好它就是"洪水猛兽"。如果认为"不差钱"了企业就可以大胆地"走出去"的话，那很可能是走向了万丈悬崖。清晰的、不受外界无端变化所利诱的企业经营战略，才是企业的发展核心。并购不是目的，发展才是目的。做企业应该和做人一样，不管是在钱、机遇还是所谓"危机"面前，你都要经得起诱惑，才不会迷失自我。

做好企业的后市维护

当今社会，企业上市已经成为一种风尚，但一家公司最终成为上市公司，并不意味着整个工作的结束，反而是全新工作的开始。那么当公司面临一个新的起点时，公司将如何进行后市维护呢？

企业上市，只是赢得了更大舞台的入场券，企业要想取得巨大的成本，获得巨大的利润，归根到底，还是要用实力说话，对于在 OTCBB 上市的公司来说，就更是如此。如果企业没有良好的后市维护做支撑，最终也只是昙花一现。

企业的后市维护主要从三个方面来进行，分别是信息披露、投资者关系管理、企业危机管理。

1. 上市公司的信息披露

信息披露主要是指公众公司以招股说明书、上市公告书以及定期报告和临时报告等形式，把公司及与公司相关的信息，向投资者和社会公众公开披露的行为。

上市公司信息披露是公众公司向投资者和社会公众全面沟通信息的桥梁。目前，投资者和社会公众对上市公司信息的获取，主要是通过大众媒体阅读各类临时公告和定期报告。投资者和社会公众在获取这些信息后，可以作为投资抉择的主要依据。真实、全面、及时、充分地进行信息披露至关重要，只有这样，才能对那些持价值投资理念的投资者真正有帮助。

博迪森农化公司是我国内地首家在美国、英国和德国三地上市的中小企业。2006 年 1 月，公司登上福布斯"中国最具发展实力的 100 强"榜单，排名第 16 位；2006 年 6 月，博迪森被纳入美国代表中小企业股票的罗素

2000 指数。然而，在 2007 年 3 月 22 日，由于信息披露、财务数据等一系列问题，博迪森被美国证券交易所摘牌，股价也从最高时超过 20 美元，骤然滑落到 2 美元附近。

不同类型的投资者对信息的敏感程度也是不同的，因此，最公平的办法就是确保所有的公司信息都能作为一个整体在同一时间向市场公布。交易所通常要求上市公司在各种情形下进行公告，包括公司的重大发展、分红决定、半年及全年的财务数据以及董事会的任何变动。价格敏感性信息披露制度为交易所一线监管者提供了较为明确的标准。如果信息披露仅仅被看成是上市公司应遵守的业务，信息披露管理工作将变得非常困难。应该让市场充分认识到，准确、及时的信息披露将提高市场效率，降低资本成本，对于投资者与上市公司是一个双赢的市场策略。

同样地，作为上市公司的董事来说，可能并不容易精确地定义何种行为及信息应当是上市义务中需要披露的信息，特别是在处理所谓价格敏感信息的时候。因此，保持警醒并从经纪人或者律师处获得建议非常重要。

作为一家新上市的公司，你已经同意为你公司在上市过程中提交给市场的信息负责。你和你的董事同事们也将个人以及集体地为你公司持续遵守上市规则及满足上市及披露条件承担责任。除了这些责任，董事还将需要满足一些进一步的要求，如个人民事行为方面的更大披露以及股票交易的限制。

董事在公司上市后的主要义务包括：

（1）董事非经法定程序不得同公司进行交易的义务。

（2）董事不得要求公司做与金钱有关或提供担保的义务。

（3）董事不得利用公司机会的义务。

（4）董事竞业禁止义务。

（5）董事不得违法分派股息或红利的义务。

（6）董事不得在公司最低法定注册资本缴付前以公司名义从事商事活动的义务。

（7）董事在公司招股说明书中不得有虚假或误导性陈述的义务。

（8）董事在公司清算时有做出法定声明、使公司及时进行清算的义务，董事不得从事欺诈性交易的义务。

2. 投资者关系管理

投资者关系管理，又叫作 IRM，是指运用财经传播和营销的原理，通过管理公司同财经界和其他各界进行信息沟通的内容和渠道，以实现相关利益者价值最大化并如期获得投资者的广泛认同，规范资本市场运作、实现外部对公司经营约束的激励机制、实现股东价值最大化和保护投资者利益，以及缓解监管机构压力等。

IRM 还经常被通俗理解为公共关系管理。美国的微软公司是最早设立 IRM 网站的公司之一，堪称与个人投资者沟通的典范。在微软每季业绩披露时，当时的公司 CEO 比尔·盖茨都会出来同投资者见面，并会带一个 IRM 团队参与。这些 IRM 人员会处理一些细节上的问题。

IRM 在西方资本市场上已有 30 多年的历史。然而，对于在美国上市的中国企业而言，大多还不能充分理解 IRM 对公司长远发展的重要意义。

3. 企业危机管理

企业危机管理是指企业为避免、减轻或消除危机所带来的威胁和损害，而制订和实施规避危机、控制危机、解决危机等措施的一系列动态管理过程。这一定义强调两点：一是企业危机管理要求我们把握企业危机发生和发展的规律性，在动态的危机变化中挖掘有利因素；二是利用危机管理的系列方法与措施，努力避免危机所造成的危机和损失，并尽可能变害为利，转危为机，推动企业的持续发展。

近些年来，在商场中，一些声名赫赫的知名企业经常会遭遇一连串纠缠不清的危机包围，接二连三地掉进不能自拔的泥潭。例如，2004 年底，三九医药的"大股东占用资金已达 37 亿元"的信息披露，此非诚信行为导致企业信誉度直线下降，不仅为三九医药昔日辉煌画上句号，中小股东权益也因此受到严重损害。

这是个司空见惯的现象，只有重视危机，才可能及时地规避风险，只有加深对危机管理的认识，提高危机管理的能力，才能相应地减少更多的不利影响。加强危机管理，促进自身的健康发展，其实也就是促进证券市场的和谐发展，保护中小股东的权益。

对于企业危机管理，除此之外，还应该包括公司内部的公关危机等方面。而树立员工的信心，整合企业文化，做到稳定员工队伍和情绪，统一员工的思想认识，这也是媒体管理的延伸，并有着举足轻重的作用。

第十四章

促进中国与世界双向融合

——关于国际金融的财经常识

美国变成世界强国的一个重要原因，就是美国生产的东西成本更低，或者比其他国家生产的更值钱，这样它不断地占领国际市场。现在的情况可能类似中国，中国生产的同样的东西比美国更有竞争力，在这种情况下，自然贸易结构就发生非常大的变化。所以……很重要的一点还是贸易结构的问题，而不是简单地说中国少向美国出口的问题，也不简单是人民币的汇率问题。

——张维迎

构成国际金融活动的总框架

国际金融体系是国际货币关系的集中反映，它构成了国际金融活动的总体框架。在市场经济体制下，各国之间的货币金融交往，都要受到国际金融体系的约束。金融体系包括金融市场、金融中介、金融服务企业以及其他用来执行居民户、企业和政府的金融决策的机构。有时候特定金融工具的市场拥有特定的地理位置，例如纽约证券交易所和大阪期权与期货交易所就是分别坐落于美国纽约和日本大阪的金融机构。然而，金融市场经常没有一个特定的场所，股票、债券及货币的柜台交易市场——或者场外交易市场的情形就是这样，它们本质上是连接证券经纪人及其客户的全球化计算机通信网络。

金融中介被定义为主要业务是提供金融服务和金融产品的企业。它们包括银行、投资公司和保险公司。其产品包括支票账户、商业贷款、抵押、共同基金以及一系列各种各样的保险合同。

就范围而言，当今的金融体系是全球化的。金融市场和金融中介通过一个巨型国际通信网络相连接，因此，支付转移和证券交易几乎可以24小时不间断地进行。举个例子：

如果一家基地位于德国的大型公司希望为一项重要的新项目融资，那么它将考虑一系列国际融资的可能性，包括发行股票并将其在纽约证券交易所或伦敦证券交易所出售，或是从一项日本退休基金那里借入资金。如果它选择从日本退休基金那里借入资金，这笔贷款可能会以欧元、日元甚至美元计价。

1. 国际金融体系的主要内容

（1）国际收支及其调节机制。即有效地帮助与促进国际收支出现严重失衡的国家通过各种措施进行调节，使其在国际范围能公平地承担国际收支调节的责任和义务。

（2）汇率制度的安排。由于汇率变动可直接地影响到各国之间经济利益的再分配，因此，形成一种较为稳定的、为各国共同遵守的国际汇率安排，成为国际金融体系所要解决的核心问题。一国货币与其他货币之间的汇率如何决定与维持，一国货币能否成为自由兑换货币，是采取固定汇率制度，还是采取浮动汇率制度，或是采取其他汇率制度等等，都是国际金融体系的主要内容。

（3）国际储备资产的选择与确定。即采用什么货币作为国际的支付货币；在一个特定时期中心储备货币如何确定，以维护整个储备体系的运行；

世界各国的储备资产又如何选择，以满足各种经济交易的要求。

（4）国际金融事务的协调与管理。各国实行的金融货币政策，会对相互交往的国家乃至整个世界经济产生影响。因此，如何协调各国与国际金融活动有关的金融货币政策，通过国际金融机构制定若干为各成员国所认同与遵守的规则、惯例和制度，也构成了国际金融体系的重要内容。国际金融体系自形成以来，经历了金本位制度、布雷顿森林体系和现行的浮动汇率制度。

2. 金融体系的重要作用

金融体系包括金融市场和金融机构。金融市场和人们常见的市场一样，在那里人们买卖各种产品，并讨价还价。金融市场可能是非正式的，例如社区的跳蚤市场；也可能是高度组织化和结构化的，比如伦敦或者苏黎世的黄金市场。金融市场和其他市场的唯一区别在于，在这个市场上，买卖的是股票、债券和期货合约等金融工具而不是锅碗瓢盆。最后，金融市场涉及的交易额可能很大，可能是风险巨大的投资交易。当然，一笔投资的回报可能让你赢得盆满钵满，也可能让你输得一贫如洗。由于金融市场具有较高的价格挥发性，比如股票市场，因此金融市场的消息很值钱。

金融机构也是金融体系的一部分，和金融市场一样，金融机构也能起到将资金从储蓄者转移到借款者的作用。然而，金融机构是通过销售金融债权获取资金并用这些资金购买公司、个人和政府的金融债权来为他们融资的。金融机构包括：商业银行、信用社、人寿保险公司以及信贷公司，它们有一个特殊的名字：金融中介机构。金融机构控制着整个世界的金融事务，为消费者和小企业提供各种服务。尽管金融机构不像金融市场那样受到媒体关注，但它却是比证券市场更重要的融资来源地。这一现象不仅在美国如此，在世界其他工业化国家亦是如此。

全球性的国际金融机构

第二次世界大战后建立了布雷顿森林国际货币体系，并相应地建立了几个全球性国际金融机构，作为实施这一国际货币体系的组织机构，它们也是目前最重要的全球性国际金融机构，即国际货币基金组织、简称世界银行的国际复兴开发银行、国际开发协会和国际金融公司。

适应世界经济发展的需要，先后曾出现各种进行国际金融业务的政府间国际金融机构，国际金融机构的发端可以追溯到 1930 年 5 月在瑞士巴塞尔成立的国际清算银行。它由英国、法国、意大利、德国、比利时、日本的中央银行和代表美国银行界的摩根保证信托投资公司、纽约花旗银行和芝加哥花旗银行共同组成，其目的就是处理第一次世界大战后德国赔款的支付和解决德国国际清算问题。此后，其宗旨改为促进各国中央银行间的合作，为国际金融往来提供额外便利，以及接受委托或作为代理人办理国际清算业务等。该行建立时只有 7 个成员国，现已发展到 45 个成员国和地区。

从 1957 年到 20 世纪 70 年代，欧洲、亚洲、非洲、拉丁美洲、中东等地区的国家为发展本地区经济的需要，同时也是为抵制美国对国际金融事务的控制，通过互助合作方式，先后建立起区域性的国际金融机构。如泛美开发银行、亚洲开发银行、非洲开发银行和阿拉伯货币基金组织，等等。

国际金融机构是指从事国际金融管理和国际金融活动的超国家性质的组织机构，能够在重大的国际经济金融事件中协调各国的行动；提供短期资金缓解国际收支逆差稳定汇率；提供长期资金促进各国经济发展。按范围可分为全球性国际金融机构和区域性国际金融机构。

国际金融机构在发展世界经济和区域经济方面发挥了积极作用。不过，这些机构的领导权大都被西方发达国家控制，发展中国家的呼声和建议往往得不到应有的重视和反映。

1. 国际开发协会

国际开发协会是专门对较贫困的发展中国家发放条件优惠的长期贷款的金融机构。成立协会的建议是 1957 年提出的，正式成立于 1960 年 9 月。国际开发协会的组织机构与世界银行相同。其资金来源主要有：（1）会员国认缴的股本；（2）工业发达国家会员国提供的补充资金；（3）世界银行从净收益中拨给协会的资金；（4）协会业务经营的净收益。

协会的贷款条件是：1972 年按人口平均国民生产总值不到 375 美元的发展中国家的政府或企业。贷款不收利息，只收 0.75% 的手续费，贷款期限 50 年。至 1988 年财政年度，协会提供信贷资金总额为 508.91 亿美元。

2. 国际金融公司

国际金融公司建立于 1956 年 7 月。申请加入国际金融公司的国家必须是世界银行的会员国。国际金融公司的组织机构和管理方式与世界银行相同。

国际金融公司的主要任务是对属于发展中国家的会员国中私人企业的新建、改建和扩建等提供资金，促进外国私人资本在发展中国家的投资，促进发展中国家资本市场的发展。其资金来源主要是会员国认缴的股本、借入资金和营业收入。

国际金融公司提供贷款的期限为 7～15 年，贷款利率接近于市场利率，但比市场利率低，贷款无须政府担保。

3. 亚洲开发银行

1966 年在东京成立，同年 12 月开始营业，行址设在菲律宾的首都马尼拉。成立初期有 34 个国家参加，1988 年增加到 47 个，其中亚太地区 32 个，西欧和北美 15 个。其管理机构由理事会、执行董事会和行长组成。

亚洲开发银行的宗旨是通过发放贷款和进行投资、技术援助，促进本地区的经济发展与合作。其主要业务是向亚太地区加盟银行的成员国和地区的政府及其所属机构、境内公私企业以及与发展本地区有关的国际性或地区性组织提供贷款。贷款分为普通贷款和特别基金贷款两种。前者贷款期为 12～25 年，利率随金融市场的变化调整；后者贷款期为 25～30 年，利率为 1%～3%，属长期低息优惠贷款。

亚洲开发银行的资金来源主要是加入银行的国家和地区认缴的股本、借款和发行债券以及某些国家的捐赠款和由营业收入所积累的资本。

我国在亚洲开发银行的合法席位于 1986 年恢复。

4. 非洲开发银行

非洲开发银行于 1963 年 9 月成立，1966 年 7 月开始营业，行址设在科特迪瓦的首都阿比让。我国于 1985 年 5 月加入非洲开发银行，成为正式成员国。

非洲开发银行的宗旨是：为成员国经济和社会发展服务，提供资金支持；协助非洲大陆制定发展的总体规划，协调各国的发展计划，以期达到非洲经济一体化的目标。其主要业务是向成员国提供普通贷款和特别贷款。特别贷款条件优惠，期限长，最长可达 50 年，贷款不计利息。非洲开发银行的资金主要是成员国认缴的股本，为解决贷款资金的需要，它还先后设立了几个合办机构：非洲开发基金、尼日利亚信托基金、非洲投资开发国际金融公司和非洲再保险公司。

国际金融中心是冒险者的天堂

国际金融中心就是指能够提供最便捷的国际融资服务、最有效的国际支付清算系统、最活跃的国际金融交易场所的城市。

金融市场齐全、服务业高度密集、对周边地区甚至全球具有辐射影响力是国际金融中心的基本特征。目前，公认的全球性国际金融中心是伦敦、纽约。除此之外，世界上还存在着许多区域性的国际金融中心，如欧洲的法兰克福、苏黎世、巴黎，亚洲的中国香港、上海、新加坡、日本东京等。

1. 法兰克福金融中心

法兰克福作为世界著名金融中心，全世界 10 大银行中有 9 家、50 大银行中有 46 家在此地立足，有 50 多个国家的 200 家外国银行在这里设立分行或办事处，其中包括中国的银行。德国的三大商业银行，即德意志银行、德雷斯顿银行和商业银行的总部全都设在此地。此外还有 340 多家银行，共 33000 多人在这里从事银行业。但最引人注目的还是法兰克福证券交易所，这是仅次于纽约和东京的交易所，有 6900 种各国证券和股票在这里上市和交易。交易所设在建于 1879 年的古典风格大楼，游客可在楼上观看交易活动。交易厅的一面墙壁上，是 90 平方米大小的显示屏，由电脑控制，上面各大企业的股票价格清晰可见，是德国经济的晴雨表。最特别的自然是证券交易所门前空地的牛雕像和熊雕像，分别代表股市的牛市和熊市。

2. 苏黎世金融市场

苏黎世金融市场是另一个重要的国际金融市场，瑞士的苏黎世金融市场和伦敦金融市场、纽约金融市场构成世界著名的三大国际金融市场。瑞士原本是一个传统的债权国，其中央银行（瑞士国家银行）设在苏黎世，其作为国际金融中心具备许多有利的条件：瑞士从 1815 年起成为永久中立国，没有受到历次战争的破坏，瑞士法郎又长期保持自由兑换。

因此，在国际局势紧张时期，瑞士成为别国游资的避难场所，黄金、外汇交易十分兴隆。它对资本输出没有什么限制；具备国际游资分配中心的作用；它保护私人财产，允许资本自由移动；瑞士的政治、经济稳定，有连续性；瑞士法郎是世界上比较稳定的货币之一；"二战"后欧洲经济的恢复和发展促进了苏黎世金融市场的发展。

3. 香港国际金融中心

香港国际金融中心，金融机构和市场紧密联系，政府的政策是维护和发展完善的法律架构、监管制度、基础设施及行政体制，为参与市场的人士提供公平的竞争环境，维持金融及货币体系稳定，使香港能有效地与其他主要金融中心竞争。香港地理环境优越，是连接北美洲与欧洲时差的桥梁，与亚洲和其他东南亚经济体系联系紧密，又与世界各地建立了良好的通信网络，因此能够成为重要的国际金融中心。资金可以自由流入和流出本港，也是一项重要的因素。香港金融市场的特色是资金流动性高。市场根据有效、透明而又符合国际标准的规例运作。香港的工作人员有一定教育水平，海外专业人士来港工作也十分容易，进一步推动了金融市场的发展。

4. 新加坡国际金融中心

新加坡是一个面积很小的岛国，1965年才取得独立。新加坡自然资源缺乏，国内市场狭小，这对一个国家的经济发展是不利因素。但新加坡也存在许多优势。首先，新加坡的地理位置优越，而且基础设施比较发达，使得它成为东南亚的重要贸易中心和港口，也为金融业的发展奠定了基础；其次，英语在新加坡广泛使用，而英语是国际金融业中通用的语言，这就为新加坡金融业的发展提供了有利条件。到20世纪70年代初，新加坡已经发展成为亚太地区金融业最发达的国家，成为亚洲美元市场的中心。通过新加坡的金融市场，地区外的资金得以被吸收到东南亚地区，为本地区的经济发展筹集了急需的资金。对新加坡自身而言，金融业的发展促进了经济发展，而经济发展又为金融的进一步深化提供了动力。

作为国际金融市场的枢纽，国际金融中心为世界经济的发展做出了巨大贡献。同时国际金融中心的发展也给当地经济带来显著的收益。全球性金融中心、地区性金融中心和大批离岸金融市场构成了全球性的金融网络，使各国的经济和金融活动紧密地联系在一起。24小时不间断运行的外汇市场提供了货币交易的国际机制，而这种货币交易是跨国经济活动的重要基础。日益证券化的国际资本市场使发达国家的资本供给和发展中国家的投资机会得以连接，形成了资本有效配置的国际机制。在国际金融活动中，制度、政策和货币的障碍越来越小，有力地推动了经济全球化进程。

国际金融组织发挥的作用

当代国际金融的一大特点是，国际金融组织相继出现，并且在全球化经济发展中起着越来越重要的作用。所以，我们简单了解一些全球性金融组织概况也是很有必要的。

关于全球性金融组织，可以主要关注以下几个：

1.世界银行集团

之所以称之为集团，是指这不仅仅是一家银行，它实际上包括国际复兴开发银行、国际开发协会、国际金融公司、解决投资争端国际中心、多边投资担保机构等一系列组织。成立世界银行集团的目的，最早是为了给西欧国家战后复兴提供资金援助，1948年后转变为帮助发展中国家提高生产力、促进社会进步和经济发展、改善和提高人民生活。世界银行集团的主要业务机构有以下三个：

（1）国际复兴开发银行

国际复兴开发银行简称世界银行，是与国际货币基金组织同时成立的另一个国际金融机构，也是联合国的一个专门机构。

国际复兴开发银行成立于1945年12月，1946年6月25日正式开始营业。当时以美国为代表的许多国家认为，为了在第二次世界大战结束后能够尽快恢复受战争破坏的各国经济、开发发展中国家经济，有必要成立这样一个国际性金融组织，利用其自有资金和组织私人资本，为生产性项目提供贷款或投资。

所以，《国际复兴开发银行协定》规定，它的宗旨是：对生产性投资提供便利，协助成员国的经济复兴以及生产和资源开发；促进私人对外贷款和投资；鼓励国际投资，开发成员国的生产资源，促进国际贸易长期均衡发展，维持国际收支平衡；配合国际信贷，提供信贷保证。

（2）国际开发协会

国际开发协会成立于 20 世纪 50 年代。当时的背景是亚洲、非洲、拉丁美洲地区的发展中国家经济十分落后，外债负担沉重，自有资金严重不足，迫切需要获得大量外来资金摆脱困境，发展经济。可与此同时，国际货币基金组织、国际复兴开发银行的贷款门槛高，贷款数量又有限，无法满足上述国家免息低息、数量庞大的贷款需求。

在这种情况下，1958 年美国提议建立一个能为上述国家提供优惠贷款的开发性国际金融机构。1960 年，世界银行集团正式成立国际开发协会并开始营业，总部设在美国首都华盛顿。

国际开发协会的宗旨是：向符合条件的低收入国家提供长期优惠贷款，帮助这些国家加速经济发展，提高劳动生产率，改善人民生活。国际开发协会与国际复兴开发银行虽然在法律地位、财务上相互独立，可是在组织机构上却是中国人熟悉的"两块牌子、一套人马"。

（3）国际金融公司

《国际复兴开发银行协定》规定，世界银行的贷款对象只能是成员国政府，如果对私营企业贷款必须由政府出面担保；而且，世界银行只能经营贷款业务，不能参与股份投资，也不能为成员国私营企业提供其他有风险的贷款业务。这样一来，就在很大程度上限制了世界银行的业务范围，不利于发展中国家发展民族经济。

为了弥补这一缺陷，1956 年世界银行集团成立了国际金融公司，主要是为成员国的私营企业提供国际贷款。

国际金融公司的宗旨是：为发展中国家的私营企业提供没有政府机构担保的各种投资；促进外国私人资本在发展中国家的投资；促进发展中国家资本市场的发展。

2. 国际清算银行

国际清算银行是西方主要国家中央银行共同创办的国际金融机构，具体指美国的几家银行集团与英国、法国、德国、意大利、比利时、日本等国家的中央银行在 1930 年共同出资创办的，总部设在瑞士巴塞尔，享有国际法人资格以及外交特权和豁免权，并且不需要纳税。

成立国际清算银行，最早的目的是处理第一次世界大战后德国对协约国赔偿的支付以及处理同德国赔款的"杨格计划"的相关业务。后来则转变为促进各国中央银行之间的合作，为国际金融业务提供便利条件，作为国际清算的代理人或受托人。

说得更明确一点就是，最早美国是要利用这个机构来掌握德国的财政，并且把欧洲债务国偿还美国的债务问题置于美国监督之下。1944 年布雷顿森林会议后，国际清算银行的使命实际上已经完成了，是应当解散的，但美国仍然把它保留了下来，并作为国际货币基金组织和世界银行的附属机构。国际清算银行不是政府之间的金融决策机构，它实际上相当于西方国家中央银行的银行。

中国于 1984 年与国际清算银行建立业务联系，办理外汇与黄金业务；派员参加国际清算银行股东大会，以观察员身份参加年会。国际清算银行从 1985 年起开始对中国提供贷款，并于 1996 年接纳中国、中国香港、巴西、印度、俄罗斯等加入该组织。

国际清算银行的服务对象是各国中央银行、国际组织（如国际海事组织、国际电信联盟、世界气象组织、世界卫生组织）等，不办理个人业务。目前，全球各国的外汇储备约有 1/10 存放在国际清算银行。这样做的好处是：外汇种类可以自由转换；免费储备黄金，并且可以用它作抵押取得 85% 的现汇贷款；可以随时提取，不需要说明任何理由。

贷款条件苛刻的世界银行

世界银行集团是一家国际金融组织，总部设在美国首都华盛顿，但国际金融组织不仅仅是世界银行集团一家。除了世界银行集团外，还有国际货币基金组织、亚洲开发银行等。其中，国际开发协会、国际金融公司是世界银行集团的附属机构。平常所说的世界银行，一般是指世界银行集团下的国际复兴开发银行。

2009年12月6日，巴勒斯坦与世界银行和其他援助方签署了6400万美元的援助协议，以推进巴勒斯坦建国步伐。受金融危机的影响，非洲食品和燃油价格上涨，同时引发了货币贬值和证券价格的下跌。世界银行2009年公布，将向受金融危机影响的非洲国家提供770亿美元的援助，以帮助这些国家减轻由金融危机带来的负面影响。

中国是世界银行的创始国之一，1980年5月15日，中国在世界银行和所属国际开发协会及国际金融公司的合法席位得到恢复。1980年9月3日，该行理事会通过投票，同意将中国在该行的股份从原7500股增加到12000股。我国在世界银行有投票权。在世界银行的执行董事会中，我国单独派有一名董事。我国从1981年起开始向该行借款，此后，我国与世界银行的合作逐步展开、扩大。世界银行通过提供期限较长的项目贷款，推动了我国交通运输、行业改造、能源、农业等国家重点建设以及金融、文卫、环保等事业的发展。同时，还通过本身的培训机构，为我国培训了大批了解世界银行业务、熟悉专业知识的管理人才。

世界银行集团目前由国际复兴开发银行（即世界银行）、国际开发协会、国际金融公司、多边投资担保机构和解决投资争端国际中心5个成员机构组成。这5个机构分别侧重于不同的发展领域，但都运用其各自的比较优势，协力实现其共同的最终目标，即减轻贫困。

通过向国际金融市场借款、发行债券和收取贷款利息以及各成员国缴纳的股金三种渠道，世界银行获得资金来源。

在通过对生产事业的投资，协助成员国经济的复兴与建设，鼓励不发达国家对资源的开发方面，世界银行仍然发挥着不可小觑的作用。另外，世界银行通过担保或参加私人贷款及其他私人投资的方式，促进私人对外投资。规定当成员国不能在合理条件下获得私人资本时，可运用该行自有资本或筹集的资金来补充私人投资的不足，并与其他方面的国际贷款配合，鼓励国际投资，协助成员国提高生产能力，促进成员国国际贸易的平衡发展和国际收支状况的改善，对经济的复兴和发展起到了重要的作用。

总结来看，世界银行提供的贷款具有以下几点特征：

第一，贷款期限较长。按借款国人均国民生产总值，将借款国分为4组，每组期限不一。第一组为15年，第二组为17年，第三、四组为最贫穷的成员国，期限为20年。贷款宽限期3～5年。

第二，贷款利率参照资本市场利率而定，一般低于市场利率，现采用浮动利率计息，每半年调整一次。

第三，借款国要承担汇率变动的风险。

第四，贷款必须如期归还，不得拖欠或改变还款日期。

第五，贷款手续严密，从提出项目、选定、评定，到取得贷款，一般要用1年半到2年时间。

第六，贷款主要向成员国政府发放，且与特定的工程和项目相联系。

世界银行的工作经常受到非政府组织和学者的严厉批评，有时世界银行自己内部的审查也对其某些决定质疑。往往世界银行被指责为美国或西方国家施行有利于它们自己的经济政策的执行者，此外，往往过快、不正确的、按错误的顺序引入的或在不适合的环境下进行的市场经济改革对发展中国家的经济反而造成破坏。世界银行的真正掌控者是世界银行巨头，他们最终的目的是追逐利润，现在的状况可以说是一个妥协的结果。

今天世界银行的主要帮助对象是发展中国家，帮助它们建设教育、农业和工业设施。它向成员国提供优惠贷款，同时世界银行向受贷国提出一定的要求，比如减少贪污或建立民主等。世界银行与国际货币基金组织和世界贸易组织一道，成为国际经济体制中最重要的三大支柱。

世界银行贷款协定生效以后，在发生了符合世界银行规定的合格费用后，项目单位可以凭有关证明文件，按照世界银行和财政部门的有关规定，向世界银行提取贷款。

1. 世界银行贷款种类

（1）具体的投资贷款，即项目贷款。这是世界银行业务的主要组成部分，这类贷款占世界银行提供贷款的一半以上。通常用于发展中国家经济和社会发展的基础设施，以及大型生产性投资。世界银行在农业和农村发展、教育、能源、交通、城市发展和供水等方面的大部分贷款都属于这一类，并由世界银行工作人员负责评估和监督完成。

（2）部门贷款，又称行业贷款。包括部门投资贷款、金融中介贷款和部门调整贷款三种。

这三种贷款的使用重点各有侧重：①部门投资贷款的使用，重点是改善部门政策和投资重点，以及增强借款国制订和执行投资计划的能力，如交通运输部门贷款、教育部门贷款、农业部门贷款等。在项目安排、资金使用等方面比较灵活，贷款金额较大、支付速度较快，一般用款周期为3～5年。②金融中介贷款的使用，重点是面向开发金融公司和农业信贷机构的贷款，使用前提是双方必须就转贷对象的选择标准、转贷利率和加强组织机构的具体措施达成协议。世界银行十分强调金融机构在为客户服务质量、转贷利率、机构建设等方面的竞争。③部门调整贷款的使用，重点是专门为支持某一具体部门进行全面政策和体制改革的贷款，但比结构调整贷款涉及的范围要窄。前提是当借款国总体经济管理和改革状况或经济规模不允许进行结构调整时，可选用这类贷款。与前两种贷款不同，部门调整贷款的主要目的是支持某一部门的政策改革，通常为特定部门的进口提供所需外汇，并预先确定受益人或按双方商定的标准选择受益人，一般用款周期为1～4年。

（3）结构调整贷款。结构调整贷款的目的，主要是促进发展中国家的经济调整，但要想得到这项贷款，必须满足世界银行的一系列相关规定。

例如，由于印度尼西亚经济改革步伐缓慢，世界银行认为该国无法利用这笔贷款去进行体制改革，所以2001年4月毫不犹豫地取消了协助该国解决贫困问题的3亿美元贷款。与此同时，国际货币基金组织也在2000年

12 月中止了原本提供给印度尼西亚的 4 亿美元贷款。

（4）技术援助贷款。这种方式的贷款旨在支持借贷国有关制定和执行政策、参与经济发展战略规划的机构成为大型投资项目准备实施和管理的机构用于咨询服务、研究课题和人员培训。这类贷款占世界银行贷款的 3% 左右，一般用款周期为 2～5 年。

（5）应急性贷款。应急性贷款主要是针对会员国发生龙卷风、干旱、地震、水灾等突发事件并遭受巨大经济损失时提供的资金援助。正因这是一项贷款，所以它的目的并不是要救济会员国，而是要帮助会员国不至于因此影响经济的正常运转。

（6）联合贷款。联合贷款是指世界银行与借款国家以外的其他贷款机构，联合起来为世界银行的项目筹集资金或者提供贷款。这种贷款方式，既可以是世界银行与其他贷款机构分别承担同一个项目的一部分，也可以是世界银行介绍或动员其他贷款机构对该项目提供资金。

2. 世界银行的贷款条件

主要有贷款条件较严格的硬贷款和贷款条件优惠的软贷款。硬贷款的条件为：还款期限对中国是 20 年，含宽限期 5 年，承诺费为年率 0.75%，从贷款协定签订后第 60 天算起，按已承诺未拨付的贷款余额计收。利息按已支付未偿还的贷款余额计收，利率较国际资本市场低，贷款中约有 70% 是靠发行债券筹措的。软贷款的条件为：还款期限为 35 年，含宽限期 10 年，承诺费为年率 0.5%，征收办法与硬贷款相同；无息，但需征收 0.75% 的手续费，按已拨付未偿还的贷款余额计收。

3. 中国利用世界银行贷款的特点

（1）起步晚，发展速度快。1981 年中国还只有 1 个世界银行贷款项目，贷款规模为 2 亿美元。发展到现在，世界银行在中国的贷款项目已经多达 230 多个，贷款总额 340 多亿美元；正在实施的项目有 110 多个，在所有借款国中名列第一。

（2）贷款结构趋于硬化。中国在世界银行的贷款支持下，建设了几十个教育、卫生、扶贫项目，为国民经济发展做出了重要贡献。可是由于中国的人均国民生产总值已经超过 785 美元，已经不再属于"低收入国家"，而已经进入"中等偏下收入国家"行列，所以世界银行已经不能再为中国提供软贷款；而国际复兴开发银行硬贷款的利率又较高，这对中国继续从世界银行借贷形成了一定制约。

例如，世界银行规定，当一国人均国民收入达到 1676～3465 美元时，硬贷款期限要从 20 年缩短为 17 年。为此，世界银行 2006 年要求中国政府答复人均国民收入究竟达到了多少美元。当年 8 月，中国官方确认人均国内收入达到 1740 美元。于是，世界银行从 2007 年财政年度（2006 年 7 月 1 日起）把给中国的贷款年限调整为 17 年。

（3）基础设施项目的贷款比重不断上升。中国利用世界银行贷款从部门结构看，基础设施项目的贷款比重在不断上升，农业及社会发展项目所占比重有所下降，能源、交通和工业类项目正在成为贷款项目主体。

（4）项目准备和管理难度不断增加。中国在世界银行贷款项目、贷款额度不断增加的同时，项目准备和项目管理难度也在不断增加。究其原因在于，一方面，项目内容和建设方案的设计越来越复杂，涉及的地区和部门越来越多，部门利益协调难度不断加大；另一方面，世界银行在政策变化和经济改革上的条件越来越苛刻，也在一定程度上增加了项目准备和管理难度。

世界贸易的协调者

世界贸易组织（WTO）是一个独立于联合国的永久性国际组织。1995 年 1 月 1 日正式开始运作，负责管理世界经济和贸易秩序，总部设在瑞士日内瓦。世贸组织是具有法人地位的国际组织，在调解成员争端方面具有很高的权威性。它的前身是 1947 年订立的关税及贸易总协定。与关贸总协定相比，世贸组织涵盖货物贸易、服务贸易以及知识产权贸易，而关贸总协定只适用于商品货物贸易。世界贸易组织是多边贸易体制的法律基础和组织基础，是众多贸易协定的管理者，是各成员贸易立法的监督者，是就贸易进行谈判和解决争端的场所。是当代最重要的国际经济组织之一，其成员间的贸易额占世界贸易额的绝大多数，被称为"经济联合国"。

世贸组织成员分四类：发达成员、发展中成员、转轨经济体成员和最不发达成员。到2015年7月27日，世贸组织正式成员已经达到162个。

世界贸易组织主要有以下几方面的基本职能：管理和执行共同构成世贸组织的多边及诸边贸易协定；作为多边贸易谈判的讲坛；寻求解决贸易争端；世界贸易组织总部监督各成员国贸易政策，并与其他共同制定全球经济政策有关的国际机构进行合作。世贸组织的目标是建立一个完整的、更具有活力的和永久性的多边贸易体制。与关贸总协定相比，世贸组织管辖的范围除传统的和乌拉圭回合确定的货物贸易外，还包括长期游离于关贸总协定外的知识产权、投资措施和非货物贸易（服务贸易）等领域。世贸组织具有法人地位，它在调解成员争端方面具有更高的权威性和有效性。

世界贸易组织的一个重要原则就是互惠原则。尽管在关贸总协定及世贸组织的协定、协议中没有十分明确地规定"互惠贸易原则"，但在实践中，只有平等互惠互利的减让安排才可能在成员间达成协议。世贸组织的互惠原则主要通过以下几种形式体现：

一是通过举行多边贸易谈判进行关税或非关税措施的削减，对等地向其他成员开放本国市场，以获得本国产品或服务进入其他成员市场的机会，即所谓"投之以桃，报之以李"。

二是当一国或地区申请加入世贸组织时，由于新成员可以享有所有老成员过去已达成的开放市场的优惠待遇，老成员就会一致地要求新成员必须按照世贸组织现行协定、协议的规定缴纳"入门费"——开放申请方商品或服务市场。

三是互惠贸易是多边贸易谈判及一成员贸易自由化过程中与其他成员

实现经贸合作的主要工具。关贸总协定及世贸组织的历史充分说明，多边贸易自由化给某一成员带来的利益要远大于一个国家自身单方面实行贸易自由化的利益。因为一国单方面自主决定进行关税、非关税的货物贸易自由化及服务市场开放时，所获得的利益主要取决于其他贸易伙伴对这种自由化改革的反应，如果反应是良好的，即对等地也给予减让，则获得的利益就大；反之，则较小。相反，在世贸组织体制下，由于一成员的贸易自由化是在获得现有成员开放市场承诺范围内进行的，自然这种贸易自由化改革带来的实际利益有世贸组织机制做保障，而不像单边或双边贸易自由化利益那么不确定。因此，多边贸易自由化要优于单边贸易自由化，尤其像中国这样的发展中的大国。

因为世界贸易组织促进世界范围的贸易自由化和经济全球化，通过关税与贸易协定使全世界的关税水平大幅度下降，极大地促进了世界范围的贸易自由化。此外，世界贸易组织还在农业、纺织品贸易、安全保障措施、反倾销与反补贴、投资、服务贸易、知识产权以及运作机制等方面都做出有利于贸易发展的规定。这些协定和协议都将改善世贸自由化和全球经济一体化，使世界性的分工向广化与深化发展，为国际贸易的发展奠定稳定的基础，使对外贸易在各国经济发展中的作用更为重要。

世界贸易组织追求自由贸易，但不是纯粹的自由贸易组织，它倡导的是"开放、公平和无扭曲竞争"的贸易政策。世界贸易组织是"经济联合国"，它所制定的规则已成为当今重要的国际经贸惯例，如果一个国家被排斥在世界贸易组织之外，就难以在平等的条件下进行国际产品和服务交流，而且还要受到歧视待遇。中国自2001年底加入世界贸易组织后，经济与贸易发展极为迅速。

世界贸易组织的所有成员方都可以取得稳定的最惠国待遇和自由贸易带来的优惠，自加入世贸组织以来，我国的出口连年上新台阶。当然，出口扩大了，可增加先进技术的进口，使我国在科技上更快跟上世界产业发展的潮流。

　　加入世界贸易组织后，带动了国民经济的快速发展，一定程度上解决了就业难的问题。同时，有利于提高人民生活水平，"入世"后关税降低了，中国老百姓可以同等的货币，购买优质产品。

　　此外，促进了我国对外服务贸易的发展。我国的服务贸易严重落后，只占世界服务贸易总量的1%。我国的人口众多，资源有限，所以一定要发展服务贸易，包括银行、保险、运输、旅游等方面的引进和出口。

　　加入世界贸易组织，意味着中国可以参与制定国际经济贸易规则，这样可以提高中国在国际社会的地位，增加发言权。目前西方国家对中国产品反倾销调查现象很严重，中国可以利用世界贸易组织的争端解决机制，使这一问题公平合理地得到解决，提高中国产品在国际市场上的声望。

　　当然，加入世贸组织对我国的弱势产业也是一个严峻的挑战。随着市场的进一步扩大，关税的大幅度减让，外国产品、服务和投资有可能更多地进入中国市场，国内一些产品、企业和产业免不了面临更加激烈的竞争。

　　实践已经证明，世界贸易组织为中国提供了宽广的舞台。

第十五章

谁才是真正的赢家

——关于货币战争的财经常识

因为军事攻击最多摧毁建筑设施、消灭人体，以中国的疆域之广，常规战争几乎不可能造成中国经济命脉的彻底损伤。而金融战争的隐蔽性和无战例借鉴、无实战演练的残酷性，对中国的国家防务是一个巨大挑战。

——宋鸿兵

世界货币的变迁

随着时代的发展和世界各国经济实力的变动，从古时的金银到近代的英镑再到现在的美元，世界货币也在发生着变迁。

货币是主权国家的象征，在当今时代，一个主权国家一般都发行了自己的货币，并通过法律赋予该货币在本国范围内流通使用的法定地位。在一国之内，货币主要履行价值尺度、支付手段和储藏手段的职能。当一国货币跨出国家的界线，在其他国家或地区履行货币职能时，该国货币就演变成世界货币，"成为全球统一的支付手段、购买手段和一般财富的绝对社会化身"。

世界货币是实现国际经济贸易联系的工具，它促进了国际经济联系的扩大与发展，从而也促进了资本主义的发展。随着资本主义世界市场的发展，世界各地区在经济上逐渐联结起来。

世界货币应具有一定的基本职能，这些基本职能可以概括为：其一，在国际经济交易中充当贸易货币（结算货币）和计价货币；其二，如果某种货币已经成为国际交易中的重要和主要贸易的计价货币，则它很可能成为其他国家或地区货币当局官方储备的重要资产（储备货币）；其三，当一种货币同时具有了上述职能之后，它就有可能成为选择非自由浮动汇率制度的外国货币当局干预外汇市场时的名义锚（锚货币）。

从英镑到美元的转换，由伦敦到纽约的变迁，金融作为当今世界上最热的词汇之一，述说着200年来的世界经济中心的轮回。当今世界的金融格局怎么样？哪些因素促成了世界金融格局的变化呢？

19世纪，金、银都曾是世界货币。以后，随着金本位制的普遍建立，黄金遂取得了主导地位。在金本位制下，黄金既在国民经济中发挥国内货币的作用，也在国际关系中发挥世界货币的作用。国际收支的差额用黄金来抵补，构成国际储备货币的也只有黄金。黄金可以自由输出输入，而且一个国家的货币可以按固定比价自由与黄金兑换。

由于黄金充当了世界货币，就产生了货币的兑换与汇率以及黄金的国际流通问题。货币兑换成了国际贸易中的必要因素。为了在对外贸易中进行支付，就要将本币与外币相兑换，或用各种货币共同充当世界货币的黄金相交换。由于货币作为世界货币时失去其地方性，都归结为一定的黄金量，因而一国的货币可以用另一国的货币来表现。

当金本位制崩溃，黄金非货币化后，人类进入了信用货币时代。19世纪70年代，英国一直拥有世界最大的工业生产能力，是全球最大的贸易国和金融资产的供给者。英国国内银行及海外银行十分发达，形成了巨大的国际贸易结算网络，伦敦成了当时世界上最大的国际金融中心。

在近一个世纪的时期内，英镑充当了最重要的国际货币角色：全球贸易中最大的一部分由英镑进行结算，外国资产中绝大部分以英镑计值，最大部分的官方储备是以英镑持有的。英镑在国际货币体系中占据着统治地位，实际上等同于黄金。

英国作为一个贸易国家和资本来源地的地位持续下降，英镑开始衰落。1914年"一战"爆发，英国废除了金本位制，1925年又得以恢复，但高估的英镑损害了英国的出口。随后由于受到世界性经济大萧条的严重打击，英国于1931被迫放弃金本位制，英镑演化成不能兑现的纸币。随着美国经济实力的壮大，美元逐渐取代了英镑的世界货币地位。

美国自1776年独立到建立统一的国内货币体系，花了大约一个世纪。美国货币体系逐渐统一的背景是美国国内市场的统一。大约在1870年以后，美国国民收入和生产率就已经超过西欧，到1913年美国已经形成统一的国内市场，并相当于英国、法国和德国的总和。

但是，尽管美国经济已经赶上并超过了英国，但在"二战"之前，美元却始终没有取代英镑的地位。第一次世界大战对美元作为国际货币的崛起发挥了关键作用。战争爆发之后，外国官方机构持有的流动性美元资产大幅度增加，美国国际贷款者地位的形成，各国的外汇管制和欧洲脱离了战前的黄金平价，都促成了美元"作为国际货币的崛起"。从1914年到1973年，美元是唯一以固定价格兑换黄金的货币。20世纪20年代，它在国际贸易和金融中的使用日益扩大。第二次世界大战使美元上升到了支配地位。

"二战"以后，美国凭借其经济和军事优势，通过建立以美元为中心的布雷顿森林体系，确立了美元在国际货币金融领域里的霸权地位。《国际货币基金协定》规定美元与黄金挂钩，其他货币与美元挂钩。尽管黄金是布雷顿森林体系建立的官方储备资产，但美元是战后货币体制真正的储备资产，从而使美元取得了"世界货币"的特殊地位。国际货币基金组织的其他成员国将美元等同为黄金，在它们的外汇储备中，大量地保存美元。"二

"战"后的一段时期，由于各国都需要美国的商品而缺乏美元来支付，美元成为当时世界上独一无二的"硬货币"，致使一段时间内在世界上出现了所谓的"美元荒"。

20世纪70年代初，美元停止兑换黄金，实行浮动汇率，各主要西方货币相继脱离美元，不再同美元保持固定比价，随之美元的国际地位也有所下降。从1995年美元连续大幅贬值，其国际主要货币的作用已极大削弱，美元及美元圈的波动，加速了国际金融市场区域化的进程，促使各国货币汇价重组。

2005年美元结算占全球贸易结算的比重为65%左右，美元交易量占全球外汇交易总量的50%左右；美元仍然是重要的价值储藏手段，2005年美元在全球外汇储备中的份额达76%～78%；美元被作为部分国家货币的"名义锚"。

世界货币的变迁先是黄金，后是英镑，现在则是美元，这些变化的背后则暗喻着各国实力变化。进入20世纪80年代以后，随着欧洲货币一体化进程的加快，日元的国际影响力的提高，美元的国际地位的绝对优势正在受到挑战。目前，世界货币正朝着多极化的方向迈进。

英镑的辉煌与谢幕

在欧亚大陆的西部终端，从这里划过一道海峡，有一个岛国，国名是大不列颠及北爱尔兰联合王国，我们通常叫它英国。这个面积只有24万平方公里的国家，在近代历史上占有非常特殊的地位。在18世纪和19世纪，它曾经是世界经济发展的领头羊，是第一个迈入现代社会的国家。同时，在世界的货币战争史上，英国也曾占据至关重要的地位。由英格兰银行独家发行的代表英国国家权利的英镑，替代黄金在全球通用。从此，人类史上第一支主权性质的国际储备货币诞生。

在特定的历史条件下，为什么英镑会异军突起？是什么原因撑起当时英镑的霸权地位，又有哪些因素让英镑逐渐退出霸权货币的历史舞台？国内一些知名专家，回顾了首个称霸世界的货币——英镑的兴衰。

黄金作为国内市场上流通的货币，最先采用的是英国，但是最先废除的也是英国。19世纪中期，英国率先完成了工业革命，国内经济得到了突飞猛进的发展，控制了世界上大部分的商品生产和贸易往来。直到19世纪70年代，英国一直拥有世界最大的工业生产能力，是全球最大的贸易国和金融资产的供给者。由于英国国内剩余资本过剩，一些投资者纷纷将手中的剩余资本投资于伦敦金融市场，再加上英国国内银行业十分发达，因此这些导致了伦敦取代荷兰的阿姆斯特丹，成为当时世界上最大的金融中心。

伦敦成为金融中心之后，原来金融市场赖以存在的基础——金本位制度不再适应日益变化的市场发展形势，于是英国政府采取了一种新的流通于全国的货币——英镑。英镑从确立之时起，便注定会承担着世界货币的功能，因为此时英国已经成为资本主义世界的头号强国，控制了世界上绝大部分的国际贸易。这样，全球贸易中绝大部分都由英镑来进行结算，外国资产中的绝大部分也以英镑来计价。实际上，此时的英镑，就相当于金本位制度取消之前的黄金，在国际货币体系中占据着统治地位。

随着强大的竞争者——美国的出现，德国在19世纪后期统一后也获得了令人瞩目的经济发展，英国可谓是腹背受敌。尤其是随着德国追逐欧洲霸权以来，英国在牵制过程中矛盾升级，最终导致世界大战的爆发。第一次世界大战的爆发使英国背负了巨大的经济负担。

第一次世界大战一结束，英国便为了恢复金本位制于1918年1月成立了"康利夫委员会"，这个委员会全体一致确定将立足于战前平价回归金本位制。1920年英国的金融产业比较健全，开始实施紧缩政策，结果导致经济下滑，这是为回归金本位制而付出的不可避免的费用。信赖金本位制回归的效果，即英镑恢复作为基础货币的地位时体现的经济效果，就要欣然接受这种牺牲。

1920 年末不过 3.4 美元的 1 英镑到 1923 年春升至 4.7 美元。英镑的价值上升对出口打击沉重。英国政府为了实现金本位制的回归，大力实施了紧缩政策，直接导致英国国内景气的迅速下降，人均收入从 1921 年 1 月到 1922 年 12 月间下降了 38%，生活费降低了 50%，失业率上升了 15%。1924 年 2 月劳动党政府接受了康利夫委员会关于英镑货币升值的提案，如此一来，资本的国外流出中断，英镑价值也恢复了稳定。此时，世界景气正在恢复，英国的国内景气也在上升，失业率开始减少。最终，金本位制的回归条件似乎已经形成。

可是，他们根本没有预想到物价下跌会引发多么具有破坏性的恶性循环。物价下跌问题比预想的更为严重。价格下跌的压力使经济萎缩。价格下跌和景气萎缩引发了恶性循环。英国经济就步入了这种恶性循环的过程中。

这一年，强烈主张金本位制回归的温斯顿·丘吉尔担任财政部长。随之，各国对英镑的货币升值产生了期待，英镑价值自然地开始上升。因投机之风猖獗，英镑猛增至 4.795 美元。英镑恢复到战前平价的金本位制表明英国要重寻世界金融中心的地位。

英国为了重拾世界金融中心的声望，当务之急就是恢复对英镑的国际性信赖。为此，要让人相信英镑价值的稳定性。英国政府坚信，只有这样，其他国家的资本才会涌入进来，英国才会恢复世界金融中心的地位。可结果却是极其否定的。正如前面提及的那样，为了恢复战前的评价，要降低物价和工资，为此，需大力实行高利率政策等紧缩政策，结果会带来通货紧缩的巨大痛苦。

与其他任何国家相比，英国所受的经济打击都是十分严重的，更何况英国产业与欧洲其他任何国家相比，其出口比重都要高。制造业的 45% 依存于国外销售，所以英国经济才在其他国家的经济变化面前表现得敏感而脆弱。

"一战"结束后，各国为了保护国内产业纷纷课以重税。不仅如此，英国与以美国为首的其他国家的竞争也日渐激烈。因为种种因素，英国经济不断恶化。20世纪20年代中期世界经济大致开始恢复，20世纪20年代后期景气良好。可是英国并没有一同分享到经济的好景况，在20世纪20年代始终没有摆脱经济停滞状态。

为了维持金本位制，到1931年8月为止，英国还从法国和美国借入准备金。随着黄金等外汇储备日渐减少，英国政府也认识到了无法再继续维持金本位制的事实。这时，英国已经到了黄金储备即将枯竭之际，最终只能放弃金本位制。

不过，阴差阳错，一放弃金本位制，英镑的价值随之大跌，出口产业的竞争力复活，为了维持金本位制而实行的紧缩政策的脚镣也因之解除了。从1932年开始，货币政策向膨胀转化。但金本位制的放弃和随之而来的货币贬值产生的影响更大。维持金本位制就要保持高利率政策；放弃了金本位制，利率随之下降，就会对景气扩大产生积极的影响。

从这些事实我们可以很容易地看出，英国试图夺回世界金融产业的霸权，以及为此以汇率下降（货币升值）为前提、执着于金本位制的所作所为，产生了多么严重的后遗症和副作用。

总之，第一次世界大战之后，英国实施的汇率政策遭到惨败。这令英国经济在20世纪20年代始终处于举步维艰的境地，只能以放弃金本位制而告终。

英镑作为世界性流通货币在持续了近一个半世纪之后便发生了动摇。充盈的国库和黄金储备、稳定的金融市场再也得不到满足，英国的霸主地位摇摇欲坠，以英镑为中心的世界货币体系也最终崩溃。

20世纪50年代，随着美国经济的进一步发展和英国经济的进一步衰落，以美元为中心的世界货币体系正式确立起来。美元在世界货币体系中霸主地位的确立，正式宣告英镑持续将近一个半世纪的霸主地位退出历史舞台。从此，美元的时代正式来临。

金本位制的崩溃

在历史上，自从英国于1816年率先实行金本位制以后，到1914年第一次世界大战以前，主要资本主义国家都实行了金本位制，而且是典型的金本位制——金币本位制。1914年第一次世界大战爆发后，各国为了筹集庞大的军费，纷纷发行不兑现的纸币，禁止黄金自由输出，金本位制随之告终。

第一次世界大战以后，在1924至1928年间，资本主义世界曾出现了一个相对稳定的时期，主要资本主义国家的生产都先后恢复到大战前的水平，并有所发展，各国企图恢复金本位制。但是，由于金铸币流通的基础已经遭到削弱，不可能恢复典型的金本位制。当时除美国以外，其他大多数国家只能实行没有金币流通的金本位制，这就是金块本位制和金汇兑本位制。

1929～1933年，资本主义国家发生了有史以来最严重的经济危机，并引起了深刻的货币信用危机。货币信用危机从美国的证券市场价格猛跌开始，并迅速扩展到欧洲各国。奥地利、德国和英国都发生了银行挤兑风潮，大批银行因之破产倒闭。

1931年7月，德国政府宣布停止偿付外债，实行严格的外汇管制，禁止黄金交易和黄金输出，这标志着德国的金汇兑本位制从此结束。欧洲大陆国家的银行大批倒闭，使各国在短短两个月内就从伦敦提走了将近半数的存款，英国的黄金大量外流，在这种情况下，1931年9月，英国不得不宣布英镑贬值，并被迫最终放弃了金本位制。一些以英镑为基础实行金汇兑本位制的国家，如印度、埃及、马来西亚等，也随之放弃了金汇兑本位制。其后，爱尔兰、挪威、瑞典、丹麦、芬兰、加拿大等国实行的各种金本位制都被放弃。

1933 年春，严重的货币信用危机刮回美国，挤兑使银行大批破产。联邦储备银行的黄金储备一个月内减少了 20%。美国政府被迫于 3 月 6 日宣布停止银行券兑现，4 月 19 日又完全禁止银行和私人贮存黄金和输出黄金，5 月政府将美元贬值 41%，并授权联邦储备银行可以用国家债券担保发行通货。这样，美国实行金本位制的历史也到此结束。最后放弃金本位制的是法国、瑞士、意大利、荷兰、比利时等一些欧洲国家。它们直到 1936 年 8～9 月才先后宣布放弃金本位制。至此，金本位制终于成为资本主义货币制度的历史陈迹。

第二次世界大战后，建立了以美元为中心的国际货币体系，这实际上是一种金汇兑本位制，美国国内不流通金币，但允许其他国家政府以美元向其兑换黄金，美元是其他国家的主要储备资产。但其后受美元危机的影响，该制度也逐渐开始动摇，至 1971 年 8 月美国政府停止美元兑换黄金，并先后两次将美元贬值后，这个残缺不全的金汇兑本位制也崩溃了。

金本位制通行了约 100 年，其崩溃的主要原因有：第一，黄金生产量的增长幅度远远低于商品生产增长的幅度，黄金不能满足日益扩大的商品流通需要，这就极大地削弱了金铸币流通的基础。第二，黄金存量在各国的分配不平衡。1913 年末，美、英、德、法、俄五国占有世界黄金存量的三分之二。黄金存量大部分为少数强国所掌握，必然导致金币的自由铸造和自由流通受到破坏，削弱其他国家金币流通的基础。第三，第一次世界大战爆发，黄金被参战国集中用于购买军火，并停止自由输出和银行券兑现，从而最终导致金本位制的崩溃。

金本位制崩溃后，资本主义国家普遍实行了纸币流通的货币制度，各国货币虽然仍规定有含金量，但纸币并不能要求兑现。纸币流通制度的实施，为各国政府过度发行纸币、实行通货膨胀政策打开了方便之门。从此，资本主义国家的货币制度已不再具有相对稳定性。通货膨胀，汇率剧烈波动，使货币金融领域日益陷于动荡和混乱之中。

金本位制度的崩溃，对国际金融乃至世界经济产生了巨大的影响：一方面，为各国普遍货币贬值、推行通货膨胀政策打开了方便之门。这是因为废除金本位制后，各国为了弥补财政赤字或扩军备战，会滥发不兑换的纸币，加速经常性的通货膨胀，不仅使各国货币流通和信用制度遭到破坏，而且加剧了各国出口贸易的萎缩及国际收支的恶化。另一方面，导致汇价的剧烈波动，冲击着世界汇率制度。在金本位制度下，各国货币的对内价值和对外价值大体上是一致的，货币之间的比价比较稳定，汇率制度也有较为坚实的基础。但各国流通纸币后，汇率的决定过程变得复杂了，国际收支状况和通货膨胀引起的供求变化，对汇率起着决定性的作用，从而影响了汇率制度，影响了国际货币金融关系。

布雷顿森林体系的建立

国际关系学专家罗伯特·吉尔平将布雷顿森林体系与核武器的作用并列起来："美国霸权的基础，是美元在国际货币体系中的作用和它的核威慑力量扩大到包括了各个盟国……美国基本上是利用美元的国际地位，解决全球霸权的经济负担。"

英镑作为曾经的世界货币随着英帝国的没落而走下神坛，美元则在美国国力大增的背景下开始崛起。"二战"后，布雷顿森林体系为美元霸权地位的确立提供了制度保障。

从美国于 1900 年正式通过金本位法案起，美元开始登上国际舞台，同英镑争夺世界金融霸权，至 20 世纪 50 年代后期最终取代英镑霸主地位而独霸天下，时跨 60 多年。从 1900 年至 1914 年即至第一次世界大战开始，美元在国际货币舞台上开始崛起。尽管在这一时期，美国的国民生产总值已超过英国，是世界第一经济大国，但美元未能撼动英镑的世界货币霸主地位。

从 1914 年至第二次世界大战结束，美元逐渐超过英镑的信誉和影响，以《布雷顿森林协定》为标志，美元压倒英镑，初步取得世界货币金融霸主地位。从 20 世纪 40 年代中期即第二次世界大战结束至 50 年代后期。这是美元进一步挤压英镑，最终确立世界货币金融霸主地位的时期。

两次世界大战重创了英国经济，也动摇和摧毁了英镑的霸权地位。美国本土远离战场，经济未遭破坏，而且发了战争横财。到第二次世界大战结束时，美国工业制成品占世界的一半，对外贸易占世界的 1/3 以上，黄金储备约占资本主义国家的 3/4，并成为世界最大的债权国，从而为美元霸权的建立奠定了坚实的基础。美国以强大的经济实力做后盾，不断打击英镑，抬升美元的国际货币作用，终于在"二战"结束前夕，建立了以美元为中心的布雷顿森林体系。

布雷顿森林体系以黄金为基础，以美元作为最主要的国际储备货币。美元直接与黄金挂钩，各国货币则与美元挂钩，并可按 35 美元一盎司的官价向美国兑换黄金。在布雷顿森林体系下，美元可以兑换黄金和各国实行可调节的钉住汇率制，是构成这一货币体系的两大支柱，国际货币基金组织则是维持这一体系正常运转的中心机构，它有监督国际汇率、提供国际信贷、协调国际货币关系三大职能。

同时，根据《布雷顿森林协定》的有关规定，以黄金—美元为基础的固定汇率制度最终确立。这种固定汇率制度就是实行所谓的"双挂钩"制度，即美元与黄金挂钩、各国货币与美元挂钩的汇率机制。第一，在美元与黄金挂钩的基础上，各成员国的货币则与美元挂钩，以美元的含金量作为各国规定货币平价的标准；各国货币对美元的汇率，按照各国货币的含金量确定，或者不规定含金量而只规定对美元的比价，从而间接与黄金挂钩；第二，各国政府有责任维护本国货币汇率的稳定，其对美元汇率波动的范围不得超过货币平价的 ±1%，并且有义务在必要的时候对汇率的波动进行干预；第三，只有当国际收支发生"根本性不平衡"的情况下，才允许货币升值或者贬值；货币平价的任何变动都需要经过基金组织的批准。但是在实际的操作中，在平价 10% 以内的变动可以自行决定；如果在

10%～20%之间则需要基金组织的同意，并在72小时内做出决定；如果变动的幅度更大，则没有时间的限制。

通过上述规定，我们可以看出：布雷顿森林体系确立了美元在国际货币体系中的领导地位，从而行使世界货币的职能，成为世界最主要的清算货币和储备货币，而各个成员国的货币则都依附于美元。各国中央银行均持有美元储备，彼此以美元划账结算。各国货币虽然不能兑换黄金，但可以通过兑换美元间接地与黄金挂钩。这样，就形成了一种以美元为核心，美元等同于黄金，各国货币钉住美元的新型国际货币体系。

布雷顿森林体系的形成，暂时结束了战前货币金融领域里的混乱局面，维持了战后世界货币体系的正常运转。固定汇率制是布雷顿森林体系的支柱之一，但它不同于金本位下汇率的相对稳定。

1929～1933年的资本主义世界经济危机，引起了货币制度危机，导致金本位制崩溃，国际货币金融关系呈现出一片混乱局面。而以美元为中心的布雷顿森林体系的建立，使国际货币金融关系又有了统一的标准和基础，混乱局面暂时得以稳定。

布雷顿森林体系的形成，在相对稳定的情况下扩大了世界贸易。美国通过赠予、信贷、购买外国商品和劳务等形式，向世界散发了大量美元，客观上起到扩大世界购买力的作用。同时，固定汇率制在很大程度上消除了由于汇率波动而引起的动荡，在一定程度上稳定了主要国家的货币汇率，有利于国际贸易的发展。同时也为国际融资创造了良好环境，有助于金融业和国际金融市场发展，也为跨国公司的生产国际化创造了良好的条件。

布雷顿森林体系形成后，基金组织和世界银行的活动对世界经济的恢复和发展起了一定的积极作用。一方面，基金组织提供的短期贷款暂时缓和了战后许多国家的收支危机，也促进了支付办法上的稳步自由化，基金组织的贷款业务迅速增加，重点也由欧洲转至亚、非、拉等第三世界；另一方面，世界银行提供和组织的长期贷款和投资不同程度地解决了会员国战后恢复和发展经济的资金需要。此外，基金组织和世界银行为世界经济的恢复与发展提供了技术援助，为建立国际经济货币的研究资料及交换资料情报等方面的进步做出了重要贡献。

布雷顿森林体系的倒塌

布雷顿森林体系的建立，在"一战"后相当一段时间给国际贸易带来空前发展和全球经济越来越相互依存的时代。布雷顿森林体系虽然推动了世界贸易的增长，却存在着严重的缺陷，并最终导致了布雷顿森林体系的倒塌。

1944年，第二次世界大战的第二战场刚刚开辟，欧洲战场一片硝烟弥漫。当全世界关注的目光都集聚在这里的时候，来自44个盟约国国家的730多位代表却齐聚在冷清的美国新罕纳尔布什州风景优美的布雷顿森林郡的华盛顿山度假宾馆，在此吵得不可开交。50年后，当时的一个工作人员回忆说："从7月1日到19日，从会议室里不时传来各种语言的陈词、质问和争辩。这伙人每天两眼一睁，吵到熄灯，到激烈处通宵不寐。"

这里究竟发生了什么事，他们在讨论什么？这些整天争吵不休的人看似聒噪，其实却都大有来头。他们很多都是当时《纽约时报》《泰晤士报》《金融时报》上经常采访的对象，其中著名的有美国财政部长摩根索、美联储的主席艾考斯、参议员托比、经济学家怀特等人。

说这一座小小的华盛顿山度假宾馆此时大腕云集一点也不为过。但是，这些人里最大的腕，却是一位英国人。当时，人们绝不会想到，此人的肖像不仅将出现在那些最著名的杂志封面上，他的名字还将出现在此后的60年中的任何一版的宏观经济学和货币金融学教科书上。他就是对现代政府经济政策影响最大的经济学家，可能也是有史以来对现实经济影响力最重要的经济学家约翰·梅纳德·凯恩斯。此时，凯恩斯已经身患重病，但他依然"冷酷无情地驱使自己和别人工作"，而他当时的主要对手——美国财政部经济学家哈里·怀特也紧张戒备，每天只睡 5 个小时。

这一次聚集了世界大腕，足足开了 19 天的会议，终于争吵出一个结果，那就是著名的布雷顿森林体系——世界上第一个全球性的金融货币体制协议，就是在此时诞生的。

1914～1918 年的第一次世界大战在相当程度上摧毁了世界贸易。1929 年的世界经济大萧条使得金本位制度彻底破产。两次世界大战之间的 20 年中，国际货币体系分裂成几个相互竞争的货币集团，各国货币竞相贬值，动荡不定，因为每一经济集团都想以牺牲他人利益为代价，解决自身的国际收支和就业问题，呈现出一种无政府无组织的状态。

20 世纪 30 年代世界经济危机和"二战"后，各国的经济政治实力发生了重大变化，美国登上了资本主义世界盟主地位，美元的国际地位因其国际黄金储备的巨大实力而空前稳固。这就使建立一个以美元为支柱的有利于美国对外经济扩张的国际货币体系成为可能。

1944 年，同盟国取得第二次世界大战的胜利已成定局，它们在美国新罕布什尔州的布雷顿森林召开会议，商讨战后的世界贸易格局，建立一个新的国际货币体系，以促进战后的世界贸易和经济繁荣。

布雷顿森林体系的一个重要特征是，美国被确立为储备货币国。这与美国经济实力的雄厚是分不开的，但也正因如此，给布雷顿森林体系的瓦解埋下了种子。随着历史的发展，布雷顿森林体系的弊端逐渐暴露。

1971 年 7 月第七次美元危机爆发，尼克松政府于 8 月 15 日宣布实行"新经济政策"，停止履行外国政府或中央银行可用美元向美国兑换黄金的义务。这意味着美元与黄金脱钩，支撑国际货币制度的两大支柱有一根已倒塌。

1973 年 3 月，西欧又出现抛售美元，抢购黄金和马克的风潮。3 月 16 日，欧洲共同市场 9 国在巴黎举行会议并达成协议，联邦德国、法国等国家对美元实行"联合浮动"，彼此之间实行固定汇率。至此，战后支撑国际货币制度的另一支柱，即固定汇率制度也完全垮台。这宣告了布雷顿森林体系的最终解体。

以美元为中心的国际货币制度崩溃的根本原因，是这个制度本身存在着不可调解的矛盾。在这种制度下，美元作为国际支付手段与国际储备手段，发挥着世界货币的职能。

一方面，美元作为国际支付手段与国际储备手段，要求美元币值稳定，才会在国际支付中被其他国家所普遍接受。而美元币值稳定，不仅要求美国有足够的黄金储备，而且要求美国的国际收支必须保持顺差，从而使黄金不断流入美国而增加其黄金储备。否则，人们在国际支付中就不愿接受美元。

另一方面，全世界要获得充足的外汇储备，又要求美国的国际收支保持大量逆差，否则全世界就会面临外汇储备短缺、国际流通渠道出现国际支付手段短缺。但随着美国逆差的增大，美元的黄金保证又会不断减少，美元又将不断贬值。

第二次世界大战后从美元短缺到美元泛滥，是这种矛盾发展的必然结果。随着全球经济一体化的进程，过去美元一统天下的局面不复存在。世界正在向多极化发展，国际货币体系将向各国汇率自由浮动、国际储备多元化、金融自由化、国际化的趋势发展。单一的货币制度越来越难以满足经济飞速发展的需要，这就是布雷顿森林体系倒塌的根本原因。

伤不起的"日元"

20世纪70年代后期，日本经济异军突起，成为国际货币基金组织的第八条款国，从而开始了日元的国际化进程之路。日元的国际化，离不开日本经济实力的支撑。进入20世纪80年代，日本的经济地位不断上升，成为当时仅次于美国的第二大经济体。日元国际化也开始进入了快速发展阶段，从日元的可自由兑换，到开放资本项目。1980年12月，日本大藏省颁布了新的《外汇法》，实现了日元的可自由兑换。紧接其后，日本加速了金融自由化改革。1984 年，日元—美元委员会和日本大藏省对外汇交易的两个规则做了修订，其中包括外币期货交易中的"实际需求原则"。也就是说，任何人都可以进行外汇期货交易，而不受任何实体贸易的限制。第二个是"外币换为日元原则"。企业可以自由将外币换成日元，也可以将在欧洲日元市场上筹集的资本全部带回日本。日本政府又在东京创设离岸金融市场，开放境外金融市场，为日元在国际市场上的自由流通创造了条件，此后，日元的地位不断上升。

素有"弹丸之地"之称的日本现如今让人不敢小觑。在以科技为主打的发达经济下，日元这一不起眼的货币偶尔也会混入国际货币市场上遛遛了。

不过，日本经济的崛起，日元走上国际舞台，都要感谢美国。"二战"后，日本经济奄奄一息，多亏了美国的支持才得以迅猛发展。从 1955 年到 1973 年，日本每年的经济增长都保持在 10% 以上。

在日本逐渐崛起时，美国为了与苏联抗衡，曾不断增发货币，造成美元大幅度贬值，拥有巨额美元外汇储备的日本也因此遭殃，外汇储备的缩水对日本企业造成了不小的打击。而且，美元的贬值也让日元贬值了。货币贬值势必会对日本造成影响，但我们需要辩证地看待。日元的贬值降低了日本的进口量，却刺激了日本的出口，使其对外贸易处于顺差状态。

正是在这时，日本生产的钢铁，以及汽车和电视机等家电走向了全世界，而且势不可挡。

1985 年，日本对美国的贸易顺差高达 312 亿美元，其外汇储备也达到 279 亿美元。而此时美国的情况很糟糕，财政赤字剧增，对外贸易逆差也大幅度增长。日本又燃起了雄心，不想一直跟在美国身后，想让日元做大，其实就是想让日元升值。

那时日本银行的贷款结构不合理，接近 40% 的银行贷款投向国民经济中的生产领域，25% 的贷款投向非生产领域，如金融业、保险业、房地产和服务业。当时美国的贸易逆差创下 1000 亿美元的纪录，于是，美国拉拢法国、西德和英国，同意让日元升值。在美国等国家通过《广场协议》施加的压力下，日元不断升值。这其实正合了日本的意，认为自己可以和美元一较高下了，但日本不知道日元的不断升值会给自己带来沉重的负担。

《广场协议》签订后，日元走上了快速升值的道路。在不到两年的时间内，日元兑换美元的汇率竟然从 240 ：1 升至 120 ：1。也就是说两年内日元升值了一倍。这使日本的出口业大受冲击，日本企业的国际竞争力被严重削弱，而且日本手中持有的美元价值也严重降低了。美国没有就此罢休，它还限制日本对第三世界国家的投资，日本政府只能将促进经济增长的政策调整为以促进内需为主。

面对此种局面，日本的应对策略还是比较聪明的。在美国对日本汇率的逼迫下，为了压低日元汇率以提高出口竞争力，日本开放了国内的资本账户，当国际资本源源不断从外面流入国内，日本银行一手买入美元、一手卖出日元，以冲抵日元升值的压力。

其实，日元升值就表示日本人能用日币兑换到更多的美元了。日本人很聪明，当手中有了更多的美元后，就开始用这些钱收购美国的资产、购买美国先进的科学技术。

在日元大幅度升值的过程中，日本的索尼公司以 34 亿美元的价格购买了对美国文化具有象征意义的哥伦比亚影片公司，接下来，日本三菱公司又以 14 亿美元的价格购买了对美国具有象征意义的洛克菲勒中心。此外，看到楼市的前景，日本大批的企业和个人纷纷跑去美国投资房地产。最后日本皇室拥有的美国土地的价值已经超过了整个加利福尼亚州土地的价值。四五年间，美国 10% 的不动产竟然成了日本人的财产。

看看形势，真的有点像日本人所说的"买下整个美国"，但是，恰巧此时，美国的房产泡沫破灭了，这就使得那些投资者几乎血本无归，从此，日本的经济严重受挫，一蹶不振。

1997 年东南亚金融危机后，欧元的诞生给日元带来了巨大的压力，同时日本经济泡沫的破灭大大影响了日本的经济实力，日本转而追寻以区域金融合作为基础的日元国际化新战略。

2010 年 8 月底，日本央行用增加利率和出台新政策的方法抵制日元升值，但这一措施起到了相反的作用，让日元进一步升值了。

2011 年上半年，日本遭遇地震、海啸、核泄漏重重危机，让日元再度升值。这无疑是给日本的经济雪上加霜。

尽管日元的国际化已经推行了几十年，但是在全球范围内，日元并没有能够实现其结算货币、储备货币、交易货币的国际化功能。我们也可以看到，美元在国际市场上依旧占据着主导地位，而日元不仅与美元，即使与欧元也有着相当大的差距。

第十六章

非理性繁荣的幻象
——关于资产泡沫的财经常识

由投资滞胀引起的资产泡沫，从投资滞胀的情况下、投资冲动的情况之下，进一步发展就不在实体经济里了，就会转到虚拟经济里，所以就会形成资产泡沫。资产泡沫可能有几个方面原因，随着投资扩张，信贷大量扩张，他没有全进入实体经济领域，其中有一部分就进入到虚拟性经济领域，主要是投资比较敏感，银行贷款给他了，他发现了有产能过剩的迹象，于是他先停留在虚拟经济里，这是一种可能。第二个可能，他对通货膨胀中资产价格的上升有他的预期。因为将来既然要通货膨胀的话，我就买楼或者买其他资产，等待将来再卖。所以他不是自己消费型住宅的购买，而是投机型或者投资型的资产购买，这样资产泡沫就增长。

——厉以宁

金融泡沫是如何产生的

我们在倒啤酒的时候有这种经验，明明是倒了满满一杯，但泡沫下去以后杯中酒却所剩无几。如果把这充满泡沫的酒当作幸福的寄托，那么这句话就最恰当不过：幸福就像泡沫，脆弱而易消逝。是的，泡沫是酒杯里虚胖的酒，只是酒杯的虚假繁荣。

泡沫意味着缺少实体的支撑，泡沫经济则因为虚拟资本过度增长，与虚拟资本相关的交易持续膨胀最终逐渐脱离实物资本的增长，造成经济的虚假繁荣，最终当泡沫破灭时会导致经济崩溃，甚至社会动荡。

1986年12月到1991年2月之间，这是日本战后的第二次经济大发展时期。随着大量投机活动的全面展开，日本的经济在周边国家一片萧条的背景下开始飞速发展，似乎在瞬间，一个普通的发展中国家就变成了遍地黄金的富裕之地。

1989年日本迎来了投机经济的最高峰，资产价格仍然一路飙升，但是因为泡沫资产价格上升过快而无法得到实体经济的支撑，最终开始出现危机。1991年日本泡沫经济开始正式破裂，日本的经济像一座建立在泡沫上的高楼大厦，在泡沫破裂的瞬间崩塌。

泡沫经济从形成到破裂有一个过程，从1986年12月到1989年高峰之前，都是形成和繁荣阶段，直到高峰之后则开始走下坡路，最终泡沫破裂。因此泡沫经济可分为三个阶段：形成阶段、膨胀阶段以及破灭阶段。

泡沫状态是由于一种或一系列资产在一个连续的过程中陡然涨价，在价格上升的过程中不断引发人们的上涨预期，于是更多的买主又被吸引，更多的买主加入之后更加助推了这种资产的上涨趋势，于是人们在这种疯狂的涨势下很容易丧失判断力，忽略了资产本身的盈利能力，而所有眼光都压在了通过这种资产谋利的方面。然而，没有足够实体支撑的经济是不可能一直持续上涨升值的，随着涨势的逆转，价格最终会下滑甚至暴跌，最后便是金融危机甚至发展成为经济危机。

说到底，泡沫经济的根源在于极度鼓吹虚拟经济，导致虚拟经济对实体经济偏离，虚拟资本的膨胀导致现实经济所能够产生的虚拟价值远低于虚拟资本，最终无法得到支撑而经济崩溃。

所谓现实资本，就是以生产要素形式和商品形式存在的实物形态的资本，比如钢铁厂生产出钢铁，织布厂生产出布匹，玩具厂生产出玩具，那些产品是我们能够实实在在看得见摸得着的东西。

与现实资本相对，虚拟资本则主要是以有价证券的形式存在的，如同股票、债券、不动产抵押单等。人们在进行股票、债券交易的时候，交易者持相关账户进行交易，虽然是与众多数字打交道，但并未能接触实物产品。

在实物经济的世界里，是不会产生泡沫的。这很容易理解，因为双方是以实物形态为媒介，是等价交换，并未产生不合实物的价值符号。而虚拟资本的运作则不同，它们可以产生大量的超过实体经济的资本。所以一般认为，泡沫经济总是起源于金融领域。

然而，经济是一个整体，尤其是全球经济如此紧密相连的今天，不仅各行各业联系紧密，各个国家的经济联系也非常紧密。不同行业和不同经济体之间的渗透力是相当高的，任何一个环节出现问题都有可能引发全局性的问题。

随着雷曼兄弟破产、美国财政部和美联储接管"两房"以及美林"委身"美银、AIG 告急等一系列事件的爆发，震惊美国乃至震惊全世界的美国金融危机爆发。这次危机起因于商业银行的次级贷款，在商业银行放出次级贷款之后，又将其转手卖给投资银行，投资银行又将其打包卖给全世界，于是引发了世界性的金融危机。

2008 年金融危机对我国造成的最严重的影响是沿海很多外贸企业破产，很多人失业，导致了一度的返乡潮。随着美国金融危机的影响，中国也迎来了股市的暴跌，2007 年股市的大好景象如今只能是刻在股市历史上的一道风景线，让人们记忆深刻的应该是从 6000 点到 3000 点的弧线。

由此看来，泡沫经济前期主要是经济的繁荣期，这段时间里大家的感觉都是美好的，因为人人都会从繁荣的经济中获利，大家都感觉自己的资产更多，幸福感更浓。股市的利好给投资者带来更多收益，房产市场的景气能让地产投资者更有信心，从事房产经营或者使房东们收入更加稳定，投资者也更乐意投资。金融衍生品会越来越多越来越丰富，交易也越来越频繁，与此相对应，信用的透支也会越来越严重。然而，这背后确实存在着巨大的陷阱和深层危机。

当股市泡沫破裂，股价大幅波动并下跌，痛失资金的仍是投资者；当房地产动荡，地产泡沫破裂，曾一度居高不下的房价突然下跌，房产投资者们将迎来残酷的寒冬。无论是股市还是地产，无论是其他金融衍生品交易还是任何一个借贷或者保险信用环节发生问题，最终整个大盘必定会受到牵连和影响。而且，以往的泡沫经济现象表明，泡沫经济持续的时间越长，发展的程度越高，牵连的资本体或者行业越广，则泡沫破灭以后对经济、对社会的危害越大、越持久、越深刻。

非理性必然导致泡沫

在人类对市场进行了或理论或抒情的狂轰滥炸式的描述后，理性和非理性的边界似乎已经模糊了。找到边界也许并不比格林斯潘在 20 世纪 90 年代的决策简单多少，他深邃地洞见了市场的非理性繁荣特质，却不愿用更强硬的货币政策来浇湿市场的热情，不管格林斯潘是不是预见到了这一幕，希勒所预言的泡沫破裂最终还是发生了。

我们一直以殚精竭虑的努力，来试图描绘和呼唤金融和市场的理性繁荣。当然，也包括记录非理性繁荣的征候。

在我们的梦中，和金融市场相关的理性繁荣大致有这样一些面容：相信市场的力量，也恰当适时地弥补市场失灵；坚定推进结构改革，也精心设计选择最可行的方案；有战略勇气、魄力和胸怀，也审时度势并不冒进；充满远见高瞻远瞩，也脚踏实地选择最优路径；着力于基础架构的建设，也动态敏锐捕捉瞬息万变的信息以修正决策和对策。

在经济学不断自我完善的旅途上，"完全理性"已经逐渐被"有限理性"所取代。不过，由于可获信息的有限性、人类情感和行为的缺陷，最为"市场化"的金融市场确实给有限理性的铺陈留下了很多的局限，尤其是当个人、机构的"有限理性"最终聚合为市场的整体理性时，完美的市场模型往往失灵，套利限制就是一个最典型的例子。不过，当人们说起"非理性繁荣"，更多的含义是说价格已远被高估，泡沫已被吹起。人类历史上无数次市场泡沫的堆积和破裂给理性和非理性的争论留下了这样的注解：只要是泡沫，就必然会破裂，这个总会回到均衡点的神奇功能可能才是市场的最大理性。

赚钱之心，人所皆有；赚钱之术，少数人有。在中国现今的股市中，庄家有庄家的能耐，散户有散户的招数，这早就不是什么秘密，但结局却总是有亏有盈。可是既然如此，为什么总是有人要甘愿冒赔掉本钱的风险，也要拿出他那一点菲薄的收入去股市里"跟庄"呢？无论是机构投资者还是个体投资者，都难以摆脱各种"非理性"因素的影响。即使投资者是在追求一种理性的目标，往往也是难以实现的。亏了想翻本，赚了的还想赚得更多，市场就这样被自我放大、自我增强起来。于是，"社会传染病"也就由此而生。

当人们无法利用掌握的信息进行理性判断时，他们就会依据这些行为模式行事。例如：在美国的南加利福尼亚，当时人们从全美国四面八方聚集到那儿参与住房的投机。整个美国的报纸长篇地赞美加利福尼亚宜人的气候、美丽的景色以及加利福尼亚人式的生活方式。早晨起来你开始观光，在你到达的第一个街区就会看到在建的大楼，并且随着你的旅程的延续，你看到的会更多。那首老歌总是在你的脑海里萦绕："我的眼睛看到了主的荣耀。"你十分自然地想用"我的眼睛看到了繁荣的奇妙"来替代。

"这是怎么回事啊？"你问。我们回答："繁荣。""那么，什么是繁荣呢？"你再问。我们将同样的询问抛向了生活在各个领域中的几十个人，但没有一个人能给我们一个答案。有人告诉我们这是这个国家前所未有的金融及经济现象。我们问这种现象是否可以持续，得到的回答是，正如它不请自来一样，也有可能不辞而别。

从这些发表在19世纪80年代繁荣时期的美国各地报纸上的文章来看，当时的繁荣感觉上是全国性的，因为全国各地几乎每个人都在谈论这件事，而且来自其他州的许多人都涌入南加利福尼亚并参与其中。但没有任何证据表明出现过全国性的事件，人们也不会认为这种繁荣会传递到他们的城市。与这次繁荣有关的文章总是强调这是加利福尼亚的繁荣，对该地区罕见美景和宜人气候的追捧也推动了这次繁荣。

疑惑仍然没有能够完全消除。加利福尼亚是一个广大的地区，宜人的气候遍布该地区的大部分地方，而且在19世纪80年代，还存在着相当数量的可以用来建造住房的农场和尚未开发的土地资源。但令很多人大惑不解的是，只有加利福尼亚的城市成为独一无二、令人神往的地方，因此也让那里的房子拥有了独特的价值，而且这种价值还一直保持到了现在。

那么我们将怎样证明在19世纪80年代，花如此高的价钱在那里买下一栋房子的合理性？因为就在距离他们房子不远的地方，花同样的钱，可以买到一处很大的农场。从某些方面看，他们的选择当然是正确的：南加利福尼亚城市区今天的地位仍然非常重要——这些地区扮演着社交、文化和经济活动中心区的角色。如果要说当时他们有什么没想到的话，那只是他们没想到19世纪80年代以后的住房价格竟然会如此之高，上涨如此之快。人们把价格突然上升的原因归于在美国范围内非常意外地发现了像加利福尼亚这样的城市的重要地位，而没有将此归结到繁荣的心理影响方面。正如我们所看到的，确实有一些人好像也知道繁荣的心理学反应。但更多人并不清楚这一点，而且他们本身也没有足够的智慧来对人性的本质做出判断，甚至没能意识到他们其实已经被卷入了一个非常特别的市场心理旋涡之中。这里所说的"他们"就是指那些购买了房产，推动了繁荣的人。

每一场繁荣都需要有一个故事——一个能让人深信不疑的故事，一个能说明价格的上涨是合理的而不是暂时失常的故事。当然，推高市场的整个过程时间那么长，也不是所有人都对这样的故事一直深信不疑。

这种对泡沫真实属性理解上出现的缺失，根本不可能让人们对所接收到的信息做出理性的反应，因为芸芸众生在当时的情形下正自我陶醉在观念传染的心情故事之中。这个用来证明泡沫合理性，而且对某些人来说听起来似懂非懂的故事被慢慢地扩散，通过观念传染向四处传播。在一个新泡沫形成的过程中，伴随着把住房描绘成每个人都可以投入的最好的投资项目这个说法，它的传染率很高就是再自然不过的事了。

所以不要轻信现实中的繁荣景象，它完全有可能是非理性且难以持久的。

经济泡沫近乎疯狂

经济泡沫问题古已有之，只是于今为烈。17世纪荷兰的"郁金香狂热"、18世纪法国的"密西西比泡沫"和英国的"南海泡沫"，只要是接触过世界经济史的人都是耳熟能详的。中国古代历史上很少有经济泡沫的记录，如果不是进行严格范畴的界定，那么"洛阳纸贵"也可能是一种经济泡沫。资本主义与市场经济视经济投机为正常理性的行为，因此将经济泡沫无论在广度、频度、烈度上都不断推向新的极致，以至于我们今日之生活近乎与泡沫为伍。经济泡沫形形色色，当下人们最为关注的是房市与股市的疯狂，这就是资产泡沫。

在世界经济史上，一国往往因为经济政策不当而导致资产泡沫，而资产泡沫最后引致金融危机的事情屡见不鲜。资产泡沫最容易在股票市场与房地产市场生成，最典型的是日本资产泡沫和金融危机。

1985年，日本土地资产总值是176万亿日元，到1989年达到521万亿日元，4年上升近两倍。东京地价上涨尤为严重，1990年其商业区地价是1985年的2.7倍，住宅区地价是1985年的2.3倍。在地价飙涨的同时，股市价格也急剧上升。日经 225 股价指数在 1985 年为 13083 点，到 1989 年已上升至 38916 点，4 年上升同样近两倍。"日本奇迹"泡沫巨大，最终幻灭的后果也严重而持久。

2009 年时，日经平均指数还在 1 万点徘徊，约是当年高峰的 1/4，日本 6 个最大城市的平均住宅地价也只是 1989 年的 1/3。

当今世界，凡是以房地产推动经济增长、促进社会繁荣的国家，最后几乎都未能逃过资产泡沫膨胀与金融危机的命运，似乎必然要遭受"摩天楼魔咒"。通常在一国经济上扬过程中，该国政治家或企业家一般豪情万丈，大家都通过兴建摩天大厦来"宣扬国威"。远有 1908 年纽约胜家大厦、1931 年帝国大厦及 1974 年芝加哥的威利斯大厦；近有 1997 年落成的吉隆坡双子塔、2004 年启用的台北 101。这些摩天大厦建成之日，通常差不多也就是泡沫经济破灭、金融危机爆发之时。有经济学家做了苦心研究，发觉"摩天楼魔咒"的灵验程度还不低。舞会有曲终人散之时，色彩斑斓的泡沫也有最终爆破的一天，正所谓"眼见他起高楼，眼见他宴宾客，眼见他楼塌了"，一个个试图要刺破青天的摩天楼由此往往成为见证轻狂岁月的标志。

1997～1998 年的东南亚金融危机，资产泡沫也扮演了重要角色。20 世纪 90 年代后，菲律宾和马来西亚房地产价格在最高和最低时的比率达到了 3 倍和 2 倍，泰国和印度尼西亚房地产最高和最低价格的比率分别为 1.25 倍和 1.32 倍，相对较小，但这两个国家房地产的空置率却远较马来西亚高，分别达到了 15% 和 10%，1997 年以后不动产供给过剩的现象更加严重。空置率居高不下是房地产泡沫形成的一个显著标志，因为投资者购买房产并非使用，而是套利。

就当前的情况来看，短期国际资本涌入新兴经济体将助长其已经初步形成的资产价格泡沫风险。美欧日等主要发达国家经大幅降息后，利率仍然保持接近于零的低位，而新兴经济体利率均高于发达国家，过多的流动性在全球涌动，特别是欧美发达国家重启第二轮量化宽松政策后，套利资金重新大规模涌入新兴经济体，一些新兴经济体成为短期国际资本（俗称国际游资或热钱）觊觎的对象，包括股市、楼市在内的资产泡沫再一次被急剧放大。

就世界经济史来看，资产泡沫越大，爆破时破坏力也就越大。对于资产泡沫的产生，结果不外乎流动性催生出来的，政治家或金融家吹出来的，还有投资者跟出来的。一个超级资产泡沫的诞生通常都是伴随着宽松的货币政策环境，正是宽松的货币政策，产生过多流动性（就是容易得的钱，包括投机资金、游资等），垒起泡沫的土壤，播下泡沫的种子。金融资本总是不断争取自己的最大自由，最好不受任何约束与监管，而监管缺失的金融投机则成为资产泡沫酵母。如此，金融投机在低成本资金、高财务杠杆、高债务的基础上，迅速做大一个个资产泡沫。当然，在这个对知识崇拜的时代，经济泡沫的不断膨胀少不了经济学家的帮腔，他们不断撰文表示，资产泡沫有利于激发"财富效应"，如楼价与股价上涨有助于消费者增加开支，股价上升有助企业融资与再投资，更加有利于经济增长。

在资本向新兴经济体大量流动的过程中，有几个特点需要格外引起关注：

第一，当前资本流动中有大量短期投机资本（即俗称的"国际游资"或"国际热钱"），这为宏观经济管理带来了政策挑战。由于新兴经济体处于复苏的先行者地位，经济增长的前景以及利率上行的可能性引致投机资本的流入，增加了政策管理的难度。

第二，银行资本在收缩中。与2007年相比，私人信贷从2008年开始下降，其中2009年借贷为净流出，这与国际银行的去杠杆化有关，2010年估计将下降73%。目前，这种收缩的状况还在保持，特别是小型与信用级别较低的公司的借贷难度加大。

第三，新兴经济体内部的资本流动在增加。新兴经济体在2007年的经常性账户盈余成为持有发达经济体大量债权的原因。由于美元汇率的不稳定以及国债收益率的波动，导致当前持有发达经济体资产的收益在下降。

狂热的投机助推金融泡沫

一位法国金融家说道："法国人热爱金钱，并不是因为它给人们带来了行动的机会，而是因为它可以保证收入。"让我们看看虚构的法国人与英国人的不同观点，它们产生于1981年哈佛与耶鲁的一场争论：

威廉·伯蒂尼恩：英格兰是股票热衷者的圣诞树。贵族只要花几英镑就可以买到一个席位，进入任何一家公司的董事会。而公众不是疯子就是傻子，上帝啊，我从未听说过这种人，除非是比萨拉比亚的农民，或是喀麦隆的黑人，他们才真正相信他们的信仰。只要有任何一种听起来完全不可能的业务，他们都会为之尝试。

斯图尔特：英格兰是银行家的世界。还从来没有失败过，它遵守了它的诺言。这就是为什么这些投机你在美国股票市场上是找不到的。每一个汤姆、狄克和哈利都试图大赚一笔——就像在法国一样。

确实，这是不同的。不同国家的人，投机本性可能迥然相异。对某一个国家而言，投机本性在不同的时间里也会有所不同，即在该国情绪高昂时期与压抑时期，投机的程度均不相同。但是，各种形式的投机，都具备的共性就是，它们都会为泡沫危机的爆发带来巨大的隐患。

金融危机原因是投机行为和信用扩张，近因则是某些不起眼的偶然事件。如一次银行破产、某个人的自杀、一次无关主旨的争吵、一件意想不到的事情的暴露或是拒绝为某些人贷款以及仅仅是看法的改变。这些事情使市场参与者丧失了信心，认为危机即将来临，从而抛出一切可转换为现金的东西，诸如股票、债券、房地产、外汇和商业票据。当所有需要货币的人都找不到货币了，金融领域中的崩溃便会传导到经济中的各个方面，导致总体经济的下降，金融危机的来临。

投机要成为一种"热"，一般都要在货币和信贷扩张的助长下才能加速发展。有时候，正是货币和信贷的最初扩张，才促成了投机的狂潮。远的如举世皆知的郁金香投机，就是当时的银行通过发放私人信贷形成的；近的如20世纪30年代美国经济大萧条之前，纽约短期拆借市场扩张所促成的股票市场繁荣。事实上，在所有的从繁荣到危机的过程中，都有货币或者是银行信贷的影子。而且，货币的扩张也不是随机的意外事件，而是一种系统的、内在的扩张。

19世纪50年代，全球经济繁荣的出现缘于以下多重因素的影响。第一，新金矿被发现；第二，英国、法国、德国和美国新设立了大量的银行；第三，多家银行在纽约和费城设立清算所，伦敦票据清算所也开始大规模扩张。清算所的出现使得票据清算更加便捷，也使得其成员银行更愿意在交易结算中选择票据作为结算方式。成员银行间的支付差额通过所签发的证明进行结算，又创造了一种新形式的货币。

1866年，英国新成立了股份合作制的票据贴现所，通过票据贴现的方式发放了大量贷款，这也带来了英国当时的信贷扩张。而为了用黄金支付法兰西——普鲁士战争赔款，德国新设立大量掮客银行，这种掮客银行后来拓展至奥地利以及奥地利新设立的建设银行，奥地利的建设银行后来也发展至德国，共同导致了19世纪70年代中欧的信贷繁荣即信用膨胀。

那么，问题就出来了：一旦启动了信贷扩张，规定一个停止扩张的时点是否现实呢？通常当大的金融危机出现，一国的中央银行就会扮演危机中的最后贷款人，来挽救金融危机。

但是，金融危机中的最后贷款人的角色并不好把握。长期来看，货币供应量应该固定不变，但在危机期间它应当是富有弹性的，因为良好的货币政策可以缓解经济过热和市场恐慌，也应该可以消除某些危机。其依据主要是对1720年、1873年和1882年的法国危机，以及1890年、1921年和1929年的危机的研究。这几次危机中都没有最后贷款人出现，而危机后的萧条持续久远。

但是，将这种观点简单理解为设立一个最后贷款人也是肤浅的。如果市场知道它会得到最后贷款人的支持，就会在下一轮经济高涨时期，较少甚至不愿承担保障货币与资本市场有效运作的责任，最后贷款人的公共产品性会导致市场延迟采取基本的纠正措施、弱化激励作用、丧失自我依赖性。因此，应该由一个"中央银行"提供有弹性的货币。但是，责任究竟落在谁的肩上还不确定。这种不确定性如果不使市场迷失方向的话是有好处的，因为它向市场传递了一个不确定的信息，使市场在这个问题上不得不更多地依靠自救。适度的不确定性，但不能太多，有利于市场建立自我独立性。

众所周知，在经济过热与市场恐慌中，货币因素十分重要。芝加哥学派认为，当局总是愚蠢的，而市场总是聪明的，只有当货币供应量稳定在固定水平或以固定增长率增加时，才能避免经济过热和市场恐慌。然而，现实的悖论是，银行家只把钱借给不想借钱的人。当发生经济崩溃时，银行体系必然受到冲击，除了货币数量的变动外，将导致银行对信贷进行配额控制，这势必造成某些资本运行环节当中的信用骤停和流动性衰竭。

泡沫再绚丽也还是泡沫

正常情况下，资金的运动应当反映实体资本和实业部门的运动状况。只要金融存在，金融投机必然存在。但如果金融投机交易过度膨胀，同实体资本和实业部门的成长脱离得越来越远，便会造成社会经济的虚假繁荣，形成泡沫经济。

泡沫经济寓于金融投机，造成社会经济的虚假繁荣，最后必定泡沫破灭，导致社会震荡，甚至经济崩溃。历史上发生过许多次的泡沫经济事件，它们给经济的发展带来了巨大的损害。

17世纪，荷兰的郁金香泡沫经济。

18世纪，英国的南海公司泡沫经济（南海泡沫事件）。这次事件成为泡沫经济的语源。

20世纪20年代，受到第一次世界大战的影响，大量欧洲资金流入美国，导致美国股价飞涨。之后黑色星期二爆发，美国泡沫经济破裂，导致世界性恐慌。

20世纪80年代，日本泡沫经济。

1994年，墨西哥为主的中南美洲泡沫经济。

1997年，东南亚金融危机。

1999～2000年，美国因特网泡沫经济。

2003年，美国为主的全球房地产泡沫经济。

由于没有实体经济的支持，经过一段时间，泡沫经济都会犹如泡沫那样迅速膨胀又迅速破灭。那么泡沫经济又是如何形成的呢？主要有以下方面的重要原因：

第一，宏观环境宽松，有炒作的资金来源。泡沫经济都是发生在国家对银根放得比较松，经济发展速度比较快的阶段，社会经济表面上呈现一片繁荣，给泡沫经济提供了炒作的资金来源。一些手中握有资金的企业和个人首先想到的是把这些资金投到有保值增值潜力的资源上，这就是泡沫经济成长的社会基础。

第二，社会对泡沫经济的形成和发展缺乏约束机制。对泡沫经济的形成和发展进行约束，关键是对促进经济泡沫成长的各种投机活动进行监督和控制，但到目前为止，社会还缺乏这种监控的手段。这种投机活动是发生在投机当事人之间的两两交易活动，没有一个中介机构能去监控它。作为投机过程中最关键的一步——货款支付活动，更没有一个监控机制。

第三，金融系统对房地产领域的过度放纵。过度宽松的财政货币政策加剧资金过剩，助长泡沫膨胀；大批公共工程上马增加了对土地的需求，进一步刺激地价上涨，各种因素叠加共振，使地价房价飞涨。宽松的房贷条件和政府失察，最终成为压垮这些"诞生经济奇迹"国家的最后一根稻草。

一本反映日本泡沫经济的书中，讲了一件真实的事。唱红了《北国之春》的日本男歌星千昌夫，准备操办婚事时，银行职员上门了。当时，富裕的日本人都流行到夏威夷结婚，但那里还没有专门面向日本人的酒店。银行的人对千昌夫说："您应该去夏威夷投资建个酒店。"千昌夫问："你能借多少？"银行说："1000亿（日元）。"千昌夫傻了："我从来没想到过要借这么多钱。"银行职员就说："不，我们一定要借给你1000亿（日元），不要任何担保。"1000亿日元就这样借给了千昌夫。这还没完，第二家银行又来了："听说您要在夏威夷建酒店？您应该再建个高尔夫球场。"……结果，千昌夫名下的贷款总额达到了5000亿日元。

进入1990年，这场人类经济史上最大的泡沫经济终于破灭，股价房价暴跌，大量账面资产化为乌有，企业大量倒闭，失业率屡创新高，财政恶化，日本经济陷入长达10多年的低迷状态。

西方谚语说："上帝欲使人灭亡，必先使其疯狂。"20世纪80年代后期，日本的股票市场和土地市场热得发狂。从1985年年底到1989年年底的4年里，日本股票总市值涨了3倍。土地价格也是接连翻番，到1990年，日本土地总市值是美国土地总市值的5倍，而美国国土面积是日本的25倍！两个市场不断上演着一夜暴富的神话，眼红的人们不断涌进市场，许多企业也无心做实业，纷纷干起了炒股和炒地的行当——全社会都为之疯狂。但泡沫，在1990年3月开始破灭。

灾难与幸福是如此靠近。正当人们还在陶醉之时，从1990年开始，股票价格和土地价格像自由落体一般往下落，许多人的财富转眼间就成了过眼云烟，上万家企业迅速关门倒闭。两个市场的暴跌带来数千亿美元的坏账，仅1995年1月至11月就有36家银行和非银行金融机构倒闭，当年爆发剧烈的挤兑风潮。

日本当年经济崩溃的原因并非允许日元升值，而是其长期严重压低日元汇率。其次，日本在推行强势日元的同时，实行过度宽松货币政策，这才酿成了金融领域的严重泡沫问题。

日本泡沫经济崩溃至今已经过去了 20 多年。对发展中国家而言，这是一段不能忘记和忽视的历史事件。就当时的经济环境来看，虽然跟今天相比已经发生了很大的变化，但是，在形成泡沫的激励和社会对待泡沫经济的反应上看，却表现出惊人的相似性。就像当前楼价的一路高歌状况一样，这究竟是"非理性疯狂"的表现，还是泡沫经济的昙花一现，值得我们理性地分析。

资产泡沫引发银行危机

2001 年 6 月，英国中央银行公布了一份研究报告，开宗明义地概述了目前全球银行业发生的危机。在过去的 1/4 个世纪里，与在此之前的 25 年相比已迥然不同，许多银行危机在全世界陆续出现。

银行业是金融业的主体，在一国社会经济生活中具有非常重要的地位，也关系到广大的民众。银行业危机的影响之大也非一般行业危机可比，它可能会波及一国的社会、经济、政治等方方面面。引发银行危机的往往是商业银行的支付困难，即资产流动性缺乏，而不是资不抵债。只要银行能够保持资产充分的流动性，就可能在资不抵债、技术上处于破产而实际上并未破产的状态下维持其存续和运营。

20 世纪 90 年代以来，世界金融业呈现出起伏动荡的态势。银行危机具有多米诺骨牌效应。因为资产配置是商业银行等金融机构的主要经营业务，各金融机构之间因资产配置而形成复杂的债权债务联系，使得资产配置风险具有很强的传染性。当资产泡沫破灭的时候，银行也会破产。则单个或局部的金融困难就会演变成全局性的金融动荡。

1929 年到 1933 年期间，美国大约有三分之一的银行倒闭。不同于今日的是，当时并没有存款保险，所以当银行倒闭以后，储户的存款也随之遭受损失，而政府也没有钱来补偿在倒闭银行里损失的存款。另外值得一提的是，存在这些倒闭银行中的绝大多数存款是在繁荣时期赚来的，而这种繁荣也是在信贷宽松的情况下形成的。如果信用扩张的速度没那么快，那么经济的增长就会趋缓，存款获得的回报自然就变少了。换句话说，这些在银行破产中毁于一旦的存款，绝大多数是在破产前的经济泡沫中创造的。

一旦银行倒闭、存款消失，货币供给就会随着存款基础的崩溃而一蹶不振。这么多财富在银行体系中被毁灭，或者说货币供给急剧下降，正是让经济大萧条变得如此严重和持久的原因。

对此，政府必须审慎地对银行进行监管。美国通过了许多相关法案，成立联邦存款保险公司向大众提供存款保险。法律制定者都相信，存款保险可以增强公众对银行体系的信任，进而降低银行挤兑和倒闭的可能性。在银行倒闭的事件中，存款保险能够缓解其对货币供给以及经济造成的负面影响。

如果要让储户避免受到银行的拖累，政府付出的代价将非常高。对某些国家来说，这些财政成本甚至高达国内生产总值的55%。从1980年起，若干国家还经历过两次或两次以上的银行危机，如阿根廷、印度尼西亚、马来西亚、菲律宾、泰国及土耳其等国。许多危机至今还在持续，如阿根廷所发生的银行危机到现在还十分严重。该国政府已经受到严重的债务拖累，无法筹措到足够的资金来偿还公众的存款。储户在辛苦赚得的积蓄受损后，通常都会以暴力回应，因此在2001年阿根廷政府就因流血冲突不断而垮台，政治陷入极不稳定的状态。

以史为鉴，美国的金融部门很可能会受到经济危机的严重打击。资产证券化或许会把商业银行的风险降至最低。可是，由于20世纪90年代过度扩张造成的弊病，很可能在未来对金融业造成严重损害。不管这些危机是出于保险业、政府支持的企业还是银行业，政府出于政治的需要都会被迫支出庞大的资金来收拾残局。

美国政府采取的观点是必须对银行谨慎地加以规范和监控，这样才能避免银行破产。换句话说，在任何一家银行的倒闭事件中，政府的政策就是干预，把银行储户损失的钱重新归还给他们，以预防银行倒闭的风潮波及其他银行，引起储户的恐慌，避免货币供给紧缩对经济造成损害。

目前，在国际货币基金组织的影响下，近30年来经历过银行危机的绝大多数国家都以政府财力做后盾，贷款给储户以弥补储蓄损失。不论在银行倒闭前是否存在正式的存款保险制度，各国通常都会执行这一政策。一般来说，如果银行出现危机，而且过去没有正式的存款保险制度，政府就会宣布银行体系的所有存款都会受到政府的担保。多数国家都会这么做，以预防银行体系陷入更大的危机，进而防止对银行部门、货币供给及整个经济造成进一步损害。另一方面，政府在对所有储户提供担保的同时，也承担起相应的义务，对储户在银行倒闭时遭受的损失提供补偿。

但是，我们也应该理性地认识到，目前仍然存在各种理由表明银行危机还会不断发生，而且程度也会越来越严重。因为最近几年，当美国账户赤字经常像气球一般膨胀到史无前例的程度时，国际收支的不稳定性还将恶化。只要从美国流出的美元继续在全球泛滥，那么新一轮的资产价格泡沫就一定会如期发生。

房地产泡沫的崩塌

Ruty 毕业于英国剑桥大学，2003 年开始涉足房地产业。在过去的几年中，由于房地产市场异常红火，房价扶摇直上，贷款政策也异常宽松。在此期间，Ruty 在新泽西州先后对多处房地产进行投资，装修之后再高价转手。但是当房地产市场进入熊市，房屋价格大幅下滑，她已经不再赚钱。她现在持有 4 套房产，两处在新泽西，一处在佛罗里达，另外一处在纽约布鲁克林。由于面临按月还贷的压力，这些房产随时都有可能被银行收走。在新泽西出租的房产建于 2002 年，当时的开发商在底层的车库后面又连了一层带厨房和卧室的一居室公寓。这样本来供两户家庭住的公寓可以出租给三户人家。但是最近市政府忽然禁止出租这所谓的第三套公寓，违规者罚款 4000 美元，而且租客必须搬出。由于这个原因，Ruty 的租金收入下降为原来的 2/3，只有 2600 美元，而这栋房产的月供是 4000 美元。纽约布鲁克林的豪宅是 Ruty 最喜欢的，两年前她以 93.5 万美元的价格买下这处房产，装修又花掉 6 万美元。在房地产最红火的时候，这栋房子的价格曾经达到 120 万美元，但也仅仅是曾经而已。Ruty 表示，即使卖掉这栋房子也不能还清债务。

当时，美国房价上涨不是普涨，各个州之间差异较大，暴涨狂升的主要是大城市的产权公寓以及部分地区的家庭别墅。特殊地区和特殊类型的房屋的暴涨是拉动美国整体房价上扬的重要因素。纽约、芝加哥、旧金山、波士顿等大城市的豪华公寓的价格上涨幅度都在 100% 以上，纽约曼哈顿地区豪华公寓平均价格上涨幅度达到 153%，其中一些新开发区域的公寓价格更是暴涨 318%，而数量是豪华公寓好几倍的合作公寓售价在 4 年里仅上涨了 36%。夏威夷州、加利福尼亚州、佛罗里达州等风景旅游区集中的 8 个州 2005 年房价涨幅均超过 20%，而位于南大西洋的北卡罗来纳州、乔治亚州、南卡罗来纳州以及西弗吉尼亚州涨幅不超过 10%。

美国的次贷危机开始于房价下跌，然而房价下跌仅仅是次贷危机的导火索，或者说是压死骆驼的最后一根稻草，并不是次贷危机的根本原因，次贷危机从本质上讲是一种泡沫的破裂。

泡沫就像一个幽灵，在最近 30 年游荡在地球村，骚扰着不同的人家，几乎当今世界所有主要的经济体都曾吃过它的苦头。泡沫破裂的故事在当今世界经济中可谓愈演愈烈，正如前任美联储主席伯南克所言："从 20 世纪 80 年代起，主要工业国家均经历了股票和房地产价格'泡沫兴起—泡沫破灭'的多个显著周期，全球金融体系不稳定性明显地增加。"

在次贷危机之前，人类历史上有九大著名的泡沫，最早的当数 17 世纪的荷兰郁金香泡沫。"房地产泡沫"就是资产泡沫的一种，它是以房地产为载体的泡沫经济。一般是指由房地产投机引起的房地产价格脱离市场基础价格的持续上涨现象。通常表现为在经济繁荣期，地价飞涨形成泡沫景气，但到达顶峰状态后，市场需求量急剧下降，房价大跌，泡沫也随之破灭。因为建筑产品系劳动产品，其价格相对比较稳定、比较容易判别，所以房地产泡沫实质上是指地价泡沫。地价泡沫则是指土地价格超过其市场基础决定的合理价格而持续上涨。

根据经济学的解释，房地产泡沫是由于虚拟需求的过度膨胀导致价格水平相对于理论价格的非平稳上涨。泡沫过度膨胀的后果是预期的逆转、房屋的高空置率和房价的暴跌，即泡沫破裂，它的本质是不可持续性。

房地产泡沫的存在意味着投资于房地产有更高的投资回报率。在泡沫膨胀期间，大量的资金集聚于房地产行业，投机活动猖獗。而一旦这个泡沫破灭，经济和社会结构就会失衡，而且还极易带来金融危机、生产和消费危机以及政治和社会危机。

就像历史上所有的泡沫一样，是泡沫就有破灭的那一天，只是或早或迟的问题。从 2004 年开始，美联储开始不断调高基准利率，次级房贷的利率也不断水涨船高，低收入家庭承担的利息越来越重，还款的压力越来越大，终于开始不堪重负——很多低收入的家庭开始选择违约。从 2004 年开始，次级按揭贷款的违约率不断攀升，次级贷款"高风险"的一面开始显露出来，而且人们渐渐发现次级贷款的违约率比当初预想的要高得多！这个信号传导到次级债券市场便是"次级债券的基础资产出现了问题——流入资产池的现金流将大大低于预期"。一时间，次级债券的价格暴跌，接着是发行次级债券的贝尔斯登等公司的股票价格暴跌，然后是投资者对整个美国经济前景的担忧，继而是美国整个金融市场的大动荡，巨大的房地产泡沫一瞬间破灭并且消失在空气中。

第十七章

谁也逃不掉的金融危机

——关于金融危机的财经常识

他们……说次级债钱不多，只有 7000 亿美元，相对整个金融市场的量来讲是非常小的。而且他们说，我们对 30 年代世界经济大萧条的原因非常熟，所以不会再犯同样的错误；我们对东亚金融危机的原因非常熟，不会犯同样的错误；我们对日本从 1991 年泡沫经济破灭以后，陷入经济长期停滞发展的原因非常熟，不会犯同样的错误；我们对墨西哥的危机、俄罗斯的危机……这些原因都非常熟，不会犯同样的错误。

——林毅夫

影响深远的 1929 年美国股灾

1929 年 10 月 29 日，美国股指从之前的 363 最高点骤然下跌了 40 个百分点，成千上万的美国人眼睁睁地看着他们一生的积蓄在几天内烟消云散。在这个被称作"黑色星期二"的日子里，纽约证券交易所里所有的人都陷入了抛售股票的旋涡之中，这是美国证券史上最黑暗的一天，是美国历史上影响最大、危害最深的经济事件，影响波及西方国家乃至整个世界。因此，1929 年 10 月 29 日这一天被视为大萧条时期开启的标志性事件，由于正值星期二，所以那一天被称为"黑色星期二"。此后，美国和全球进入了长达 10 年的经济大萧条时期。

很难说清股市繁荣是从什么时候开始的。那个年代普通股价格上涨是有其合理原因的：公司收益良好，并且趋于增加；前景看好；20 世纪 20 年代初，股价偏低，收益增加。1928 年初，繁荣的性质发生了变化：人们为了逃避现实而变得想入非非，无节制的投机行为大量涌现。如同在所有的投机时期一样，人们不是努力去认清事实，而是寻找理由编织自己的梦幻世界。

危机已经悄悄降临，人们却没有注意到。1926 年秋，在投机狂潮中被炒得离谱的佛罗里达房地产泡沫首先被刺破了。然而，这丝毫没有给华尔街的疯狂带来多少警醒。从 1928 年开始，股市的上涨进入最后的疯狂。事实上，在 20 世纪 20 年代，美国的许多产业仍然没有从"一战"后的萧条中恢复过来，股市的过热已经与现实经济的状况完全脱节了。11 月 16 日，胡佛以绝对优势当选总统后的第一天，股市出现了暴涨行情，指数一直不断刷高，股市又进入了新一轮的狂热。《纽约时报》工业股平均价格指数在一个交易日里净涨了 4.5 点，这在当时被认为是不寻常的涨幅，正是总统大选的余热激发了这股热情。11 月 20 日是另一个不寻常的日子，当天股市成交 650.323 万股，略小于第 16 大日成交量，但一直被认为股市的表现其实要疯狂得多。那时大牛市有了一个新口号，那就是"再繁华 4 年"。

12 月的股市就没那么好了。12 月初，股市再一次出现了严重下挫，而且比 6 月的跌幅更大。12 月 7 日，这个可怕的日子，疲惫迟缓的行情显示器报出了无线电公司股票跌 72 点的消息。当全面萧条似乎就要开始的时候，股市又恢复了平稳。几周紊乱的价格之后，股价再一次上扬。

1928 年全年，《纽约时报》工业股 6 月股市却出现了第一次衰退，一股来自西部的"龙卷风"全力席卷了整个华尔街，前 3 个星期的跌幅几乎达到了 3 月份的全部涨幅。6 月 12 日这天损失尤为惨重，具有里程碑意义。纽约的一家最保守的报纸开始列数当天发生的事件，并且报道说"华尔街的牛市昨日崩溃，爆炸声响彻世界各国"。行情显示器报价已经比实际交易价格慢了近 2 个小时。在 5 月曾突破 200 点纪录的美国无线电公司股价下跌了 23.5 点。

股市下跌的消息惊动了总统胡佛，他赶紧向新闻界发布讲话说："美国商业基础良好，生产和分配并未失去以往的平衡。"有关的政府财政官员也出面力挺股市。但此时人们的神经已经异常脆弱，股市在经过昙花一现的上扬后，就开始了噩梦般的暴跌。

跳楼的不仅是股指，在这场股灾中，数以千计的人跳楼自杀。欧文·费雪这位大经济学家几天之中损失了几百万美元，顷刻间倾家荡产，从此负债累累，直到 1947 年在穷困潦倒中去世。

1929 年股崩发生之后，公众的财产如同被洗劫了一般，迷茫和悲哀最终转化成了怀疑与愤怒，他们将矛头指向了曾经鼓励他们把资金投向股市的银行家们。随后，美国参议院即对股市进行了调查，发现有严重的操纵、欺诈和内幕交易行为。

1932 年银行倒闭风潮，又暴露出金融界的诸多问题。多年来，西方经济学家对 1929 年大危机爆发的原因提出了许多不同的观点，但是，正如美国经济学家莱维·巴特拉所指出的那样：事实上，发生这场大危机的原因至今仍然困扰着专家们。

从危机开始的时候，人们对危机爆发的原因的猜测就没有停止过。人们在股市面前表现出的疯狂是一个重要原因，除了这个之外，还存在以下两个方面的原因：

第一个原因是内幕交易。按照现在的定义，内幕交易是指内幕人员和以不正当手段获取内幕信息的其他人员违反法律、法规的规定，泄露内幕信息，根据内幕信息买卖证券或者向他人提出买卖证券建议的行为。内幕交易行为人违反了证券市场"公开、公平、公正"的原则，侵犯了投资公众的平等知情权和财产权益。

在这次金融危机中，就存在着内幕交易的行为。其中有两个著名的内幕人士，一个是大通银行的总裁阿尔伯特·威金，另一个是花旗银行的总裁查理斯·米切尔。

第二个方面的原因是基本经济的问题。人们在分析股市行情的时候，经常会用到一个词：基本面。这个词就是基本经济的意思。股市作为经济的晴雨表，总体上受制于基本经济的表现。通常，基本经济形势好的时候，股市会上涨；基本经济形势不好的时候，股市会下跌。

美国股市的危机，进而引发的经济危机，除了人们本身的狂热之外，在股市的制度建设和基本经济层面存在的问题，同样起了推波助澜的作用。经济危机的爆发，摧毁了美国人的财富梦想，但是也让他们认识到经济存在的诸多问题，美国开始了变革的道路。

在痛定思痛、总结教训的基础上，从1933年开始，罗斯福政府对证券监管体制进行了根本性的改革。建立了一套行之有效的以法律为基础的监管构架，重树了广大投资者对股市的信心，保证了证券市场此后数十年的平稳发展，并为世界上许多国家所仿效。这样，以1929年大股灾为契机，一个现代化的、科学的和有效监管的金融体系在美国宣告诞生。经历了大混乱与大崩溃之后，美国股市终于开始迈向理性、公正和透明。此后，经过罗斯福新政和"二战"对经济的刺激，美国股市逐渐恢复元气，到1954年终于回到了股灾前的水平。

20世纪20年代的美国，既是全民投资发热时代，也是资本市场内幕交易泛滥的时代；既是让人无奈的垄断时代，也是令人欣慰的经济大发展时代。由于这一时代烙刻在各种历史记载中，使我们得以详尽了解20年代疯狂繁荣之后的长期萧条，看到萧条时期罗斯福新政以及经济结构的急剧转变。

正所谓"祸兮福之所倚，福兮祸之所伏"。1929年的股崩粉碎了美国人的发财梦，却也让他们看到繁荣之下的美国社会隐藏的许多问题；经过灾后重建，美国社会发生了天翻地覆的变化，并最终取代了英国，成为国际经济中的霸主。

经济大萧条引发国际危机

经济大衰退是于 1929 年在美国发生的。当时，美国大部分的股票价格暴跌，股票市场崩溃，很多人在一夜间丧失全部资产，引起了全国的经济大恐慌。大量工厂、银行因此倒闭，全国陷入经济困境。

1929 年 10 月 29 日是美国历史上最黑暗的一天。"黑色星期二"是股票市场崩盘的日子，"经济大萧条"也正式开始。失业率攀升到最高点，1933年，有四分之一的劳工失业。

1929 年的经济大危机引发了各国严重的政治危机，为摆脱经济危机打起了贸易壁垒战，严重依赖美国的德国与严重依赖外国市场的日本，都无法通过自身内部经济政策的调整来摆脱危机，只能借助原有的军国主义与专制主义传统，建立法西斯专政进行疯狂对外扩张，欧、亚战争策源地形成。

1931 年日本发动九一八事变、1935～1936 年意大利侵略埃塞俄比亚、1936～1939 年德、意武装干涉西班牙、德国吞并奥地利、《慕尼黑协定》的签订和德国占领捷克斯洛伐克、1939 年 9 月初德国突袭波兰，第二次世界大战全面爆发。

美国于 1941 年加入第二次世界大战后，经济大萧条也随之退出。美国与英国、法国和苏联等同盟国共同对抗德国、意大利与日本。这场战争死亡的人数不断增加。在德国于 1945 年 5 月投降之后，欧洲区的战火也随之熄灭。在美国于广岛与长崎投下原子弹，日本也随即在 1945 年 8 月投降。

经济大衰退导致极权主义在德国、日本兴起，而且带给美、英、法等西方国家严重的失业及社会不稳定等问题，致使它们没有能力联合起来阻止极权国家的侵略行动。而罗斯福新政在一定程度上减缓了经济危机对美国经济的严重破坏，促进了社会生产力的恢复。由于经济的恢复，使社会矛盾相对缓和，从而遏制了美国的法西斯势力。

在经济危机的大背景之下，贸易摩擦逐步转化成军事对抗，最终导致第二次世界大战爆发。1929～1933 年的世界经济危机，是两次大战间由和平向战争过渡的重要历史时期。在长达 4 年的危机中，面对经济危机，各国不以世界经济的整体安全为首要目标，而是从狭隘的国家利益出发，采取了损人利己、以图自保的经济政策。

在经济危机中，国家间对市场的争夺，使各国分裂对立程度加深，出现了以某国为核心的集团化对抗。在金融领域，英、美、日等国纷纷宣布本国放弃"金本位"，在贸易战中通过降价用"廉价"商品对别国进行"倾销"。彼此金融联系密切的国家，也如法炮制地组成诸如英镑集团、美元集团、日元集团等相互对立、封闭的货币集团。类似做法，扩大了经济冲突，最终导致国家集团对抗局面的形成。

世界经济危机对德国打击沉重。危机高峰时的 1932 年一年中，德国工业产量比 1929 年下降将近一半。危机期间，德国失业者用废旧物品搭成住房，而统治阶级实行征收新税、削减工资、削减救济金和养老金等政策，力图把危机转嫁到劳动人民的肩上，致使社会矛盾激化。

在经济危机袭击下，法西斯党的影响迅速增长，最终使希特勒上台成为可能，并将德国带向一条战争不归路。1936 年 3 月，希特勒政府废除《洛迦诺公约》。至此，"二战"的欧洲战争策源地在德国形成。

危机加快日本侵略步伐，在"大萧条"前的 1927 年，日本就爆发了金融危机。银行与企业的破产导致日本政局动荡，促使军国主义头目田中义一内阁上台。1929 年美国空前的"大萧条"迅速波及日本，外出逃荒、倒毙路旁、全家自杀、卖儿卖女的事件层出不穷。面对经济危机与社会矛盾，日本财阀越来越感到有必要建立"强力政权"，致使以陆军为主力的法西斯势力乘机抬头，利用英美经济危机、中国内乱，加大了入侵中国的步伐。

1936 年 8 月，日本决定了"向南部海洋发展"的"国策大纲"；1936 年 11 月，日本同纳粹德国缔结《日德防共协定》。至此，亚洲战争策源地形成。

历史已经证明，巨大经济危机可改变许多国家的面貌，当年的经济危机导致德日法西斯的上台，直接结果就是"二战"的巨大灾难。

在全球性经济危机推动下酿就的战争——"二战"成为人类发展史上的最惨痛经历。如今，金融危机在世界各国蔓延，世界大战有可能再次爆发吗？

针对美国兰德公司向美国国防部提出的"7000 亿美元救市效果很可能不如拿 7000 亿美元发动一场战争"的评估报告以及网民热议"美国发动战争转嫁经济危机"的讨论，经济危机的确是爆发"二战"的重要根源之一，但经济危机的后果不必然就是战争。

从目前看，尽管全球面临经济危机的威胁，但全球一体化下强有力的国际组织、国家紧密协调与国际呼吁合作的"救市"基调，都使集团性对抗与战争思潮没有存在的土壤与根基。但同时，由于经济与政治密不可分，经济危机可能直接导致各国政局不稳，由经济危机引发的局部冲突不可忽视。

"经济危机引发战争"的确是过去的一种研究视角与看法，如帝国主义体系下不可调和的国家矛盾往往是通过侵略或战争最后解决。但是，经济萧条带来的巨大打击仍然不容忽视。我们应该以史为鉴，吸取 20 世纪的经验和教训，这样才能在经济萧条到来的时候，发挥出政府更强有力的作用！

拉美债务危机困扰拉美发展

20 世纪 90 年代之前，金融危机通常表现为某种单一形式。比如，20 世纪 60 年代的英镑危机为单纯的货币危机，20 世纪 80 年代的美国储贷协会危机为典型的银行危机。但自 20 世纪 90 年代以来，货币危机、银行危机以及债务危机同时或相继爆发，成为经济危机的一个典型特征。

拉美债务危机的成因源于 20 世纪 70 年代油价暴涨带来的过剩流动性和流入发展中经济体的石油出口国储蓄。在低利率资金的诱惑下，阿根廷、巴西、墨西哥和秘鲁等拉美国家借入了大量以硬通货计价的债务。然而，随着利率上升、资本流向逆转、发展中国家货币面临贬值压力，拉美的负债率上升到不可持续的水平。

作为发展中经济体的代表，拉美地区虽有辉煌，但更多的是债务负担甚至危机。拉美的债务就像一座活火山，虽然在经济正常发展时显得很平静，但一旦世界或本国经济甚至非经济因素稍有动荡，就很可能引爆。不幸的是，由于整个世界经济不景气，而拉美地区又处于还债的高峰期，这座火山真的就从墨西哥开始爆发了，很快蔓延到整个拉美。这场危机史称为 20 世纪 80 年代拉美经济发展中"失去的 10 年"。

回顾拉美债务危机的过程，我们发现，尽管各国谨遵国际货币基金组织的指导，可仍无法依靠自己的力量走出困境，最后只得通过减免债务解决。这是由于从 19 世纪初开始，美国就通过各种方式榨干了拉美各国的自然资源，并迫使其消费美国的产品，从而使各国患上"债务依赖症"。最终美国通过政策的转换，将吸血的针管成功地插入了拉美的心脏。偿付外债利息，这在国际金融界引起了巨大的震动。随后，巴西、阿根廷等国也相继发生类似的清偿危机，一些小国也程度不同地卷入这场危机中。

拉美债务危机的发展，大致可分为三个阶段：以还债为重点和紧缩调整阶段；以恢复经济增长为重点的"贝克计划"阶段；以减免债务为重点的"布雷迪计划"阶段。拉美债务危机，持续时间特别长，涉及范围特别广，它严重地削弱了发展中国家的经济，破坏了这些国家政局的稳定，并进一步冲击着国际金融秩序的基础，因而这场危机绝不像西方国家所说的那样只是少数债务国经济结构不合理、经济管理不善、资金流通不畅的问题，也就是说，这场危机不仅仅是一个经济问题，而更大程度上是一个政治问题。

一种处理拉丁美洲债务问题的方法是拒绝债务重组。这种方法认为，解决债务问题的关键就在于为严厉财政调整提供所需的时间，而美国支持下的国际货币基金组织（简称 IMF）将提供所需资金。1985 年，贝克计划阐述了这一做法，推行私营部门参与自愿性银行贷款重组，延长财政调整时期。其结果是大量债务负担影响了投资，导致了日益增多的资本外逃和增长疲软，债务比例不断上升。这就是众所周知的拉丁美洲"停滞的10 年"。

以美国为首的西方发达资本主义国家把债务危机仅仅看成是经济问题，认为只要通过适当的经济手段就可以解决问题。而实际上，"贝克计划"与"布雷迪计划"的不同只是形式和侧重点的不同，本质上并没有区别。因此债务危机的解决绝对不是一朝一夕的事情，必须由南北国家一起坐下来通过政治手段予以解决。

直到 20 世纪 90 年代，债务重组的参与方才认识到，失去偿债能力的国家需要真正的债务减免，即减少债务名义价值。这就是布雷迪计划，不可转换且无力偿还的银行贷款通过一定折扣变为可转换布雷迪债券，直到2003 年拉美才走出债务危机的阴影。

对现代化建设的急于求成，使拉美国家政府在 20 世纪一直采取赤字财政政策，加之 20 世纪 70 年代以来宽松的国际货币环境和拉美国家过度的超前消费，使其患上了"债务依赖症"。在经济发展向好时，大量的私人资本涌入，助长了经济繁荣，但同时又埋下了更多的债务危机的"火种"。一旦经济形势稍有逆转，外资就会迅速撤离，从而导致股市暴跌、货币贬值，而这更加重了经济的困难。在这时，拉美就需要满足国际货币基金组织那些不切实际的痛苦的改革过程，以得到大量的救济资金，从而使自己暂时摆脱危机的困扰。这样，在背上了更沉重的债务负担后，下一个"恶性循环"又开始了。

因此，要彻底解决拉美国家的危机，必须摆脱严重依赖外部资金的局面，以戒掉可怕的债务"吸毒"之瘾。而其中的关键就是要建立一条适合自己国家特点的发展道路，形成自我发展、自我循环的国内经济体制。

只有认清这一经济问题的国际政治背景，才能采取切实有效的措施来解决债务危机。换句话说，只有改变旧的国际政治经济秩序，才能从根本上消除债务危机产生的根源，才能维持国际政治秩序和经济秩序的和平与稳定。

东亚经济奇迹之后的金融危机

在亚洲一些发展中国家和地区，它们在经济上并没有采取赶超的措施，却取得了快速的经济增长，成为世界经济发展中的明星。第一个成功的事例发生在日本，紧随其后的是地处东亚的韩国、新加坡、中国的台湾和香港地区。在过去数十年，这些国家和地区，它们的经济起点大致相同，但是却各自实现了完全不同的发展绩效，成为世界经济中高速、持续增长的典型，被誉为"东亚奇迹"。

与大多数的发展中国家和地区一样，日本和亚洲"四小龙"也是自第二次世界大战后从较低的经济发展水平上起步的。特别是亚洲"四小龙"国家和地区，其工业化水平在 20 世纪 50 年代初期仍然很低，资本和外汇十分稀缺。但是，这些国家和地区的经济在二三十年的时间里持续、快速增长，并且随着资本、技术的积累，它们又逐步发展资本、技术密集型的产业，成为新兴工业化经济，进入或接近发达经济的行列。值得指出的是，在这些国家和地区的经济中，高速增长还伴随着收入分配的相对均等、经济结构的优化以及一系列社会福利指标的提高。

关于日本、"亚洲四小龙"何以能够成功地实现经济快速增长从而达到赶超发达经济的目标，学术界存在着种种不同的解释。有不少研究者的解释已经超出了经济范畴，以为这些国家和地区的成功与经济因素无关。其中一种是从文化的角度进行解释。例如：

有人观察到日本和"亚洲四小龙"都深受儒家思想的影响，认为勤恳耐劳和奉行节俭的儒家文化是这些国家和地区的经济实现成功赶超的原因。如果事实真正如此，其他国家实现经济成功发展的机会就相当有限了，因为文化是不同的，而且难以在短期内发生变化。然而问题在于，这些国家和地区长期以来就一直在儒家文化的濡染之下，但为什么它们并没有在16、17世纪率先实现现代化和经济发展？此外，同样受到儒家文化影响的许多其他国家并没有实现同样的经济成功，而许许多多与儒家文化无缘的国家却更早地实现了经济现代化？可见，用儒家文化解释不了"李约瑟之谜"，也无法回答东亚奇迹产生之谜，正如这种解释本身就否定了用所谓"新教伦理与资本主义精神"对著名的"韦伯之疑"所做解释的有效性一样。

还有一种解释是由一些从政治地理的角度观察问题的学者做出的。他们认为，由于长期的东西方冷战，美国和西方国家向日本和亚洲"四小龙"提供了大量的投资和援助，以期减弱社会主义阵营对这些国家和地区的影响，同时美国也更加乐于向这些国家和地区转移知识、技术和开放市场。然而，当年卷入冷战的国家远不止这些实现成功赶超的国家和地区，为什么成功者寥寥无几？按照这个逻辑，亚洲的菲律宾和大量拉丁美洲国家都应该在这个成功者的名单上；而恰恰是这些国家成为经济发展不成功的典型事例。可见，由于冷战的需要而形成的政治因素对经济发展的影响，充其量可以视为促进成功的经济发展的辅助性因素，而远非决定性因素。

从理论上看，一个国家怎样才能发挥其比较优势呢？根据赫克歇尔—俄林模型，如果一个国家劳动资源相对充足，该国的比较优势就在于劳动密集型产业。如果这个国家遵循比较优势，发展轻工业即劳动密集型产业为主的产业，由于生产过程使用较多的廉价的劳动力，减少使用昂贵的资本，其产品相对来说成本就比较低，因而具有竞争力，利润中可以作为资本积累的量也就较大。

日本和亚洲"四小龙"实行的是市场经济，政府又较早地放弃了赶超战略，因此，各种产品和要素的价格基本上由市场的供给和需求竞争决定，能够较好地反映各种要素的相对稀缺性，企业在做产品和技术选择时就能利用各个发展阶段显现出来的比较优势。此外，政府不对价格的形成进行干预，还可以减少社会中的寻租行为。这样，企业和个人要增加收益就只能通过提高技术水平和管理水平，私人的生产活动也就会是社会的生产活动。

亚洲金融危机（又称亚洲金融风暴）发生于 1997 年 7 月至 10 月，由泰国开始，之后进一步影响了邻近亚洲国家和地区的货币、股票市场和其他的资产价值。印尼、韩国和泰国是受此金融危机波及最严重的国家，中国香港、老挝、马来西亚和菲律宾也受到影响。而中国、中国台湾、新加坡受影响程度相对较轻（中国在此次金融危机前实行宏观调控，并因市场尚未完全开放，使损失得到减少）。

危机迫使除了港币之外的所有东南亚主要货币在短期内急剧贬值，东南亚国家和地区货币体系和股市的崩溃，以及由此引发的大批外资撤逃和国内通货膨胀的巨大压力，给这个地区的经济发展蒙上了一层阴影。但是日本处在泡沫经济崩溃后自身的长期经济困境中，受到此金融危机的影响并不大。

亚洲金融危机导致东南亚国家和地区的外汇市场和股票市场剧烈动荡，大批的企业、金融机构纷纷破产和倒闭。例如：泰国和印尼分别关闭了 56 家和 17 家金融机构，韩国排名居前的 20 家企业集团中已有 4 家破产，日本则有包括山一证券在内的多家全国性金融机构出现大量亏损和破产倒闭，信用等级普遍下降。泰国发生危机一年后，破产停业公司、企业超过万家，失业人数达 270 万，印尼失业人数达 2000 万。

东南亚金融危机演变成经济衰退并向世界各地区蔓延。在金融危机冲击下，泰国、印尼、马来西亚、菲律宾四国经济增长速度极速下降，危机爆发的第二年，上述四国和中国香港、韩国甚至日本经济都呈负增长。东南亚金融危机和经济衰退引发了俄罗斯的金融危机并波及其他国家。巴西资金大量外逃，哥伦比亚货币大幅地贬值，进而导致全球金融市场的剧烈震荡，西欧、美国股市大幅波动，全球经济增长速度放慢。

经济大萧条再次降临

2008年9月14日，正逢中国中秋节，这是中秋节第一次作为中国的法定假日，加上周末，连续3天的假期，使得中国人在赏月过佳节的同时，还享受着中华民族举办"百年奥运"所带来的欢乐和荣耀。

此时，大洋彼岸的美利坚却阴云密布，整个国家都笼罩在失落和懊丧中，因为他们不得不接受这样一个事实：美国发生金融危机了，这是自1929年以来"百年不遇"的一次。

这天距离美国人纪念纽约世贸大楼被炸7周年不到3天，一场灾难——金融危机在纽约上演了：一年前贝尔斯登倒下的时候，许多人认为那不过是一场流动性不足的短暂危机，而现在没有人再怀疑，华尔街已经崩溃，建立在华尔街之上的美国金融帝国正摇摇欲坠。

著名经济学家克鲁格曼认为，2008年底经济危机爆发时，其严重程度几乎堪比20世纪30年代"大萧条"时期的银行业危机：世界贸易、世界工业产值、全球股市等一系列指标下降速度赶上甚至超过了当时。

格林斯潘认为，这场危机将持续成为一股"腐蚀性"力量，直至美国房地产价格稳定下来，危机还将诱发全球一系列经济动荡。他还预测，将有更多大型金融机构在这场危机中倒下。于是，各个国家的政客都行动起来了，为了避免被美国拖下水，各自寻求自保之法。位于太平洋对岸的亚洲，特别是作为美国最大债权国的中国和日本，也行动起来了。日本积极购买或者兼并美国濒临危机的证券或者金融公司，而中国则采取相对更为谨慎的态度。

　　与"大萧条"时代所不同的是，在金融危机中，美国经济并未如当时一般直线下滑，而是在经历了糟糕的一年后逐渐开始触底。格林斯潘认为，美国之所以免于重蹈"大萧条"覆辙，是因为政府在两次危机中所扮演的角色截然不同。

　　首先，在金融危机中，最关键的并非政府有所为，而是政府有所不为：与私人部门不同，联邦政府没有大幅缩减开支。尽管财政收入在经济收缩的时期大幅下降，社会保险、医疗保险、公职人员收入等都得到了应有的保障。而这些方面的支出都对下滑的经济起到了一定的支撑作用，成为政府的"自动稳定器"。而在"大萧条"时代，政府支出占 GDP 总量的比例则相对小得多。尽管危机时期的大笔财政支出会导致政府的财政赤字，但是从避免危机深化的角度来说，赤字反而能成为一件好事。

　　其次，政府除了持续发挥其自身的稳定效用之外，还进一步采取措施稳定金融部门，为银行提供救助资金。尽管也许现行的银行救助计划的规模及形式等方面存在缺憾，但是如果没有采取此类措施，情况势必会更加糟糕。在应对本轮危机时，政府没有采取 20 世纪 30 年代的放任不管、任由银行系统崩溃的态度，而这正是"大萧条"没有重现的另外一个重要原因。

　　最后，美国政府在经济刺激计划方面进行了深刻思考，并付出了努力。据预测，如果没有实施经济刺激计划，将有比现在多 100 万的美国人失去就业机会。正是经济刺激计划将美国经济从自由落体式下降的旋涡中拖了出来。

美国次贷危机引起金融飓风

　　2007 年初，大西洋彼岸刮起了一场"金融飓风"，以美国著名的住房抵押贷款公司为代表的贷款机构、以美林为代表的投资银行，以及以花旗为代表的"金融超市"等成为这场"金融飓风"的直接风眼，同时，大大小小的对冲基金、海外投资者等都遭受了飓风的波及。

众多金融机构暴露出的巨额亏损消息，一时成为美国社会的热点新闻。美国大多数人认为这只是美国金融的一次小感冒，直到2007年下半年，有关金融危机的报道和评论逐渐平息下来，人们似乎又恢复了平静的生活，人们已经暂时忘记了次贷事件。

美国次贷危机发端于2006年，在2007年夏季全面爆发，进入2008年之后愈演愈烈。美国次级抵押贷款市场违约率的进一步上升，造成基于次级抵押贷款资产的证券化产品的市场价值严重缩水。而由于上述证券化产品在全球金融市场上流通，从而造成持有该产品的全球机构投资者出现了巨额账面亏损。次贷危机目前已经成为国际上的一个热点问题。

美国到底发生了什么？危机怎么来得如此急促？接下来还会发生什么？伴随着经济下滑、工作岗位减少、收入降低等一系列的连环事件，人们切实感受到一场新的危机已经来到身边。要了解这场危机的来龙去脉，必须首先了解什么是"次贷危机"。

次贷即"次级按揭贷款"。"次"的意思是：与"高""优"相对应的，形容较差的一方，在"次贷危机"一词中指的是信用低，还债能力低。次级抵押贷款是一个高风险、高收益的行业，指一些贷款机构向信用程度较差和收入不高的借款人提供的贷款。与传统意义上的标准抵押贷款的区别在于，次级抵押贷款对贷款者信用记录和还款能力要求不高，贷款利率相应地比一般抵押贷款高很多。那些因信用记录不好或偿还能力较弱而被银行拒绝提供优质抵押贷款的人，会申请次级抵押贷款购买住房。在房价不断走高时，次级抵押贷款生意兴隆。即使贷款人现金流并不足以偿还贷款，他们也可以通过房产增值获得再贷款来填补缺口。但当房价持平或下跌时，就会出现资金缺口而形成坏账。次级按揭贷款是国外住房按揭的一种类型，贷给没多少收入或个人信用记录较低的人。

在美国，大多数人崇尚提前消费，在住房方面更是如此，"贷款买房"

的制度就是一种非常好的金融制度。一般它要求贷款者支付至少20%的首付款，表示贷款者的责任心；其次，贷款的总数不能超过贷款者年收入的4倍，也就是说，年收入10万美元的家庭，银行顶多借给你40万美元买房子。这是最基本的金融产品，这个产品使很多原来买不起房子的年轻夫妻可以拥有一处自己的房子，实现了他们的"美国梦"，同时激活了相关的经济。在无限制的"贷款买房"制度下，银行与贷款者的责任与风险都非常清楚：贷款者知道如果付不出每个月的贷款就有可能失去房产和20%的首付款；银行知道如果呆账达到一定程度就会被政府关闭，取消营业资格。在责任与风险的平衡下，社会活动平稳运转。

但是问题是，并不是每个美国人都能有资格申请贷款买房。这时候，美国人利用自己的聪明智慧创新出了"次级债"。美国抵押贷款市场的"次级"及"优惠级"是以借款人的信用条件作为划分界限的。根据信用的高低，放贷机构对借款人区别对待，从而形成了两个层次的市场。信用低的人申请不到优惠级货款，只能在次级市场寻求贷款。两个层次市场的服务对象均为贷款购房者，但次级市场的贷款利率通常比优惠级贷款高2%～3%。次级抵押贷款由于给那些受到歧视或者不符合抵押贷款市场标准的借款者提供贷款，所以在少数族裔高度集中和经济不发达的地区很受欢迎。从这一点来看，应该说美国次级抵押贷款的出发点是好的，在最初的10年里，这种金融产品的适度发放也取得了显著的效果。

1994～2006年，美国的房屋拥有率从64%上升到69%，超过900万的家庭在这期间拥有了自己的房屋，这很大部分应归功于次级房贷。

1980年，美国国会为鼓励房贷机构向低收入家庭发放抵押贷款，通过了《存款机构放松管制和货币控制法》。该法取消了抵押贷款利率的传统上限，允许房贷机构以高利率、高费率向低收入者放贷，以补偿房贷机构的放贷风险。在利用次级房贷获得房屋的人群里，有一半以上是少数族裔，其中大部分是低收入者，信用记录也较差。因此，次级抵押贷款具有高风险性。相比普通抵押贷款6%～8%的利率，次级房贷的利率有可能高达 8%～11%，这样一来，钱少、信用差的贷款者承担高利率，高利率的放贷者承担高风险，前者有房住，后者赚大钱。

那么，"次贷危机"是如何引发的呢？通俗点来说，"次贷"就是为那些本来没有资格申请住房贷款的人创造一个市场，使这些信用不足的人或者贷款记录不良的人也可以来贷款。这些次级贷款需要通过中介机构来申请，中介机构本来应该把住第一关。但是，中介机构为争取更多的业务，它们开始违规、造假，提供假的数据和假的收入证明。银行看到过去的信用记录很好，于是就向这些申请人贷款。

就这样，连收入证明都拿不出来的人也可以贷款，通过中介机构的包装欺骗银行，银行再把债券卖给房地美和房利美，房地美和房利美在不知情的情况下将其分割成面值更小的债券卖给全世界，包括 AIG 等公司。终于有一天，这些次级债的借款人开始还不起利息了，银行拿不到利息，就不能向房地美和房利美兑现，房地美和房利美拿不到钱就无法给社会大众，于是引发了一连串的经济崩溃。正是如此，一场原本只涉及单一地区、单一金融产品的危机演变成了一场波及全球的金融风暴。

美国从来都是金融衍生产品的缔造者，对金融创新的执着源于对金钱的热爱，环环相扣的资产证券化使财富值呈几何增长。然而随着红极一时的美国次级抵押贷款市场爆出空前的危机，美国的金融机构最终难逃厄运，被自己一手养大的这条毒蛇所反噬。这场由金融创新引发的危机使得购房者、金融机构、布什政府都受到了重创，美国得了"流感"，全世界都跟着"打喷嚏"。

美国金融危机影响全球

仿佛就在一夜之间，拥有 85 年历史的华尔街第五大投行贝尔斯登贱价出售给摩根大通；拥有 94 年历史的美林被综合银行美国银行收购；历史最悠久的投行——有 158 年历史的雷曼宣布破产；有 139 年历史的高盛和有 73 年历史的摩根士丹利同时改旗易帜转为银行控股公司。拥有悠久历史的华尔街五大投行就这样轰然倒下，从此变成了历史。华尔街对金融衍生品的滥用就是导致此次"百年一遇"的金融灾难的罪魁祸首。

金融衍生品是由原生资产派生出来的金融工具，金融衍生品一般独立于现实资本运动之外，却能给持有者带来收益，它本身没有价值，具有虚拟性。最初进入这个市场的商业银行与投资银行获得暴利，因此吸引越来越多的参与者介入衍生品市场。

参与者越来越多，金融产品种类的开发越来越多，包括次贷、商业性抵押债券、信用违约掉期等等，业务规模也就越来越庞大，直到商业银行与投资银行之间的业务深入渗透。业务的相互渗透意味着高风险的相互渗透，造成了"我中有你，你中有我"的局面，这是金融危机影响深远的主要原因之一。

当 1999 年时，美国允许商业银行进行混业经营，之后美国政府对银行业的监管逐渐放松。金融行业开始迅速扩张，金融业利润占全部上市公司利润的份额从 20 年前的 5% 上升到当前的 40%，扩张明显大于其所服务的实体经济，并成为整个经济的支柱。

2000 年以后，随着房地产行业的逐渐繁荣，与之相关的金融衍生产品开始迅速发展，商业银行也越来越多地介入到衍生品的开发与推广中，并为 2008 年的金融危机埋下隐患。

我们可以简单地演示一下金融危机是如何爆发的。

1. 杠杆

许多投资银行为赚取暴利，采用杠杆操作。杠杆是一柄双刃剑，在牛市中，利用杠杆借款可以获得暴利；相反，熊市来临，地产行业出现危机并导致市场转折的时候，杠杆就变成自杀工具。

2. CDS

把杠杆投资拿去做"保险"，这种保险就叫 CDS。比如，银行 A 为了逃避杠杆风险就找到了机构B。A对B约定,B帮A的贷款做违约保险,A每年付B保险费5000万美元,连续10年,总共5亿美元,假如A银行的投资没有违约,那么这笔保险费就直接归B。假如违约,B要为A赔偿,为A承担风险。对于A来说,如果不违约,就可以赚45亿美元,这里面拿出5亿美元用来做保险,还能净赚40亿美元。如果有违约,反正有B来赔付。所以对A而言既规避了风险,还能赚到钱。

B经过认真的统计分析,发现违约的情况不到1%。如果做100家的生意,总计可以拿到500亿美元的保险金,如果其中一家违约,赔偿额最多不过50亿美元,即使两家违约,还能赚400亿美元。A、B双方都认为这笔买卖对自己有利,因此双方成交并皆大欢喜。

3. CDS市场

B做了这笔保险生意并且赚到钱后,C也想分一杯羹,就跑到B处说,只要B将100个CDS卖给他,C可以将每个合同2亿美元成交,总共200亿美元。对于B来说,400亿美元要10年才能拿到,现在一转手就有200亿美元,而且没有风险。因此B和C马上就成交了,这样一来,CDS就像股票一样流到了金融市场之上,可以交易和买卖。当C拿到这批CDS之后,并不想等上10年再收取200亿美元,而是把它挂牌出售,每个CDS标价2.2亿美元;D看到这个产品,算了一下,认为自己还是有赚头,立即买了下来。一转手,C赚了20亿美元。从此以后,这些CDS就在市场上反复地炒,以至于CDS的市场总值炒到了何种程度已经没人知道。

4. 次贷

A、B、C、D、E、F……所有的人都在赚大钱,那么这些钱到底是从哪里冒出来的呢?从根本上说,这些钱来自A以及同A相仿的投资人的盈利。而他们的盈利大半来自美国的次级贷款。享受次级贷款的这些人经济实力本来不够买自己的一套住房,但次贷为他们解决了这个问题。越来越多的人参与到房地产市场中,房价持续上涨,尽管次级贷款的利息一般比较高,但是享受次级贷款的人们在此时并不担心贷款利息的问题,只要房子处于升值的过程中，穷人还是赚钱的。此时 A 很高兴，他的投资在为他赚钱；B 也很高兴，市场违约率很低，保险生意可以继续做；后面的 C、D、E、F 等等都跟着赚钱。

5. 次贷危机

有涨必定有跌，房价涨到一定的程度就涨不上去了。当房价往下跌的时候，原先享受次贷的高额利息要不停地付，终于到了走投无路的一天，把房子甩给了银行。此时违约就发生了。此时 A 并不感到担心，反正有 B 做保险。B 也不担心，反正保险已经卖给了 C。那么现在这份 CDS 保险在哪里呢，在 G 手里。

G 刚从 F 手里花了 300 亿美元买下了 100 个 CDS，还没来得及转手，突然接到消息，这批 CDS 被降级，其中有 20 个违约，大大超出原先估计的不到 1% 的违约率。每个违约要支付 50 亿美元的保险金，总共支出达 1000 亿美元。加上 300 亿美元 CDS 收购费，G 的亏损总计达 1300 亿美元。虽然 G 是一个大的金融机构，也经不起如此巨大的亏损，因此 G 濒临倒闭。

6. 金融危机

如果 G 倒闭，那么 A 花费 5 亿美元买的保险就泡了汤，更糟糕的是，由于 A 采用了杠杆原理投资，根据前面的分析，A 赔光全部资产也不够还债。这样，从 A 到 G 的所有人都会从这连锁危机中损失惨重。

现实中的金融危机远比上述模型要复杂得多，不过，我们也能从模型当中看出美国金融危机的产生及发展历程。

可以说这次金融危机，是五个因素共同发生作用的结果，如果缺一个都不会发生金融危机，或者金融危机不会这么严重。这五个因素，第一个，次贷衍生产品，包括 CDU、CTS 等产品；第二个，美国过去十几年都是低利率，特别是"9·11 事件"以后这个政策得以加强；第三个，金融机构特别是投资银行杠杆率的监管；第四个，金融机构的风险控制，对资本监管的放松，包括让所有的投资银行业务在过去的五六年之中通过特别是

2001 年、2002 年都陆续进入次贷，追求高风险业务。我们知道，次贷的对象是没有信誉保障的人，他们的贷款利率高于优质贷款，所以投资银行做这个业务收益大，风险就大；第五个，信贷机制的监管。

真正的金融危机是五个因素共同作用的结果，危机从发生以后，美国、英国包括行业组织都在进行检讨，都在完善监管。衍生产品纳入监管以后，规避风险、价格信号的功能还会正常发挥。这次危机是多方面的，不仅仅与衍生产品有关。但是，应该说不是衍生产品惹的祸，而是对衍生产品使用不当，是衍生产品基础产品产生了问题。如果金融衍生产品没有受到投资者疯狂的追捧，恐怕也不会有金融危机的局面。

华尔街打着金融创新的旗号，推出各种高风险的金融产品，不断扩张市场，造成泡沫越来越大。当泡沫破灭的那一刻，危机便爆发了。曾经令人瞩目的"华尔街模式"一夜坍塌，令无数财富荡然无存。普通百姓也已经切身感受到金融危机的冲击。因此，对我们来说，要了解金融危机在美国的演变历程，并牢记历史的教训。